労働と生産のレシプロシティ
いまこそ働き方を変革する

志村光太郎

レシプロシティ（互酬）とは、広い意味での贈与（と返礼）を通じた相互扶助による経済活動である。労働とは本来、それに基づいた民主的なものではないのか。本書は、現在の日本で実践されている労働者自主生産の運動の方向性を、互酬をはじめ、ヘゲモニー、市民社会、システム、公共空間、ディスコース等の社会科学的な概念のなかでとらえ返すことで、本来の労働の核心に迫るとともに、そこから新しい働き方の方向性を示そうとしたものである。

目次

序章 10

第1節　研究課題　10

第2節　研究意義　11

第3節　用語の整理　13

第4節　基礎理論　15

第5節　先行研究　21

第6節　研究方法　24

第7節　分析視角　26

第8節　本書の構成　29

第1部　ヘゲモニーと労働者自主生産　33

第1章　欧米のヘゲモニーと労働者自主生産　34

はじめに　34

第1節　労働組合の誕生　35

（1）労働組合の黎明期　35

（2）労働組合法の成立　36

第2節　市民社会の変容　36

（1）近代市民社会　36

（2）現代市民社会　37

第3節　ヘゲモニーの変遷　38

（1）産業民主主義体制の成立　38

（2）フォーディズムの円環と経済成長　40

（3）産業民主主義体制の腐朽化と終焉　42

第4節　労働者自主管理の誕生　44

（1）労働者自主管理の思想　44

（2）労働者自主管理の実践　47

第5節　労働者協同組合の展開　48

（1）フランス　48

（2）イタリア　49

（3）スペイン　51

（4）イギリス　52

（5）アメリカ　53

第6節　従業員所有企業の発展　54

（1）労働者協同組合との異同　54

（2）SAL と SLL　55

（3）ESOP　56

小括　58

第2章　日本のヘゲモニーと労働者自主生産　63

はじめに　63

第1節　労働組合の誕生　64

（1）労働組合の黎明期　64

（2）経営家族主義　65

第2節　市民社会の変容　66

（1）近代市民社会　66

（2）現代市民社会　67

第3節　ヘゲモニーの変遷　69

（1）工場委員会体制の成立　69

（2）産報体制の成立　71

（3）生産管理から生産復興への変遷　73

（4）従業員民主主義体制の成立と変遷　76

（5）従業員民主主義体制の腐朽化と終焉　80

第4節　労働者自主生産の変遷　83

（1）かつての労働者自主生産　83

（2）かつてと異なる労働者自主生産　84

（3）個人加盟の労働組合　85

第5節　労働者協同組合と日本版 ESOP　86

（1）労働者協同組合　86

（2）企業組合　89

（3）日本版 ESOP　90

小括 91

第2部　労働者自主生産の事例考察 97

第3章　労働者自主生産事例1──ビッグビート 98

はじめに 98

第1節　労働者自主生産開始前 99

（1）労働組合の結成 99

（2）倒産過程 101

第2節　再建過程 103

（1）在庫処分セール 103

（2）新会社の設立 104

第3節　現在の組織運営 105

（1）経営状況と組織体制 105

（2）賃金体系と労働条件 106

（3）意思決定 107

（4）マネジメントとリーダーシップ 109

（5）労働者自主生産へのこだわり 109

（6）対抗的ヘゲモニーとしての特質 111

小括 113

第4章　労働者自主生産事例2──城北食品 116

はじめに 116

第1節　労働者自主生産開始前 116

（1）経営危機 116

（2）解雇通知 118

第2節　再建過程 121

（1）労働者自主生産開始 121

（2）理想と現実 122

（3）営業活動 124

（4）労働者自主生産への決意 125

第3節　現在の組織運営 128

（1）経営状況と組織体制 128

（2）賃金体系と労働条件　129

（3）意思決定　130

（4）マネジメントとリーダーシップ　132

（5）労働者自主生産へのこだわり　134

（6）対抗的ヘゲモニーとしての特質　136

小括　137

第5章　労働者自主生産事例3──ハイム化粧品　141

はじめに　141

第1節　労働者自主生産開始前　141

（1）経営危機　141

（2）倒産過程　142

第2節　再建過程　144

（1）労働者自主生産開始　144

（2）財務問題　148

（3）営業活動　150

（4）労働者自主生産への決意　151

第3節　現在の組織運営　154

（1）経営状況と組織体制　154

（2）賃金体系と労働条件　155

（3）意思決定　156

（4）マネジメントとリーダーシップ　159

（5）労働者自主生産へのこだわり　161

（6）対抗的ヘゲモニーとしての特質　163

小括　164

第6章　労働組合の役割　169

はじめに　169

第1節　個人加盟の労働組合　169

（1）労働組合の理念　169

（2）労働組合の特徴　170

第2節　倒産前後の支援　171

（1）3つの支援策　171

（2）倒産争議　172

第3節　再建後の支援　173

（1）組織運営　173

（2）公共空間度　178

第4節　ネットワークの活用　181

（1）組織的ネットワーク　181

（2）個人的ネットワーク　182

第5節　労働者自主生産へのこだわり　183

（1）社会と企業　183

（2）主体性の尊重　185

（3）対抗的ヘゲモニーとしての特質　187

小括　188

第7章　事例に見る労働者自主生産の特徴　191

はじめに　191

第1節　労働者自主生産の特徴　191

（1）労働組合加入の経緯　191

（2）組織体制　193

（3）賃金体系と労働条件　194

（4）意思決定　196

（5）マネジメントとリーダーシップ　197

（6）労働者自主生産へのこだわり　200

（7）労働組合との関係　202

（8）対抗的ヘゲモニーとしての特質　205

第2節　これまでの労働者自主生産との比較　207

（1）かつての労働者自主生産との比較　207

（2）継承と断絶　208

（3）多様性　208

第3節　外部の労働組合による統制との比較　210

（1）自交総連大分地連の特徴　210

（2）自交総連大分地連との異同　212

第4節　欧米の労働者自主管理との比較　214

（1）フランス、イタリア、スペイン　214

（2）イギリス、アメリカ　215

第5節　労働者協同組合との比較　217

（1）出資と営利　217

（2）労働組合の存在　218

小括　219

第3部　労働者自主生産における公共空間と互酬　223

第8章　抵抗と公共空間　224

はじめに　224

第1節　システム　224

（1）システムに覆われた世界　224

（2）システムとフォーディズム　225

第2節　自由　226

（1）システムと公共空間　226

（2）抵抗運動　229

（3）権力　234

第3節　民主主義　237

（1）ネセシティと公共空間　237

（2）民主主義の意義　240

（3）討議のあり方　242

第4節　信頼とアイデンティティ　244

（1）信頼と不信　244

（2）アイデンティティ　246

（3）公共空間の意義と限界　250

小括　252

第9章　互酬と多様性　258

はじめに　258

第1節　互酬　258

（1）人間の経済　258

（2）贈与の人間性　260

（3）贈与の攻撃性　263

（4）無償の贈与　264

第2節　個人的所有の再建と新しい市民社会　266

（1）方向性　266

（2）方策　268

第3節　新しい市民社会と多様性　270

（1）個人と市民社会の関係　270

（2）ダイバーシティ・アンド・インクルージョン　273

第4節　贈与の双方向性　276

（1）贈与と責任　276

（2）利己主義の超克　278

第5節　贈与と友愛　281

（1）惜しみなき贈与　281

（2）友愛　283

小括　284

終章　290

第1節　総括　290

第2節　本書の限界　295

第3節　労働者自主生産の意義　297

第4節　展望　299

あとがき　301

引用文献　303

事項索引　312

人名索引　314

序章

第1節　研究課題

　21世紀に入り、時代はいよいよ混迷を深めている。成果主義の名のもとに、労働強化、給与削減、リストラ等が横行している。また、非正規労働者が増加し、その多くが低賃金労働者（ワーキングプア）となっている。

　具体的には、2015年（年平均）における非正規労働者は、役員を除く雇用者全体の37.5％となっている（総務省「労働力調査」）。また、2015年における年収200万円以下の給与所得者は、給与所得者全体の23.6％となっている（国税庁「民間給与実態統計調査」）。2015年10月の調査時点で、三大都市圏（首都圏・中部圏・関西圏）で働く20〜40代の非正規労働者においては、男性の58.0％、女性の74.6％が年収200万円未満である。主稼得者に限ってみると、男性の37.5％、女性の48.9％が年収200万円未満である（連合総研「非正規労働者の働き方・意識に関する実態調査」）。

　こうした状況をもたらしている主な経済的要因は、市場原理とそのもとでの競争原理である。今や、市場経済が社会のあらゆる領域に「浸入」している。グローバリゼーションがそれをよりいっそう過酷なものにしている。人間関係はますます希薄になり、相互扶助もままならなくなっている。

　そのなかにあっても、労働者自主生産（workers' self-production）を開始し、維持している労働者がいる。確かに、事業体数、労働者数ともに少ない。経営も必ずしも順風満帆というわけではなく、さまざまな問題を抱えている。しかしそれでも、労働環境がますます厳しくなっている現在にあってなお、労働者自主生産が行われている、それを行っている労働者がいるという事実は看過できない。

　本書は、2007年以降の労働者自主生産において、労働者がどのような問題を抱えながら、いかにしてそれらを乗り越え、もしあるとすれば、いかなる自由、民主主義、相互扶助を実現しているかについて具体的に考察している。したがって、その組織運営に焦点を当てている。また、事例の分析にとどまらず、それに

基づいた理論的考察を展開している。事例は社会の片隅に埋もれている特殊な出来事ではあるが、そういったところにこそ真実が隠されている、そこからだからこそ全体が見渡せるということも多分にある。本書はその隠された真実を掘り起こし、可能な範囲で社会全体を見渡そうとする試みでもある。

第2節　研究意義

　労働者自主生産は、終戦直後の一時期に多発した生産管理闘争において行われたが、その後再び盛り上がりを見せたのは、高度経済成長終焉以降の1970年代から80年代初めにおいてである。労働者自主生産、およびそこに至る、倒産反対争議、自主生産闘争は、社会から注目を浴び、研究対象としても大きな期待とともに、数多く取り上げられていた。例えば、戸塚秀夫、井上雅雄は、労働者自主生産の永続化を志向する闘争のなかに、社会変革への期待を寄せていた (1)。

　しかしその後、倒産反対争議、自主生産闘争とともに、労働者自主生産はほとんど行われなくなり、同時に研究も少なくなる。ところが、1990年代後半以降になると、部分的にではあるが、再び倒産反対争議が発生しはじめ、自主生産闘争にまで発展する傾向も見せるようになる (2)。ただ後で詳述するように、2011年頃からは、労働者自主生産はおろか、倒産争議もほとんどなくなっているという。いずれにせよ研究は、小関隆志、石川公彦、杉村めぐるをはじめとする優れた成果はあるものの (3)、少ない状況が続いている。

　労働環境がますます厳しくなっている現在にあってなお、数からすれば少ないが、労働者自主生産が行われ、曲がりなりにも、もし労働者が自ら自由、民主主義、相互扶助を実現しえているとすれば、その事実は決して看過できない。本書は、小関、石川、杉村の研究成果発表後における労働者自主生産について、争議収束以降の組織運営を中心に考察している。こうした社会の片隅の特殊な出来事に着目することで、そこに隠されている真実を、そこからしか見渡せない全体をとらえようともしている。それにより、すでに部分的には顕在化しているかもしれない、来るべき新しい市民社会の様相を可能な範囲で浮き彫りにしようともしている。

　現代にあって、労働者は自己を、「非人格的」労働力とその「人格的」所有者

へと分裂させている。そして、労働力を売り渡している。労働力と人格の分裂などフィクションにすぎないが、それを前提にして現代市民社会は成り立っている。そのなかにあって、こうしたフィクションに抗っている可能性があるのが労働者自主生産である。今日、倒産争議を含め、労働者自主生産はますます特殊な事例となっているが、そうであればこそ、敢えてそれを取り上げ、分析することで、こうしたフィクションの相対化が図れると考えている。

　労働者はひとりでは非常に弱い存在である。弱者故に、声をあげたくてもあげられないということもあろう。だからこそ、団体交渉制度があるのだが、それも現在、著しく形骸化している。労働組合、特に企業内労働組合の多くは、企業に加担し、労働強化、給与削減、リストラ等、何でも受け入れてしまっている。それどころか、それに抗しようとする動きを阻止することさえある (4)。

　一方、帝国データバンク「第8回全国『休廃業・解散』動向調査」（2015 年）によれば、2015 年の企業倒産件数（法的整理による倒産、負債 1,000 万円以上）は 8,517 件となっている。また、中小・零細企業を中心に、後継者難や代表者の高齢化が深刻化しており、事業継続を断念し、休廃業・解散を選択する件数は 23,914 件にのぼっている。

　企業からリストラされれば、労働者はそれをそのまま受け入れるしかないのか。それまで馴染んできた仕事から離れるしかないのか。それまでの職場の仲間と別れるしかないのか。そしてまた、自らの傷ついた労働力を売り物に、転職先を探し求めるしかないのか。勤めている企業が経営危機や倒産に陥っていればなおのこと、そうせざるをえないのか。こうしたことに抗うためのひとつの方策が、労働者自主生産とそこへ至るための争議等である。争議等を展開しなければならないとしても、それを乗り越え、労働者自主生産を行うに至ることで、それまでの職場の仲間とともに、それまで馴染んできた仕事をつづけることが可能となるかもしれない。ひとりでは弱い存在であるが、皆で力を合わせれば、何とかなるかもしれない。それを支援する個人加盟の労働組合、ネットワークも存在している。そこには、それまでほとんど味わったことのないような自由、民主主義、相互扶助があるかもしれない。

　労働者はもし労働者自主生産という選択肢があることを知っていれば、必ずしも泣き寝入りするとは限らないだろう。争議等を展開しなければならないとして

も、皆で手を携えて労働者自主生産に挑戦するかもしれない。休廃業・解散を考えている経営者も、労働者自主生産という選択肢があることを知っていれば、その形態での企業の存続を労働者に託すべく働きかけることもできよう。したがって、労働者自主生産事業体が存在しているという事実を、またその事例を基に、争議、組織運営等も含めた研究成果を提示することは、そうした労働者や経営者にとっても、決して無意味ではないだろう。事例も研究成果も少ない現状にあっては、なお更かもしれない。

　労働者が本当に、自ら自由、民主主義、相互扶助を実現しえているならば、労働者自主生産における組織運営は、一般の企業にとっても何らかの参考になるのではないか。例えば、厚生労働省「働きやすい・働きがいのある職場づくりに関する調査」(2013年) から、労働者自主生産における組織運営の特徴と関連する可能性のある項目を抽出してみると、従業員にとって「働きがい」のある業務管理・組織管理制度として (「実施されている」と回答した者のうち「働きがいがある」または「どちらかといえば働きがいがある」と回答した割合)、「従業員の意見の会社の経営計画への反映」が74.7%、「提案制度などによる従業員の意見の吸い上げ」が72.2%となっている。また、従業員にとって「働きがい」のある職場の人間関係として (「当てはまる」と回答した者のうち「働きがいがある」または「どちらかといえば働きがいがある」と回答した割合)、「チームワークを発揮すること」が80.9%、「職場のみんなで仕事の仕方を改善・改革しようとすること」が76.7%、「社員同士が互いに教え合ったり助け合うこと」が72.8%となっている。労働者自主生産の組織運営では概して、これらのことがより徹底して行われているとすれば、部分的にであれ、一般の企業がそこから学べることは少なくないだろう。

第3節　用語の整理

　まず用語の整理をしておきたい。本書では主に、労働者自主生産という用語を用いているが、他の文献では、労働者自主管理という用語を用いているケースもある。必ずしも明確に区別されているわけではい。ただし、労働者自主管理という用語は一般的には、旧ユーゴスラビアで行われていたように、社会全体における社会主義体制のひとつのあり方として用いられることが多い (5)。これに対し

て、労働者自主生産という用語は、そうした意味合いを含めることもあるが、ど
ちらかというと、必ずしも社会全体ではなく、また確固たる主義・主張を掲げて
いるかにかかわらず、個々の企業単位で倒産等を契機に労働者自身が運営する場
合に用いられることが多い。

　本書ではこうした慣例を参考にしつつ、労働者自主生産を、広義には、労働者
と経営者との本質的区別が存在しない経営として定義している。そこでは基本的
に、平等主義のもと、労働者が一人一票の原則で経営の意思決定に参加する。た
だしこれは、階層、部門の分化、各役職者の配置を認めないということではない。
そのもとにあってもなお、労働者が一人一票の原則で、組織体制の選択、役職者
の選任を含む、経営の意思決定に参加することができるのなら許される。いずれ
にしても、意思決定に際しては、労働者が皆で熱い討議と熟慮された選択を行っ
ていることが、そしてそれを通じて、相互扶助を促進していることが肝心である。
加えて、査定制度がないことも、労働者自主生産においては欠かせないポイント
である。査定制度は利点もあるが、全員参加の意思決定に反しており、労働者と
経営者との区別をもたらしかねないからである。なお、共同出資については、形
式的には労働者が経営者となるために必要であるが、労働者自主生産において必
須とは考えない。共同出資を行わなくとも、実質的には労働者と経営者との本質
的区別が存在しない経営を行いうるからである。以上のことを通じて、労働者は
自己を、「非人格的」労働力とその「人格的」所有者へと分裂させることに抗っ
ている。労働力を売ることに抗っている。確かに、労働力と人格の分裂などフィ
クションにすぎない。しかし、そのフィクションの成立に抗うことで、労働者は
労働する諸個人という本来の姿をより明示的なものにしえている。また本書では、
労働者自主生産を、狭義には、経営危機や倒産に陥った事業体との争議等の最中
あるいはそれを経て、職場・雇用を維持すべく、そこで働く労働者がその事業を
引き継ぐ形で、こうした経営を行うに至っているものに限定している (6)。本書
で事例として取り上げている３社はいずれも、狭義の定義に該当する。

　したがって、例えば共同出資による小規模なベンチャー企業において、査定制
度を設けず、また、役職に違いがあっても、平等主義のもと、全員が一人一票の
原則で経営の意思決定に参加しているならば、広義には労働者自主生産を行って
いると言える。本人たちがそう自覚していなくともである。

なお、欧米先進諸国の展開については、本書の第1章で取り扱っているが、先の定義に従えば労働者自主生産という用語を用いるべきところでも、先行研究を鑑み、労働者自主管理という用語で統一している。一方、本書で取り上げている事例の3社および労働組合においては、社会のあり方を内包している場合もあるが、すべて労働者自主生産という用語を日常的に使用している。そのため、事例においては、労働者自主管理という用語を用いるべきところでも、労働者自主生産という用語で統一している。事例に基づいて展開している理論においても同様である。

第4節　基礎理論

先に示した定義のなかで、労働者自主生産においては、意思決定に際して、労働者が皆で熱い討議と熟慮された選択を行っていることが、そしてそれを通じて、相互扶助を促進していることが肝心であると述べた。ここではまず、その意味するところを理論的に考察しておきたい。

H・アーレントは、古代ギリシアのポリスを例に、公共空間について語っている(7)。そこは、市民が自由に活動と言論を展開する政治的領域である。ポリスにおいてはやがて、活動よりも言論に、それも説得の手段としての言論に重点が移っていった。言論の術（rhetoric）が発達し、実際に用いられていた。ポリスは政治体のなかでも最も饒舌な政治体と呼ばれている。アーレントによれば、「政治的であるということは、ポリスで生活するということであり、ポリスで生活するということは、すべてが力と暴力によらず、言葉と説得によって決定されるという意味であった」(8)。また、ポリスにかぎらず、活動はその多く（ほとんど）が言論の形式で行われるという(9)。そこはまさに、皆で熱い討議と熟慮された選択を行う公共空間といってよいだろう。

ただしアーレントは、公共空間は「城壁とか法律のような安定した保護物がなければ、活動と言論が続いている瞬間だけしか存続できない」(10)という。そして、城壁とか法律のような安定した保護物なしに、ただ活動と言論に参加する人々の間に生じる空間を、出現の空間と呼んでいる(11)。アーレントはまた、活動の他に、基本的な人間の活動力として、労働と仕事をあげている。労働（labor）と

は「人間の肉体の生物学的過程に対応する活動力」であり、仕事（work）とは「人間存在の非自然性に対応する活動力」である。これらに対し、活動（action）とは「物あるいは事柄の介入なしに直接人と人との間で行なわれる唯一の活動力であり、多数性という人間の条件、すなわち、地球上に生き世界に住むのが一人の人間 man ではなく、多数の人間 men であるという事実に対応している」(12)。人間の多数性とは多種多様な人々がいるということであり、活動と言論がともに成り立つ基本的条件である (13)。公共空間に参加できるのは、労働、仕事ではなく、活動を行う人々のみである。さらにアーレントによれば、ポリスは、市民が生活の必要（必然）といった、いわゆるネセシティの問題から解放されていたがために、自由と平等を保持することができていたという (14)。だからこそ、そこは公共空間たりえていたといえるだろう。このことからも分かるように、アーレントのいう公共空間は、ネセシティの問題から解放された、活動を行う人々（ポリスにおいては市民）に対してのみ開かれているのである。

　もっともアーレントによれば、近代になると、私的領域と公的領域はともに社会的なるものの領域（社会的領域）に侵されてしまったという。社会とは「ただ生命の維持のためにのみ存在する相互依存の事実が公的な重要性を帯び、ただ生存にのみ結びついた活動力が公的領域に現われるのを許されている形式にほかならない」(15)。そしてそこでは、「公的なるものは私的なるものの一機能となり、私的なるものは残された唯一の公的関心になった」(16) としている。

　J・ハーバーマスは、アーレントから影響を受けて、公共空間（公共圏）について論じている (17)。とはいえ、その内容については、アーレントと異なる点が少なくない。18 世紀および 19 世紀初期に、フランスでは社交界のサロンで、イギリスではコーヒーハウス（喫茶店）で、ドイツでは読書サークルで、それぞれ小規模であるが、文化的、政治的な討議を自律的に行う市民的公共性が発達した (18)。その空間がいわゆる公共空間である。市民的公共性は国家と社会を媒介し、それ自身は私的（民間）領域に属していた。しかしやがて、公的領域と私的領域が交錯するのにともない、再政治化された社会圏が成立し、同時に市民的公共性は解体した (19)。

　ハーバーマスはこう述べる一方で、公共空間について次のように語っている。「制度としてはもちろん、組織としても捉えられはしない」。「システムを表わす

わけでもない」。「せいぜい、内容と態度決定、つまり意見についてのコミュニケイションのためのネットワークだと言いうるにすぎない」。「生活世界が総じてそうであるように、〔中略〕、自然言語の流通で十分可能となるコミュニケイション的行為によって、自らを再生産する」。「コミュニケイション的日常実践のもつ一般的了解可能性に依拠している」(20)。ハーバーマスはここで、生活世界について言及し、それが公共空間と同様、コミュニケイション的行為によって成り立っているとしている。ただし、生活世界が単なる相互依存の貯蔵庫であるのに対し、公共空間は了解志向的行為にかかわるコミュニケーション構造を特徴としているとも述べている (21)。また別のところでは、生活世界を、システムとの対比でとらえ、「(家族、近隣関係、自由結社に支えられた) 私的な生活領域と、(私人と公人とに支えられた) 公共性」(22) としている。ここからは、後者がすなわち公共空間であり、したがって、生活世界は公共空間を内包する概念であることがうかがえよう。そもそもハーバーマスは、公共空間について「外部との境界線を引くことでその内部を限定することは可能である」が、「その境界線はあくまで、途中で途切れることもあれば、位置がずれることもある」と述べている (23)。このことは公共空間とそれを含まない生活世界との境界線についても当てはまるはずである。したがって、両者を明確に区分して規定するのは困難であるといえよう。先に見たいくつかの定義の間に違いがあるのも、このことに起因しているのかもしれない。

　ハーバーマスは公共空間を、自由な討議を行う空間であると同時に、それにより合意を形成する空間であるともしている。このことは、公共空間を内包する生活世界についての次の文章からもうかがえるだろう。生活世界とは「話し手と聞き手とがそこで出会う、いわば超越論的な場」であり、そこにおいて「かれらは自分たちの発言が世界（客観的世界、社会的世界、ないし主観的世界）に適合するという要求を、相互につきつけることができる」し、また、「こうした妥当要求を批判したり、是認したりすることができ、自分たちの意見の食違いを調停して、同意に達することができる」(24)。公共空間を討議の空間としてだけでなく、合意形成の空間としてとらえるのは、アーレントには見られない視点であるといってよいだろう。ただし吉田徹也によれば、「ハーバーマスはアーレントからコミュニケーション行為理論の枠組みを借用しながら、アーレントの公共性概念を共通意思形成の次元に還元してしまったために、彼女の深く多層的な人間理解を捻じ

曲げ、あろうことか合意形成という単層的な次元に引き下げてしまうという致命的な誤謬を犯した」(25) という。

　詳しくは第8章で述べるが、ハーバーマスは、マクロレベルでは（違う分類をすることもあるが）、経済的領域および行政的領域をそれぞれシステムとしてとらえている。つまり、経済的領域において自律的に運動しているのが経済システムであり、行政的領域においては行政システムである。これに対し、生活世界はシステムではない。生活世界とシステムは相互補完的に関連し合ってもいる (26)。ところが近代が進むにつれて、生活世界は経済・行政システムによって「植民地化」されて行った (27)。このことはすなわち、公共空間の喪失をも意味していよう。

　Ｎ・ルーマンは経済的領域、行政的領域だけでなく、政治的領域をもシステムとみなす。詳しくは第8章で述べるが、政治システムの役割は経済システムと行政システムに「プラン」（「プログラム」といいかえることもできる）を回送することだという。またルーマンによれば、システムは、「コード（規則あるいは掟）」によって自律的に自己を統制している。システムの構成員においても同様である。構成員は、システムからある役割をあてがわれ、それぞれのコードに従っている。その一方で、コードに従わないこともできる。そしてそれにより、システムから（半ば）離脱することができる。つまり、システムに内属するたいていの構成員は、抗議(抵抗)運動(行動,活動)を行うことで、自由な行為主体となりうるのである(28)。

　人々は通常、複数のシステムに属している。しかし、抗議運動を行うことで、個別のシステムから離脱することは可能である。これが、システムの連関として社会が編成されていることの存在条件である。つまり、システムには「アジール（避難所）」が存在するのである。アジールとは、システムの訴追が及ばない自由な空間のことであり、ルーマンがいう「社会的領域」のことである (29)。ちなみに、この社会的領域は、アーレントがいう社会的領域、ハーバーマスがいう社会圏とは異なる。むしろ、ハーバーマスがいう公共空間とほぼ同義ととらえて差し支えないだろう。ただしハーバーマスが、全社会的に単一の公共空間に、さまざまな非公式なそれが組み込まれているとしているのに対し、ルーマンは、すべてのシステムにそれぞれの抗議運動を通じて寄生する形で、非システム的な社会的領域が組み込まれているとしている (30)。抗議運動には通常、活動と言論がともなうことからすれば、それによりもたらされる、ルーマンのいう社会的領域は、アー

レントのいう公共空間と通じるところが少なからずあるともいえるだろう。

　ルーマンはまた、システムにおいて複雑性が増すほど、人々は自らの信頼によってそれに対処し、行為の自由を広げていくことができるという(31)。システムから離脱することなく、である。詳しくは第8章で述べるが、そこでは、システムのなかに留まっているため、限定的ではあるが、人々は自由な行為主体となりえている。人々が信頼によって対処するには通常、活動と言論がともなうことからすれば、ここでも、それによりもたらされる場は、アーレントのいう公共空間と通じるところが少なからずあるともいえるだろう。

　以上、公共空間に関して、アーレント、ハーバーマス、ルーマンのそれぞれの言わんとするところを、本書で分析視角として用いることを前提に概観したが、そこには共通点ばかりでなく、相違点も存在している。またどれも、本書での分析視角としてはそのままではあまり適合的でないところも存在している。そこで以下では、公共空間について、アーレント、ハーバーマス、ルーマンの諸説を参考にしつつ、本書独自の定義を示しておきたい。

　公共空間とは、広い意味での政治的領域であり、そこでは、言葉による自由な(集団的) 討議がなされている。もっとも、自由な討議ということだけでは十分ではない。熱い討議とそれを通じての熟慮された選択を行っていることが肝心である。熱い討議と熟慮された選択は、そのプロセスそのものに価値がある。その意味では、選択された内容は二次的なものであるといえよう。たとえ陳腐な内容であってもかまわない。公共空間は自由と民主主義の空間である。それは選択の結果によってもたらされるのではない。熱い討議と熟慮された選択というプロセスのなかで出現するのである。肝心なのはそのプロセスである。労働者自主生産において、熱い討議と熟慮された選択がなされているとすれば、ここでも、そのプロセス自体に価値があるといえる。

　公共空間では、広い意味での政治の問題に関して、ありとあらゆる議題で討議がなされる。アーレントのいうネセシティの問題についても例外ではない。だからこそ、公共空間は自由な空間でありうるのである。また、公共空間への参加者は、アーレントのいう活動を行う人々のみではない。労働あるいは仕事に従事する人々も含まれる。公共空間では、参加者を限定するようなことはあってはならない。そうなれば、公共空間は自由な空間ではありえなくなる。もっとも、公共

空間に参加し、自由に討議を行うことで、すでに活動を行う者となっているはずである。また、それを労働あるいは仕事の場である程度実践しているとすれば、それぞれにおいて、わずかであれ活動的な要素を加えることができているはずである。

先に見たように、アーレントは、近代になると、私的領域と公的領域はともに社会的領域に侵されてしまったという。また、ハーバーマスは公的領域と私的領域が交錯してしまったと述べている。今日、純粋な公的領域というのは存在しえないのだろう。したがって、本書でいう公共空間においては、純粋な公共性を求めるあまり、私的領域を排除するようなことはしない。一般の私企業といえどもである。ハーバーマスも言うように、そもそも公共性は私的領域に属するものである。公共空間のコミュニケーションの経路は私的な生活領域につながっているのである (32)。いつどこにおいてであれ、そこが私的領域であろうと、経済的領域あるいは行政的領域であろうと、広い意味での政治の問題に関して、皆で自由な討議を行っているならば、そこはすでに、非公式であっても、公共空間となっている。これは、アーレントのいう出現の空間と通じるところである。どのような事業体においても、それが労働者自主生産企業、さらには、一般の企業であっても、そのなかで、そこに属している人々が、広い意味での政治の問題に関して、皆で自由な討議を行っているならば、そこはすでに、局所的にであれ、公共空間となっている。

公共空間は、自らが属する組織がシステムであったとしても、そのなかにおいて皆で協力して何らかの抵抗を行うことでも、形成・維持される。抵抗を通じて、それぞれのシステムにそれぞれの公共空間が寄生する形で組み込まれる。これは、ルーマンのいう抗議運動およびそれにより発生する社会的領域と通じるものである。公共空間が形成・維持されるのは、皆で抵抗を行う際には通常、広い意味での政治の問題に関して自由な討議がなされることにもよる。

公共空間は自由と民主主義の空間であると同時に、相互扶助の空間でもある。K・ポランニーは、経済を、市場（交換）、再分配、そして互酬 (reciprocity) から構成される、人間の経済として広義にとらえている (33)。ここで互酬は、広い意味での贈与（と返礼）を通じた相互扶助による経済活動である。市場、再分配も、本来は互酬である。互酬は経済の根幹をなしているのである。アーレント、ハー

バーマス、ルーマンのいう経済には、互酬が欠落している。互酬が経済の根幹をなしているにもかかわらずに、である。ハーバーマス、ルーマンが、経済をシステムとしてしか扱えないのは、このためでもあろう。もっとも、経済的領域を狭義にとられえている分、政治的領域を広義に認識し、そこに互酬を含めて考えることもできるだろう。そこは公共空間でもある。公共空間は、人々が近しく触れ合う生活世界に根ざしていることからしても、そこには互酬が存在していると考えられる。

　ところで高橋正泰によれば、「言語、話し、物語、会話としてのディスコースは、一般的日常生活における不可欠な特徴であり、組織の相互作用の本質でもある」(34)という。ここでいう組織の相互作用は、経済の領域にかぎって見るならば、市場、再分配よりも、主に互酬が該当すると考えられる。また、日本語で討議と訳される、ハーバーマスが言う独語の Diskurs は、英語では discourse（ディスコース）となる。以上から考えると、公共空間おける自由な討議は互酬の本質でもあるということになろう。公共空間は、熱い討議と熟慮された選択を通じて、各人の活力、主体性、そして相互扶助精神を高める場ともなりうるのである。

第5節　先行研究

　労働者自主生産（労働者自主管理）については、これまで多くのさまざまな説が提示されてきたが、大きくは否定的な説と肯定的な説とに二分することができよう。否定的な説としてはまず、労働組合が設立した事業体は、管理自体が成り立たず、また、その事業熱の烈しさのあまり、自ら労働条件を切り下げ、それにより、以前獲得した権益さえも捨て去る、つまりいわゆる「自己搾取」を行う傾向があるという、ウェッブ夫妻による批判がある (35)。またE・マンデルは、伝統的な労働組合主義の立場から、労働者の利益と権利は団体交渉によって守られるものであり、労働者自主生産の実態は労働者自身による自己搾取でしかないと批判している (36)。ウェッブ夫妻、マンデル以外にも、労働組合による労働者自主生産には、懐疑的な見方が多い。塚本一郎によれば、そこには共通して、組合機能による経営機能の包摂が、資本主義的競争の圧力下で、経営機能による組合機能の包摂へと転化しやすい傾向が示されているという。すなわちそれは、経営体

22 序章

としての存続のための管理の必要が経営機能から自律した組合機能の領域を侵食
し、そこで働く労働者、特に管理機能を担う組合幹部層の態度が、査定などの導
入、管理のヒエラルキーの形成、労働条件の切り下げ等、より資本主義的な価値
観に適合したものへと変容していく傾向である **(37)**。

　一方、肯定的な説としてはまず、労働者自主生産を労働者の自己解放のプロセ
スとして社会変革の最も基本的な戦略ととらえる見解がある **(38)**。またＲ・オー
クショットは、この見解とは一線を画しながら、この試みを多元的な経済・社会
システムを可能とする第三の道として論じている **(39)**。さらに黒川俊雄は、広義
の労働者自主生産事業体の一種といえる労働者協同組合が、自らの事業を通じて
地域住民の要求を充足し、地域社会に寄与すべきだと論じている **(40)**。ただどの
説も、労働者自主生産における自由、民主主義、相互扶助について、十分に事例
に基づいて理論的考察を展開しているとはいいがたい。労働者の自己解放、経済・
社会システムの多元性、地域社会への寄与といったところで、これでは内容が絵
空事になりかねないし、現にそうなっている部分も少なくない。

　否定と肯定が混在している説もある。例えば小関は、自らが調査した有限会社
エフ社（仮名）の事例においては、全体会議、開発会議など、全組合員による討
議と意思決定の場を設けてはいたものの、成果は限定的であり、自己搾取をせざ
るをえない状態にあったとしている。にもかかわらず、同社が労働者自主生産企
業として存続できたのは、民主主義、平等、生活の保障、労働の社会的意義と
いった価値を、そこで働く組合員が自主生産の長い経験の中で（あるいはそれ以前
から）、身をもって自覚し、確信したからではないかと述べている **(41)**。つまりそ
こでは、自己搾取よりも、民主主義、平等、生活の保障、労働の社会的意義といっ
た価値を重視しているということなのだろう。自己搾取はその価値を守りつづけ
るためのいわば代償なのだろう。同社の組合員は、自主生産の価値や方法論につ
いて、日々の経験を総括するなかで問題の解決策を見出していく「問題解決学習」
によって学び取っていったという。これには、全体会議や開発会議（全員で自社製
品開発のアイデアを出し合う会議）などにおいて、組合員の間で問題解決に向けた話
し合いをして相互の認識を高める「共同学習」という方法が有効に機能していた
という **(42)**。ただし、自主生産開始時の 1983 年初頭には 58 名いた組合員が、92
年の争議解決時には 48 名となり、さらに解決後にはそこから 18 名が退職し、92

年の新工場開き時には 30 名、そして 95 年 7 月には 23 名となっている **(43)**。同社が自主生産を守りつづけていられるのは、それに何らかの不満を抱く者の多くが去っていったからでもあるといえるだろう。

　また井上は、自らが調査したアポロカメラ株式会社（仮名）の事例においては、再建闘争中、全組合員の直接討議による意思決定を行ってはいたものの、それが生産効率性の上昇に直ちには連動せず、自己搾取をせざるをえない状態にあったとしている。にもかかわらず、同社が労働者自主生産を継続できたのは、第一に組合リーダー層の闘争指導力の強さとそれに対する組合員の絶大な信頼、第二に組合員の強固な平等主義的意識、そして第三に、相互の確執を抱えながらも職制なき労働の場において創造した共同世界などがあったからだと述べている。しかしこの共同世界も、1980 年 7 月に新会社アポロ工業株式会社（仮名）の設立をもって終焉する。執行部は自主生産主体としての自覚と能力に乏しい一般の組合員を目の当たりにして、平等と民主主義を追求しながらも、再建すべき新会社の性格を既存の資本主義的企業とした。そして事実上の専断によって、実態的には人員整理につながる施策をとったのである。それは一般の組合員から激しい反発を受けた。新会社に参加した組合員は、争議決着時の 4 分の 1 の、24 名であった。そして 1990 年 3 月には、元の組合員は 10 名を切るまでになっている **(44)**。

　労働者自主生産においては、組合機能による経営機能の包摂が、資本主義的競争の圧力下で、経営機能による組合機能の包摂へと転化し、ひいては自己搾取に陥る傾向にあるが、しかしこれは、外部の労働組合からの統制を受けていない、個別企業の労働者による事例である。これに対し、内山哲朗が取り上げている大分県におけるタクシー労働者の労働組合自主経営企業（労働者自主生産企業）3 社のように、産業別組合（単一の産業別組合ではなく連合体）の地方組織（全国自動車交通労働組合総連合会大分地方連合会：自交総連大分地連）が、個別企業の枠を超えた産別組合的な価値観に基づいて、自主経営企業の企業経営を統制し、組合機能を一定程度保持する戦略を選択した事例も存在する。これらの自主経営企業は、長期にわたり、一定の労働条件を維持しながら存続している **(45)**。

　1990 年代後半以降の事例を見ると、石川によれば、自主生産闘争にまで発展する傾向があるが、それを可能にしているのは、倒産危機に直面して駆け込んでくる現場労働者を受け入れ、倒産反対争議を有効に展開し得る労働組合、特に、

24　序章

個人自由加盟の一般労働組合、当該倒産企業の所在地を活動エリアとする地域ユニオンであるという **(46)**。また、労働者自主生産企業として再建された企業では、労働者が自らの労働条件を切り下げてまで、事業の存続と雇用の継続を図っているケースが散見されるという。そこでは、利潤追求を否定してはいないが、それよりも、経営者（≒労働者）の地位から得られる欲求充足、仲間の雇用、事業継続を優先しているという **(47)**。

　また杉村は、2000 年 4 月の倒産を経て自主再建された有限会社 K 社（仮名）の事例を基に、そこにおいて再建と事業存続のカギとなったのは、①販路・市場、②外注先、③人材、④資金調達先の確保であったとしている。加えて、同社を含め複数の自主生産企業をつなぐネットワーク組織としての自主生産ネットワークが、①コンサルタント機能、②ファンド機能、③ジョブネットワーク機能、④再建支援機能を果たすことで、自主生産企業特有の市場競争上の脆弱性を補完したという。なお、同社における自主生産企業としての意思決定の民主性は、従業員個々の責任性の相違に基づく能動性の違いから、「意思決定機会の平等」という形では貫徹し難かったが、代わりに、情報の共有化や発言の場の設置によって、「発言機会の平等」という形では担保されていたという **(48)**。とはいえ、意思決定機会の平等なくして、労働者自主生産といえるのだろうかとの疑問は残る。

第6節　研究方法

　労働者自主生産の研究については、これまで実証研究が中心であった。本書でも、以上の先行研究を鑑み、すぐ後で述べる、それぞれの論点を踏まえた上で、最新の事例として、2007 年以降に労働者自主生産を開始し、今日に至っている 3 社、およびこれら 3 社を支援してきた個人加盟の労働組合を取り上げ、実証研究という方法で具体的に考察している。組織運営の考察を中心としていることから、それとの関連で、各社における組織体制、賃金体系、労働条件、意思決定、マネジメント、リーダーシップ、労働者自主生産へのこだわり等を分析対象としている。またそこから、対抗的ヘゲモニーとしての特質を検出している。

　労働者自主生産事業体の事例としては、株式会社ビッグビート、城北食品株式会社、ハイム化粧品株式会社の 3 社を取り上げている **(49)**。これら 3 社を取り上

げる理由はまず、いずれも労働者自主生産の最新の事例であることによる。第二は、いずれの企業も今日においてもなお、労働者自主生産を行っているからである。第三は、それぞれ、規模、出資形態、業種、自主生産開始の経緯等を異にしているため、最新の労働者自主生産として総括し、その特徴を検出することができると考えるからである。

　先に見た先行研究においては、どの説も特定の時代と環境のもとにある個別の事例から抽出されている。としたら、時代と環境が異なれば、当てはまらなくなるということも十分考えられよう。諸説の間に違いがあるのも、その何よりの証拠といえよう。本書が最新の事例を取り上げるのは、現在の日本という時代と環境において、これら諸説を検証するためでもある。また先に紹介したように、井上はアポロカメラの事例をもとに、労働者と労働組合の性格を倒産前の労使関係の特質とかかわらせて分析しているが、その共同世界が新会社の設立をもって終焉しているため、争議収束以降の自主生産については明らかにできていない。井上だけでなく、従来の研究の多くにおいても、争議継続時の実態究明が主となっているため、同じことがいえる。本書ではこうした状況を踏まえて、争議収束以降の実態究明を重視している。そのため、労働者と労働組合の性格を、経営危機や倒産に陥る前、争議の最中、そしてその収束から現在までのそれぞれのフェーズにおける労使関係の特質とかかわらせて分析している。

　具体的にはまず、労働者自主生産では、管理自体が成り立たないとする先行研究を検証している。ここでは、杉村のいう、意思決定機会の平等および発言機会の平等についても触れている。また、先行研究が示しているように、組合機能による経営機能の包摂は、資本主義的競争の圧力下で、経営機能による組合機能の包摂へと転化しやすいのか、これに対し、外部の労働組合による統制はその転化を阻止しうるのかについて分析している。ここでは、先行研究でいうところの、労働者自身による自己搾取の実態についても究明したい。さらに、労働者自主生産を維持できている一因は、民主主義、平等、生活の保障、労働の社会的意義といった価値を、そこで働く組合員が自主生産の長い経験の中で（あるいはそれ以前から）、身をもって自覚し、確信したことにあるのではないかとする小関の見解について検証している。身をもって自覚し、確信したからといって、その価値をいつまでも持ち続けられるとはかぎらない。にもかかわらず、持ち続けられてい

26 序章

るとすれば、それはなぜなのか。また、新しく入った組合員は、その経験がない
ことから、その価値を持つことができないのではないか。持つことができている
とすれば、それはどのようにしてなのか。小関はここで、話し合いを通じての学
習の有効性を指摘しているが、だとしても、それは新しく入った組合員にも効果
的なのだろうか。これらのことについても明らかにしたい。これとの関連で、労
働者自主生産企業では、利潤追求よりも、経営者（≒労働者）の地位から得られる
欲求充足、仲間の雇用、事業継続を優先しているとの、石川の見解について検証
している。加えて、労働者自主生産が労働者の自己解放のプロセスとして社会変
革の最も基本的な戦略となっているのか、あるいはなりえるのか、そうではなく、
多元的な経済・社会システムを可能とする第三の道となっているのか、あるいは
なりえるのか、これらのことについても論じている。

　本書では、以上の各論点を考察すべく、労働者自主生産における組織運営に焦
点を当て、またそれとの関連で、そこにおける組織体制、賃金体系、労働条件、
意思決定、マネジメント、リーダーシップ、労働者自主生産へのこだわり等を分
析対象としている。次節で述べる分析視角に従いながら、事例と向き合い、考察
を進めている。それにより、現在の労働者自主生産において、労働者がどのよう
な問題を抱えながら、いかにしてそれらを乗り越え、もしあるとすれば、いかな
る自由、民主主義、相互扶助を実現しているかが明らかになるはずである。

第7節　分析視角

　本書はまた、これらの事例を含めた、今日に至るまでの労働者自主生産事業体
を、支配的なヘゲモニーの変遷のなかで位置づけ直している。同時に、本書にお
ける事例の分析視角として、ヘゲモニーという概念を用いている。A・グラムシ
に従えば、ヘゲモニーとは、他者に何事かを強制しうる能力のことであるが、そ
れが形成されるのは、被支配者間における「同意の組織化」によってである (50)。
支配は支配者によって一方的になされるのではない。支配者と被支配者の双方向
性により担保されるのである。同意の組織化といっても、そこには常にさまざま
なせめぎ合いが存在する。そのせめぎ合いが激化すれば、同意の維持が困難とな
り、それに対抗するヘゲモニーが形成される場合もある。このように、ヘゲモニー

の視点に立脚することで、支配の、特にそこにおける被支配者の能動性が浮き上がってくる。本書は労働者自主生産を、ヘゲモニー、およびそれとの関連で市民社会のなかでとらえることにより、そこにおいて労働者が、どのように組織を運営しているか、またそのなかで、もしあるとすれば、いかにしていかなる自由、民主主義、相互扶助を実現しているかについて、労働者の動態性に焦点を当てて考察している。

　組織の研究は従来、合理性に基づく機能主義的組織論が中心であり、それは、F・テイラー、C・I・バーナード、H・サイモン等の各理論を経て、コンティンジェンシー理論へと発展していった。高橋によれば、機能主義的組織論はその法則定立性の追究と客観的立場を特徴としているという。すなわちそこでは、世界は確固たる実存であり、構造を持ち、ある一定の法則に基づいて機能的に動いていると暗黙のうちに措定されている。したがって、組織論の主要な研究テーマは必然的に、組織現象をもたらす根本的な法則性と構造、そして機能の探究となっている (51)。しかしながら、組織は機能的合理性のみで成り立っているわけではない。もっと多様な組織現象が存在しているはずである。労働者自主生産においては特に、そう言えるのではないだろうか。本書においてヘゲモニーという概念を事例の分析視角として用いているのは、このためでもある。もっとも、機能主義的組織論への疑問から生まれたポストモダン組織論では、より多様な組織現象を取り扱っている。本書においても必要に応じて、ストーリーテリングを含む組織のディスコース分析など、そのなかのいくつかを事例の分析視角として用いている。V・バーによれば、「ディスコースとは、何らかの仕方でまとまって、出来事の特定のヴァージョンを生み出す一群の意味、メタファー、表象、イメージ、ストーリー、陳述、等々を指している」という (52)。この定義からもうがえるように、組織で行われるストーリーテリングも、組織のディスコースのひとつの行為に含めて考えてよいだろう。

　組織における自由と民主主義については、ヘゲモニーの他に、ハーバーマス、ルーマンのいうシステムという概念も分析視角として有効であると考える。社会学では当初、システムという概念は機能主義に基づくものであったが、そこに、ハーバーマスにおいては公共空間（それを含む生活世界）という概念を、ルーマンにおいては抗議運動という概念をそれぞれ導入することにより、被支配者である

構成員の能動性について、それを通じて、組織における自由と民主主義の動態性について、ヘゲモニーとは別の視点からとらえることが可能となっていると考える。本書では、事例分析にシステムという概念を用いることで、労働者自主生産事業体において、もし実現しているとすれば、労働者がいかにしてシステムに完全に組み込まれていくのを阻止しながら、自由な行為主体として公共空間を形成し、組織を運営しているかについて考察している。なお本書では、先に独自に定義した公共空間の概念を分析視角として用いている。

　組織における相互扶助については、ヘゲモニーの他に、ポランニーのいう人間の経済という概念も分析視角として有効であると考える。先に示したように、人間の経済は、市場（交換）、再分配、そして互酬から構成されている経済である。ここで互酬は、広い意味での贈与（と返礼）を通じた相互扶助による経済活動である。市場、再分配も、本来は互酬である。互酬は経済の根幹をなしているのである。互酬といっても、そこでは、信頼だけでなく、不信、しがらみ、駆け引き、誤解などもうごめいている。互酬の視点に立脚することで、このような当事者間の動態性が浮き上がってくる。そしてそれを通じて、組織における相互扶助の動態性について、ヘゲモニーとは別の視点からとらえることができると考える。本書では、事例分析に人間の経済、特にそのなかの互酬という概念を用いることで、労働者自主生産事業体において、もし実現しているとすれば、労働者がいかにして互酬を行い、組織を運営しているかについて考察している。また、互酬だけでなく、それを含む人間の経済といった広義の経済との関連で論じているのは、労働者自主生産にあって相互扶助を内包しているとすれば、より有効にその把握が行えると考えるからである。

　本書は、以上のように、事例を基礎としながら、それを、ヘゲモニー、市民社会、システム、公共空間、人間の経済等の分析視角からとらえるという方法論を用いることで、理論的考察へと結びつけている。先行研究では行われていなかったこうした手続きを通じて、最新の事例を提示するにとどまらず、そこに隠されている真実を、そこからしか見渡せない全体をとらえようともしている。それにより、来るべき新しい市民社会の様相を可能な範囲で浮き彫りにしようともしている。確かに現在にあっても、労働者自主生産は、それを行うに至る経緯を見ても、また、事業体数、労働者数とも少ないことからしても、特殊な事例であるこ

とに相違ない。しかしそうであればこそ、そこからしか見渡せない全体というのもありうるはずである。本書では、その追究をも試みている。

第8節　本書の構成

　本書は3部構成となっている。第1部は、第2部で行う事例分析の前提、基礎として、欧米先進諸国および日本における、それぞれの市民社会の変容、ヘゲモニーの変遷、そしてそのなかでの労働者自主生産の展開について考察している。第1章は欧米先進諸国について、第2章は日本についてである。なお、ここでは前述のように、特に欧米先進諸国の展開については、先行研究を鑑み、主に労働者自主管理という用語を使用している。

　第2部は、第1部を踏まえて、最新の事例として、2007年以降に労働者自主生産を開始し、今日に至っている3社、およびこれら3社を支援してきた労働組合を取り上げ、具体的に考察している。第3章はビッグビート、第4章は城北食品、第5章はハイム化粧品の考察となっている。組織運営の考察を中心としていることから、それとの関連で、各社における組織体制、賃金体系、労働条件、意思決定、マネジメント、リーダーシップ、労働者自主生産へのこだわり等を分析対象としている。またそこから、対抗的ヘゲモニーとしての特質を検出している。第6章は、これらの労働者自主生産企業を支援してきた個人加盟の労働組合である、全統一労働組合の考察となっている。労働組合の特徴、各フェーズでの支援、ネットワーク、労働者自主生産へのこだわり等を分析対象としている。またそこから、対抗的ヘゲモニーとしての特質を検出している。そして第7章は、第3章から第6章までの事例の分析を基に、最新の労働者自主生産として総括し、労働組合加入の経緯、組織体制、賃金体系、労働条件、意思決定、マネジメント、リーダーシップ、労働者自主生産へのこだわり、労働組合との関係、対抗的ヘゲモニーとしての特質における、それぞれの特徴を検出している。またそれらを、第1章、第2章で述べた、これまでの労働者自主生産、労働者協同組合、欧米の労働者自主管理、加えて、外部の労働組合による統制のそれぞれの特徴と比較検討している。第2部は本書の中核をなしており、ここでのファクト・ファインディングは第3部の展開において不可欠なものとなっている。

30　序章

　第3部は、第1部、第2部を基に、労働者自主生産およびそれを内包する市民社会について理論的考察を展開している。第7章で検出した最新の労働者自主生産における組織運営の特徴について、第8章はシステムおよび公共空間のなかで、第9章は人間の経済のなかでとらえ直している。それにより、労働者自主生産における自由、民主主義、相互扶助の動態性の考察を深化させ、さらには、来るべき新しい市民社会の様相を可能な範囲で浮き彫りにしようとしている。

注

（1）戸塚・井上［1981］642 〜 652 ページ。

（2）石川［2005］77 〜 82 ページ。

（3）小関［1998a］、［1998b］。石川［2003］、［2005］、［2006］。杉村［2010］、［2011］、［2012］。

（4）東條・志村［2013］59 ページ。

（5）旧ユーゴスラビアにおける労働者自主管理は、社会主義体制下で、個々の企業だけでなく、社会全体の基盤をなすものであり、1950 年から長きにわたって行われていたが、1990 年に崩壊するに至っている。岩田昌征は、その崩壊の原因として、「自主管理社会を非自主管理的方法で、すなわち党社会主義体制の事業として実現しようと試みた」が、「ここに本源的矛盾・本質的無理があった」ことをあげている（岩田［1994］178 ページ）。本書では、このことも踏まえて、労働者自主生産における多様性のあり方についても詳しく論じている。

（6）井上によれば、労働者自主管理とは、「職場・企業・産業さらには国民経済にいたる各レベルでの管理・運営のあり方について、労働者が直接にあるいはその代表組織をとおして自主的に決定し、その執行を自ら担うことを追求する思想と運動の総称」であるという。そして、「広義には、資本主義システムのもとで労働者が職場における経営者の管理・運営権限を侵食し、労働者による経営意思決定の領域を拡充していく営みと、公有化された経済体制のもとで労働者が管理主体として各レベルの運営を担う営みの双方を指すが、狭義には前者を『労働者統制（workers' control）』とし、後者を『労働者自主管理（workers' self-management）』として弁別するのが普通である」としている。ただし、アポロカメラ株式会社（仮名）の事例については、「労働者自主管理」と呼んでいる。その理由は、「それが既存の資本家的経営体が倒産によって崩壊しつつあるもとでの試みであり、経営体と経営権の存在を前提として企てられる『労働者統制』の試みとは、厳密に運動の位相を異にすると考えるからである」としている（井上［1991］1 〜 2 ページ）。確かに労働者統制の試みとは同一ではないだろうが、だからといって、労働者自主管理と呼ぶのは、狭義の定義からすると違和感が残る。なお、本書で用い

ている労働者自主生産という用語の意味は、以上のどの定義および使用法とも完全には一致していない。取り上げる事例をはじめとする、より多くの事例の状況をカバーするため、労働者自主生産という用語を用い、別の定義をしている。

（7）アーレントのいう public space（Arendt［1958］、［1968］）を、本書では「公共空間」と訳している。

（8）Arendt［1958］、訳、47 ページ。

（9）同上、290 ページ。

（10）同上、319 ページ。

（11）同上、320 〜 321 ページ。

（12）同上、19 〜 20 ページ。

（13）同上、286 ページ。

（14）同上、51 〜 54 ページ。

（15）同上、71 ページ。

（16）同上、98 ページ。

（17）ハーバーマスのいう Öffentlichkeit（独語）は一般に、英語では public sphere と、また日本語では「公共圏」と訳されているが（Habermas［1990］、訳、［1992］、訳）、本書においては「公共空間」の訳で統一している。「圏」は「なわばり」、「かこい」、「おり」といった意味があることから、閉鎖性が強調されかねない。本書においては、そこは必ずしも閉ざされてはおらず、むしろ開かれているととらえていることから、あえて「空間」と訳している。また、「空間」と訳しているのは、アーレントのいう public space を「公共空間」と訳していることから、両者の違いよりもむしろ共通性を強調したいと考えていることにもよる。

（18）Habermas［1990］。

（19）同上、訳、232 〜 233 ページ。

（20）Habermas［1992］、訳、下、90 ページ。

（21）同上、90 〜 91 ページ。

（22）Habermas［1981］、訳、下、296 ページ。

（23）Habermas［1992］、訳、下、90 ページ。

（24）Habermas［1981］、訳、下、27 ページ。

（25）吉田［2011］37 ページ。

（26）Habermas［1981］、訳、下、309 ページ。

（27）同上。

（28）東條・志村［2013］80 〜 81 ページ。

（29）同上、82 ページ。

（30）東條・志村［2011］141 〜 142 ページ。

(31) Luhmann［1973］、訳、69 〜 70 ページ。

(32) Habermas［1992］、訳、下、96 ページ。

(33) Polanyi［1957］、［1977］。

(34) 高橋［2006］192 ページ。

(35) Potter［1891］。Webb, Webb［1920］。

(36) Mandel［1970］。

(37) 塚本［1995］3 〜 4 ページ。

(38) Fletcher［1976］。

(39) Oakeshott［1978］。

(40) 黒川［1993］。

(41) 小関［1998b］32 ページ。

(42) 同上、32 ページ。

(43) 小関［1998a］5 〜 6 ページ。

(44) 井上［1991］276 〜 277 ページ。

(45) 内山［1991a］、［1991b］。

(46) 石川［2005］81 ページ。

(47) 同上、87 ページ、93 〜 94 ページ。

(48) 杉村［2012］。

(49) 本書では、筆者が自ら調査した事例については、それぞれ許可を得て、すべて実名で掲載している。

(50) グラムシ［1961］、［1962］。

(51) 高橋［2003］242 ページ。

(52) Burr［1995］、訳、74 ページ。

第**1**部

ヘゲモニーと
労働者自主生産

第1章
欧米のヘゲモニーと労働者自主生産

はじめに

　第1部は、第1章と第2章からなっており、第2部で行う事例分析の前提、基礎として、欧米先進諸国および日本における、それぞれの市民社会の変容、ヘゲモニーの変遷、そしてそのなかでの労働者自主生産の展開について考察している。本章は欧米先進諸国についてである。

　産業革命以降、労働者は自らの生活と権利を守るために、どのような労働運動を展開したのか。またそのなかで、労働組合はどのようにして誕生し、発展していったのか。そしてその誕生、発展とともに、労使（資）関係およびそれと密接にかかわる市民社会、さらにはその基底をなすヘゲモニーはどのようにそれぞれの姿を変えていったのか。これらについて概観した後で、労働者自主生産はこうしたなかにあって、どのようにして誕生し、どのような展開を遂げていったのかについて考察している。

　労働者自主生産の展開については、労働者協同組合を含め、その思想、歴史、各国の現状・形態等を分析対象としている。労働者協同組合を分析対象に含めるのは、労働者自主生産について包括的かつ多面的な考察を行うためであり、また本書では、労働者自主生産について争議収束以降の組織運営の考察を中心としていることから、比較対象となると考えるためである。その後で、従業員所有企業として、SAL、SLL、ESOP を取り上げているのも、同様の理由による。なお、序章で述べたように、本章では先行研究を鑑み、以下、労働者自主生産ではなく、労働者自主管理という用語を使用している。

第1節　労働組合の誕生

（1）労働組合の黎明期

　産業革命を最初に成し遂げたイギリスでは、その進展とともに、熟練労働者を中心にして労働運動が発生するようになった。1811年から1816年頃にかけては、賃金をはじめとする労働条件の改善を求めて、ラダイト運動と呼ばれる機械打ち壊し運動を展開している。当時はまだ、労働組合は合法化されておらず、また、労働組合（トレード・ユニオン）という名称も使用されていないが、熟練労働者の生活と権利を守る組織は存在していた。17世紀のブルジョア革命以後、ギルドが解体していくが、その過程で誕生した市民団体のひとつである友愛協会が、その形成に深く関与している。

　いわゆる労働組合が合法化されたのは、1825年の結社禁止法廃止にともなってのことである。なお、労働組合（トレード・ユニオン）という名称が使われるようになったのは1830年頃といわれている [1]。結社禁止法の廃止を機に、いくつもの労働組合が結成され、また、ストライキが頻発するようになった。当時はまだ、多くの場合、団体交渉を経ることなく、いきなりストライキや打ち壊しに突入している。そして、1830年には綿紡績工を中心とする全国労働保護協会、1834年にはR・オーエンの指導で全国労働組合大連合（グランド・ナショナル）という全国組織（ナショナル・センター）が結成された。その後も、いくつかの全国組織が結成されたが、いずれも不安定で、すぐに崩壊している。

　そうしたなか1833年には、9歳未満の児童の雇用禁止、18歳未満の労働者の労働時間の制限と夜業の禁止等を内容とする工場法が制定された。浜林正夫によれば、この法律で最も重要な点は、工場監督官という制度を設けたことであるという。それにより、従来の工場法のようなザル法とは異なり、労働時間の規制が効力を持つようになっている [2]。また、1838年以降、労働者は参政権等を求めて、チャーティスト運動を展開している。1847年に制定された10時間労働法は、その成果のひとつである。

　チャーティスト運動の終結とともに、労働組合は政治から離れていった。また、細かく分かれていた状態から合併が進み、組織的基礎が安定していった。この

時期、いくつかの町では地域労働組合会議が誕生している。そして 1868 年には、労働組合の全国組織である労働組合会議（Trades Union Congress : TUC）が結成された。

（2）労働組合法の成立

1871 年の労働組合法により、労働組合の財産所有が法的に認められ、また 1875 年の共謀と財産保護法により、労働組合の行動が刑法上の責任を追及されないこと（刑事免責）となった。それにともない、労働組合は法人格を持ち、ストライキその他の団体行動を起こすことが法的に可能となった。団体交渉が定着したのは、19 世紀中葉である。もっとも当時は、職種別組合（クラフト・ユニオン）であったことから、企業を横断し、地域レベルで行われている。それが全国レベルの中央交渉となったのは、20 世紀に入る頃からである。

産業革命の進展とともに、不熟練労働者が大量に出現した。しかし、熟練労働者が中心の職種別組合に加入することもできず、かといって、自ら組織的な労働運動を展開することもできず、低賃金、長時間労働等の苛酷な労働環境の下に置かれつづけた。それに追い打ちをかけたのが、主に、アメリカ、ドイツの経済的台頭に起因する不況である。

そのなかで、不熟練労働者を刺激したのが、社会民主連盟と社会主義連盟である。また、1888 年にロンドンのマッチ工場の女性労働者がストライキを起こしたのを契機に、不熟練労働者からなる新しい労働組合が次々と誕生していった。19 世紀末には、労働組合は熟練労働者を中心とするのではなく、不熟練労働者を含む一般労働組合方式に移行していった。そして 1906 年には、議会主義を標榜する社会主義政党である労働党が結成されるに至っている。

第2節　市民社会の変容

（1）近代市民社会

この時期、イギリスだけでなく、それ以外の欧米中枢世界においても、労働組合が誕生、台頭し、労働運動を展開している。そのなかで、市民社会も変容している。

東條由紀彦は、市民社会を非常に多義的な概念であるとしながらも、その内属

として主に次の三点をあげている (3)。第一は、個人が所有の第一次的主体となっている点である。第二は、市民社会は共同体と異なり、あくまで第二次的構成であって、それは諸個人間の相互認知に立脚している点である。そして第三は、その前提として、個人は固有の人格を有している点である。なお、ここでの個人とは本源的に家族を意味している。

　近代において、労働者諸個人は、それぞれのギルド、その解体の過程で誕生したそれぞれの市民団体等といった、いわゆる同職集団に属しながら、自律的、協働的に生産活動を行っていた。それぞれの同職集団はそれぞれひとつの市民社会となっていた。したがって社会全体としては、いわば複層的市民社会となっており（そこにはもちろん、農村も含まれる）、そこにおいて労働者諸個人は、ブルジョア（有産者）＝市民たりえていた。

　近代市民社会の内部にあっては、私的所有が支配的であった。また次第に、私的所有が集成するのにともない、資本家的経営が誕生していった。ただし、近代市民社会は資本家的経営とは異種的な存在であった。近代市民社会において資本は、公正さの体系が及ばない、外なるデマゴギッシュな世界から、絶えざる他者性として浸入してくる存在であった。近代市民社会は資本の浸入に対する防衛機構をもっていたのである。したがってそこは、サブスタンシャル（実質的、生活維持的）な経済の領域であったということもできよう。人々の生活と生命の再生産の領域として脈動をつづけていたのである (4)。

（2）現代市民社会

　ところが、ブルジョア革命、産業革命にともない、資本はそれぞれの同職集団＝市民社会を破壊していった。それまでは同職集団＝市民社会の外部に存在していたのが、ついに内部へと浸入してきたのである。機械のもとでは、従来の熟練は意味をなさなくなり、そこに存在していた労働のプロセスにおける自律性、協働性は失われていった。それにとどめを刺したのが、テイラー・フォード方式の普及にともなう、大規模工場での生産の非人格化である。大規模工場での生産の非人格化はまた、不熟練労働者を大量に生み出した。ここに労働者は、工場（あるいは、オフィス、農場）のなかでプロレタリア（無産者）、賃金奴隷、そして（労働市場で売買される）商品へと成り果てたのである。これが所有喪失の内実である。

その過程で労働者は、労働組合を結成し、労働運動を展開するなどして抵抗したが、結局20世紀初頭、自己を、「非人格的」労働力とその「人格的」所有者へと分裂させることによって対処することとなった。同時に国家は、労働者に対し、その労働力の所有者としての人格性を認知することで、単一の公正さの体系を担保する主体となり、その存在根拠を労働者諸個人の内面に持つこととなった**(5)**。

ここに、人格的所有者が（幻想としての）非人格的労働力を媒介にして結びつく、現代の単一の市民社会が成立することとなった。そこでは、労働者諸個人は、労働力の所有者として（そのかぎりにおいて）ブルジョア＝市民である。労働組合は、この関係への同意を組織化する「場」として機能することとなった。

第3節　ヘゲモニーの変遷

（1）産業民主主義体制の成立

以上で見た、労使関係およびそれと密接にかかわる市民社会とのつながりで、以下では、その基底をなすヘゲモニーについて概観したい。

ヘゲモニーとは、他者に何事かを強制しうる能力のことであるが、それが形成されるのは、被支配者間における「同意の組織化」によってである。支配は支配者によって一方的になされるのではない。支配者と被支配者の双方向性により担保されるのである。

現代にあって、被支配者たる労働者は、資本のヘゲモニーの主体となった。本意はどうあれ、資本の存在とそれがもたらした状況を自ら受け入れたのである。そして、労働力商品の無人称的（非人格的）取引者として、各々が市場に立たされることになったのである。

そこでは労働組合は、労働者諸個人が労働力の所有者としてブルジョア＝市民となることへの同意を組織化する場であり、したがって、ヘゲモニーの主体として現代市民社会に不可欠なものとなっている。欧米中枢世界に出現した資本のヘゲモニーである〈産業民主主義体制〉は、そのありうる一形態であると同時に典型である。

〈産業民主主義体制〉は、労働組合と資本との間で行われる、ボランタリーで対等な団体交渉を基盤に据えている。そこではまた、労働力取引の、いわば「あ

とくされのなさ」が特質となっている。すなわち、労働者は「売った」部分である非人格的労働力に不干渉である。しかし、「売っていない」人格に対しては絶対に干渉を許さない。そしてその前提のうえに、取引のルールをあらかじめ決めておく法治主義、取引行為の基準としての「価値」が定立されている**(図1-1参照)**。

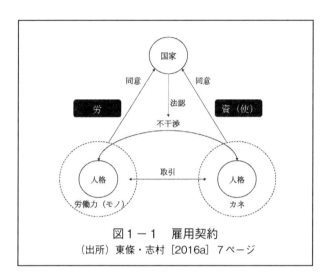

図1-1　雇用契約
（出所）東條・志村［2016a］7ページ

　むろん、非人格的労働力、いいかえれば、「外なるモノ」としての労働力というのは、フィクションであり、また、その労働力取引の「あとくされのなさ」というのも、表見上のものにすぎない。実際には労働者諸個人は、依然として労働行為の内容に「固着」しつづけている。しかしそれでもやはり、〈産業民主主義体制〉は、外なるモノの交易への「昇華」に最も成功しているといえる(6)。
　東條は〈産業民主主義体制〉の基本的モチーフを以下のようにまとめている(7)。
①相互の人格性を承認する、普遍主義的規範（または理念）への同意。
②ボランタリーで対等な団体交渉。
③交渉における人格性の排除。
　〈産業民主主義体制〉における国家とは、かかる政治的意思形成のシステムそのものと、それへの同意と、そしてその同意によってつくられる関係の、一定の不動性のことである。そこでは、フォーマルな経済が支配的であり、サブスタンシャルな経済は影を潜めるほかない(8)。

欧米中枢世界で〈産業民主主義体制〉が成立しえたのは、直接的な連続性はないにせよ、古来からの封建制的性格に負うところが小さくないと考えられる。封建制は本来、ヘル（簡単に言うと、主人、その典型が王）の食卓への招待と、従士のそれへの返礼の行為にまでさかのぼる。この関係自体は人格的なもの（特定のヘルと従士との関係）であり、広い意味で家産制的なもの（ヘルによる従士の扶養）である。だがそれは、時とともにステロ化し、ただそういう外面的な契約が存した（没人格的規則に従って形成された相互の義務関係の正当化が行われた）という記憶にまで伝統化する。そして、もはや太古のことで忘れ去られていても、そのようなものがあったと観念される本源的契約が、社会編成の基軸になる。人々に求められるのは、この本源的契約への「誠実（独 Treue）」の態度である。規範は内面化されて「価値」となる **(9)**。〈産業民主主義体制〉はまさに、この本源的契約への「誠実」の態度に基づくものである。

（2）フォーディズムの円環と経済成長

1910 年代になると、フォード式大工場の出現により、大量生産と大量消費が可能となった。それはフォーディズムとして、後述するコーポラティズムとともに（のなかで）、資本主義の根幹をなしている。

ところで、レギュラシオン派の提起した、フォーディズムとフォーディズム批判は、往々にして誤解されている。実はフォード式工場に対するものが、第一義的なのではない。フォーディズムのサイクルの起点は、フォード式工場でなく、大量消費である。フォーディズムは、この大量消費を出発点として、ひとつの円環をつくる **(図1−2参照)**。つまり、ある種の自己増殖を行う閉じたシステムである。それは、いったん正当化されるならば、自己の存続のみを関心とし、永遠に作動することを目指す自動機械として機能する。そこでは、最大限の効率化がはかられていく。そして、この円環に囲まれた部分の面積として示される経済成長と、それに基づく資本蓄積（つまりこの機械の巨大化）がはかられていくのである。この技術的しくみ（デバイス）を「フォーディズムのカルノーサイクル」と呼ぼう **(10)**。

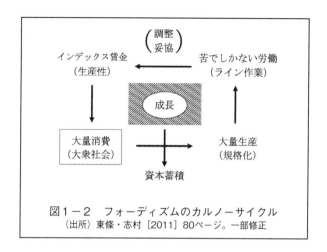

図1－2　フォーディズムのカルノーサイクル
（出所）東條・志村［2011］80ページ。一部修正

　これを稼働させるためには、物質環境と人間の作業の規格化が必要である。その典型がフォード式工場でのライン作業であるが、これは「苦でしかない労働」である。にもかかわらず、これを労働者に強要するためには、一定の譲歩（妥協・調整）が必要である。その内実が、労働者がよりいっそう苦でしかない労働を受け入れ、生産性の向上に寄与する見返りとして、持続的に賃金が上昇するという、「生産性インデックス賃金」である。その結果、大量消費がさらに拡大する。これが後期資本主義とそのもとでの〈産業民主主義体制〉のエンジンである。明らかな通り、この作動のためには、経済成長が不可欠である。
　しかし1960年代後半以降、ヨーロッパ先進諸国は深刻な不況に陥った。各企業はそれに対処すべく、合理化を進めたため、労働者は雇用不安、労働の無内容化による労働疎外、それに伴う職場秩序の弛緩等に晒された。こうした状況の下で、労働組合は、従来の団体交渉のような事後的、間接的規制では、労使の利害調整を図ることが困難となり、代わって、労使協議制や労働者重役制度等を通じ、企業経営の領域により直接的、内部的に関与するようになっていった。また、労使関係の枠組みそのものを問い直し、職場レベルから経営権そのものを攻撃的に蚕食する労働者統制の運動を展開するようになっていった。塚本によれば、労働者統制の要求の高まりは、1971年のイギリスのアッパークライド造船所、1973年のフランスのリップ時計工場等における、倒産反対争議下の自主生産・自主管理闘争を支持する風土を形成することとなったという。その多くは、労働組合が

雇用不安を直接的契機として、雇用保障のための公的援助を政府から引き出すためにとった、過渡的、防衛的な戦闘戦術という性格が強かったが、なかには、永続的な労働者自主管理を目指し、労働者協同組合を設立する動きもあった(11)。

労働者自主管理、労働者協同組合については後で詳述するが、不況によりフォーディズムのカルノーサイクルが機能しなくなっていき、それとともに、〈産業民主主義体制〉が腐朽化していくなかで、労働運動の展開のひとつとして再び脚光を浴び、その数を増やしていったことは注目に値しよう。

ちなみに欧米先進諸国では、労働者自主管理は必ずしも労働者協同組合の形態で行われているわけではない。また、労働者自主管理を狭義にとらえるならば(本書で定義している狭義の労働者自主生産)、経営危機や倒産に陥った事業体との争議等の最中あるいはそれを経て、職場・雇用を維持すべく、そこで働く労働者、つまりは労働組合が、その事業を引き継いでいるものに限られることになるが、労働者協同組合はこのことを必須の条件としていない。確かにその流れを汲む労働者協同組合も一部にあるが、基本的に労働者自主管理とは性格を異にしている。ただし、例えばイギリスでは、柳沢敏勝が言うように、1970年代半ば以降、倒産=失業に対して工場占拠→自主生産→労働者協同組合結成の途が追求されてきた。それは、失業に抵抗するだけでは問題の解決にならない段階に自国経済が突入したからである。メリデン、ＫＭＥ，ＳＤＮの３社がその代表例といえる(12)。これらの代表例を含め、その試みは結局、失敗に終わったが、経済的危機に直面した労働者の攻勢的な運動として、その後の同種の試みの先駆的役割を担ったと、井上は指摘している(13)。いずれにしても、ヨーロッパ諸国では今日においても、必ずしも争議等を経てというわけではないが、労働組合が倒産した企業を労働者協同組合として生まれ変わらせている例は少なからずある(14)。本章第５節で各国の労働者協同組合の展開について述べているのは、この井上の指摘およびこうした現状を鑑みて、現在の労働者自主管理の実態を包括的かつ多面的に知る上で有益となると考えるからでもある。

（3）産業民主主義体制の腐朽化と終焉

Ａ・Ｇ・フランクは、ラテンアメリカ諸国は先進資本主義諸国の周辺（衛星）として組み込まれ、搾取を受けつづけてきたため、ひたすら「ルンペン的発展」

を遂げてきた、つまり「低開発」を再生産してきたのだと指摘している。そして、周辺にあって、中心（中枢）たる先進諸国の「用具」としてルンペン的発展を指導し、その分け前にあずかっている階級を「ルンペン・ブルジョアジー」と呼んでいる (15)。もっとも、周辺はラテンアメリカ諸国だけではない。中心たる先進諸国は常に、世界中で周辺をつくりだし、そこから吸い上げずにはおかない。それにより現在、世界はひとつの市場と化しつつある。

　周辺にあっても、先進諸国などからの投資により、成長を遂げている国、地域、企業は存在する。しかし、貧富の差は拡大し、貧困層にあってはその恩恵にあずかっていない、むしろより虐げられてさえいる。先進諸国にあっても、グローバリゼーションの波に飲み込まれ、衰退ひいては倒産に至る企業も少なくない。確かに、その波に乗って、世界規模で成長を遂げている企業も存在する。しかし、製造業においては工場を海外へ移転するケースが多く、それにより国内の雇用喪失をもたらしている。個人の間でも、格差は拡大するばかりである (16)。

　A・ネグリ＝M・ハートは、グローバリゼーションによりもたらされている主権形態のことを〈帝国〉と呼び、こうつづけている。

　　市場と生産回路のグローバル化に伴い、グローバルな秩序、支配の新たな論理と構造、ひと言でいえば新たな主権の形態が出現しているのだ。〈帝国〉とは、これらグローバルな交換を有効に調整する政治的主体のことであり、この世界を統治している主権的権力のことである。(17)

〈帝国〉といっても、現状をミクロ的に見れば、複数の政治主体が存在し、互いに自らがより有利になるよう、しのぎを削っている。それは、難航していた環太平洋戦略的経済連携協定 (TPP) 交渉を見ても明らかだろう。しかし、紆余曲折はあるにせよ、ローカルな規制をできるだけ取り払い、ひとつの市場へ向かおうとしていることは確かだろう。そこは、競争原理が支配する、弱肉強食の世界である。弱者は強者の餌食となる。その中核にあるのは資本である。資本の自己増殖はついに〈帝国〉をつくりだしてしまったのである。かつて資本主義には、禁欲主義的な職業倫理が存在していた (18)。現在、必ずしもそれがまったく失われているわけではないが、市場を支配しているのは欲望である。

44 第1章 欧米のヘゲモニーと労働者自主生産

　G・ドゥルーズ＝F・ガタリによれば、資本主義は、欲望が拡散する「分裂症（スキゾフレニア）」の傾向にあるという。しかし、欲望の拡散により自壊することはない。それどころか、膨張しつづける。それは、資本主義にはあらゆる欲望を取り込む「公理系（パラノイア）」が内包されているからだという (19)。

　それによりつくりだされたのが〈帝国〉なのだろう。しかし、〈帝国〉が新しい資本のヘゲモニーとして支配的になるまでにはまだ至っていないと考えられる。欧米中枢世界では、〈産業民主主義体制〉が 2001 年のアメリカ同時多発テロ事件を象徴として崩壊したが、それに代わりうる支配的なヘゲモニーは成立していない。現在は混迷期にあるといえるだろう (20)。

第4節　労働者自主管理の誕生

（1）労働者自主管理の思想

　19 世紀、欧米中枢世界では労働運動の展開のなかで、労働組合以外にもさまざまな組織や方策が誕生した。そのひとつが労働者自主管理である。労働組合は結局、いわば「労働者労働力化装置」となり、そのかぎりにおいて、労働者の盾となった (21)。これに対し労働者自主管理は、少なくとも建前上は、労働者が自己を労働力と人格に分裂させずに、労働することを可能ならしめた。これは、現代の支配的ヘゲモニーである〈産業民主主義体制〉とは異なる。その対抗的ヘゲモニーと位置づけることができるだろう。

　もっとも、労働者自主管理は、いまだその概念が明確に規定されていない。旧ユーゴスラビアのような社会主義下での国家レベルのものから、資本主義下での一企業レベルのものまでといったように、さまざまである。現状を鑑みると、広く、労働者自身による組織の管理としか規定できないだろう。なお、本書では、序章で述べたように、資本主義下での一企業レベルのものについては、主に労働者自主生産という用語を用い、また独自の定義を示しているが、本章では、先行研究に倣って、労働者自主管理という用語で統一している。

　P・ロザンヴァロンによれば、そもそも自主管理（仏 autogestion）という言葉は 1960 年代に入ってから使用されるようになったという (22)。その本格的な使用は、1968 年の 5 月危機を画期としている。したがって、自主管理は古くからの思想

であると同時に、それが 1960 年代の新しいひとつの運動であり思想であるとすれば、「時代の思想」としての意味をも持つと、佐藤清は述べている (23)。

　言葉こそまだなかったものの、労働者自主管理の思想はすでに 19 世紀のフランスにその根源を見出すことができる。E・メールはその先駆者として、C・フーリエと P・プルードンをあげている (24)。

　フーリエは、商業の寄生により所有と労働が分化した社会を、倒錯した病的社会とみなし、そこから人間の情念を解放すべく、真理と魅力的な産業のうえに築かれる正気の社会を探究している。そして、「ファランジュ (phalange)」という共同体を構想している。ファランジュは、男女 1,620 名の成員が主に農業を中心に生産・分配・消費を共にする生活共同体である。そこでは、土地と生産手段は共有されるが、私有財産は認められる。それは労働を刺激し、生産の増大に寄与するからである。フーリエはまた、労働を人間の情念に一致した「魅力的労働」にするため、労働の多様化、同一労働の時間短縮、作業集団の自主的形成等の必要性を説いている。それにより、労働を快楽に転化させ、生産力と富を増大させようというのである (25)。

　フーリエのいう人間の情念の解放は、ピューリタニズムの禁欲主義とは正反対である。しかしそれにより、人間の欲望が充足され、調和のとれた社会が実現する。そこでは、いかなる強制力も不要であるという。ここに、無政府主義（アナーキズム）的傾向を見て取ることもできるだろう。

　一方、プルードンは、すべての政治権力を自由に対する圧制と見なし、無政府主義の立場をとっている。正義に反する特権階級の所有形態を攻撃しているが、私有財産を全面的に廃止しようとはしていない。正義に反しない限り、所有は労働者の自由のために必要であるとしている (26)。その試みのひとつとして、無利子で労働者に金銭を貸す交換銀行を設立している。プルードンはまた、社会の成員が相互に協同する「相互主義」を目指し、労働者自身による生産管理、農業共同体の組織化、自治体の自主運営等を構想している。さらに、各地域の労働者が自由な立場で連合する「無政府主義的な連合主義」を唱えている。それは国家という枠組みに留まるものではない (27)。プルードンの思想は労働組合運動の中にも浸透し、サンディカリズムの母胎ともなっていく。

　ただし、Y・ブールデはプルードンを、フランス大革命来のいっさいの革命的

伝統をひとまとめにして否定しているとし、その延長線で、自主管理の祖とみなすことに異を唱えている (28)。しかし、プルードンの否定は労働者＝小生産者に対するものではない。佐藤も、プルードンの1840年代以降の労働者＝小生産者に対する発言を手掛かりに、彼を労働者自主管理論の系譜に位置づけている (29)。

佐藤はまた、自主管理論の思想的系譜のなかにルイ・ブランの社会理論を加えている。ただしそのためには、次の二つの前提が存在するとしている。

その第一は、ルイ・ブランの社会理論は協同組合(コオペラティヴ)論であるということ。そして第二の前提は、労働者自主管理論の具体的な存在形態は協同組合という形でしか実在してこなかったし、これからも、資本主義社会のなかで自主管理の具体的な運動形態を問うとすれば、たとえそれが社会主義への新しい在り方であると主張したところで、その実在はまぎれもなく協同組合という形をとっているという事実である。このばあいの協同組合とは労働者生産協同組合（coopérative ouvrière de production）をさす。(30)

ブランは1840年初版の『労働の組織』のなかで、社会革命の基本命題は、競争原理の資本主義社会にかえて組合・結社原理の協同組合社会を構築することであるとし、またその場合、社会革命の推進者は、「支配者国家」にかえて「下僕国家」であるとしている。下僕国家は、「国家は貧者の銀行家」という表現からも見て取れる (31)。しかしそこからは結果として、強権的な性格もうかがえるため、ブランの社会理論は思想史の系譜では国家社会主義とのレッテルをはられている (32)。この点から佐藤は、疑問なしとはできないとしながらも、やはりブランの社会理論を労働者自主管理論の系譜におさめざるをえないとして、次のように続けている。

その最大の理論は、かれの思想の根幹が協同組合論であるということ、そして、資本主義社会における労働者自主管理運動を考えたばあい、たとえかりにそれが新しい型の社会主義のなかでの労働者の在り方を表現するものであるとしても、資本主義社会のディメンジョンでのひとつの運動形態としてみるばあいには、それはあくまでプロセスとしての自主管理運動にならざるをえないし、

そして、このプロセスとしての運動形態を体現しているものは何かと問えばどうしても労働者生産協同組合に帰着せざるをえないからである。**(33)**

鈴木岳によれば、労働者協同組合（労働者生産協同組合）運動の先駆はフランスであるといわれているという。また、協同組合の理論的先駆者はフーリエであるといわれているという **(34)**。労働者自主管理の思想を展開したフーリエが、協同組合の理論的先駆者とも見なされているのである。このことからも、労働者自主管理の具体的な存在形態のひとつが労働者協同組合であることがうかがえよう。

なお先に述べたように、労働者自主管理は必ずしも労働者協同組合の形態で行われているわけではない。後で見るように、他の形態でも行われている。また狭義には、労働者自主管理（本書で定義している狭義の労働者自主生産）は、経営危機や倒産に陥った事業体との争議等の最中あるいはそれを経て、職場・雇用を維持すべく、そこで働く労働者、つまりは労働組合が、その事業を引き継いでいるのに対し、労働者協同組合はこのことを必須の条件としていない。

（2）労働者自主管理の実践

労働者自主管理、労働者協同組合の理論的先駆者がフーリエだとすると、その実践における先駆者はフィリップ・ビュシェということになろう。ビュシェは、1831年に『欧州人』誌上で、労働者のアソシアシオン（組織、結社、協同組合等の意）について、①労働者自身による管理、②共同かつ不分割の準備金、③余剰の労働報酬への充当、といった3つの基準を提起している。この基準を適用した建具や金メッキの装飾アソシアシオンが、1830年代に創設された。小規模なアトリエ内で働く熟練労働者が形成するアソシアシオンである。第二共和政の成立を契機に、1848年からの3年間に、パリだけで約300の労働者協同組合が設立された。ビュシェは前出のブランにも影響を与えている **(35)**。

その後、ナポレオン3世による帝政の時代を迎えると、非合法とされた労働者協同組合運動は壊滅し、共済事業として公認されたわずか10数組合が細々と生きながらえた。それが1860年代、自由帝政期に入り、労働運動がある程度容認され始めると、労働者協同組合は次第に活性化していった。政府は社会主義の防波堤として協同組合に期待を寄せるようになり、協同組合に関する法律として商

法「会社に関する 1867 年 7 月 24 日法」を制定した。1868 年には、労働者協同組合の総数は 93 組合となった。ところが、普仏戦争後に成立したパリ・コミューンが 1871 年 5 月に崩壊すると、パリの労働者は徹底的な弾圧を受け、労働者協同組合も再び冬の時代に入った。しかも、大規模な工場とそこで働く不熟練労働者が増加したことは、伝統的なアソシアシオンの形態を難しくした (36)。

その一方で、新たな労働者協同組合を促進する動きも現れている。例えば 1884 年 11 月、当時内務大臣であったワァルデック=ルソーのはからいで、政府が資金を援助し、フランス生産協同組合諮問評議会が 29 組合により創設された。また、伝統的な労働者アソシアシオンとは違い、博愛的な資本家が自分の経営する企業を労働者協同組合へと漸次転換する、準資本主義的形態のアソシアシオンも出現した (37)。法律としてはまず、アソシアシオンに関する契約法「1901 年 7 月 1 日法」が制定された。ただし、本規定の範疇に労働者協同組合を含めるかについては、その利潤分配の性格をどう見るかによって解釈が割れている。労働者協同組合を明瞭に規定する最初の法律は「1915 年 12 月 18 日法」である。1900 年の時点で、フランスにおける労働者協同組合は 247 組合、その正組合員と補助雇員を合わせた労働者数は約 15,000 人となっていた (38)。

第 5 節　労働者協同組合の展開

（1）フランス

前述のように、自主管理という言葉の本格的使用は 1968 年の 5 月危機を画期としている。それ以後、自主管理は「時代の思想」としての意味も纏いながら、労働者協同組合という形態でも急速に拡大していった。フランスでは、労働者協同組合は 1970 年には約 300 組合となっている。そして 1984 年には約 1,400 組合まで増加している (39)。

現在、フランスの分類で労働者協同組合の範疇に入るのは、「協同組合および経営参加組合」（les sociétés coopératives et participatives : SCOP）と「公益のための協同組合」（les sociétés coopératives d'intérêt collectif : SCIC）である。なお、SCOP は 2010 年以前の「生産労働者協同組合」（les sociétés coopératives <ouvrières> de production : SCOP）である。略語は同じである。また、SCOP の中央会は「労働者協同組合総連合」（Confédération

Générale des SCOP：CGSCOP）であり、その前身は前出のフランス生産協同組合諮問評議会である **(40)**。

　2010年の時点で、SCOPは1,842組合、組合員は21,679人、賃金労働者は38,326人、年事業高は約35億ユーロである。また、SCICは190組合、組合員は11,582人、賃金労働者は1,726人、年事業高は約7,900万ユーロである **(41)**。

（2）イタリア

　イタリアは、フランス、スペインと並んで、労働者協同組合が発展した国と評されている。1900年代の初めから存在し、雇用と生産物において地域と深いかかわりを持ちつづけている **(42)**。2011年時点で、22,000～25,000の労働者協同組合が存在する。イタリアは世界最大の労働者協同組合の国である。基本的には中小の労働者協同組合が多いが、ヨーロッパでトップシェアであるとか、世界シェアが50％に達する各種製造業労働者協同組合も存在する **(43)**。

　イタリアにはまた、公益を目的とする協同組合である、社会的協同組合が存在する。社会的協同組合には、福祉、医療、教育などの分野でのサービス提供を目的とするA型と、社会的に不利な立場にある身体・精神障害者、薬物中毒患者、元受刑者などの雇用提供を目的とするB型がある **(44)**。2008年時点で13,938の社会的協同組合が存在する **(45)**。社会的協同組合は、統計的には別物として計上されているが、A型、B型を含め、すべて労働者協同組合である **(46)**。

　津田直則は、労働者協同組合、社会的協同組合を含め、イタリアで協同組合が発展した要因を以下のように示している **(47)**。

　①協同組合を思想的に支えている連帯（solidarity）と互恵（mutual）の思想。

　②法律面から協同組合の発展を支える剰余金からの強制的拠出制度。

　③競争市場で有利に働くコンソーシアムや効率重視の制度。

　④教育、金融、サービスなどの二次的協同組合（インフラ型協同組合。協同組合を　会員とする）の形成。

　⑤協同組合連合会の指導力。

　津田はまた、イタリアの協同組合社会においては、協同組合を中心にして世界を建設しようとする、変革の思想が感じられるという。イタリアの協同組合のなかでも特に重視すべきは労働者協同組合である。イタリアの労働者協同組合は、

共益・公益目的、強さ・優しさの構造を兼ね備えており、その根底には、労働重視、人間重視の思想が窺えるという **(48)**。

　イタリアでは 1985 年に、マルコラ法と呼ばれる法律が成立し、経営危機に陥っているか、破産手続きに入っている企業を、そこで働く従業員が買収し、労働者協同組合として再生させることができるようになった。この法律により、産業金融会社（Cooperazione Finanza Impresa : CFI）という特別基金運営会社（株式会社）も誕生した。経営危機にある企業の従業員が解雇され、労働者協同組合を設立する場合にのみ、この基金から出資がなされる。産業金融会社はイタリア政府によって設立されたが、実際に設立にかかわったのは、CGIL（Confederazione Generale Italiana del Lavoro）、CISL（Confederazione Italiana Sindacati Lavoratori）、UIL（Unione Italiana del Lavoro）という 3 つの労働組合ナショナルセンターと、レガコープ、コンフコープ、AGCI（Associazione Generale Cooperative Italiane）という 3 つの協同組合連合会である。なお、産業金融会社の運営は協同組合連合会が行っている **(49)**。

　2013 年以降、イタリアの全国紙にはたびたび協同組合のニュースが紹介されるようになっている。それらの記事からは、いわゆるワーカーズ・バイ・アウト（Workers Buy Out : WBO）の動きが活発化していることがうかがえるとともに、以下の二つのメッセージが読み取れると、田中夏子は述べている。

　　第一は、WBO が活発に展開する地域は、北東部イタリア等、政治的には左翼民主党が優勢な地域が多く含まれているものの現在の WBO についていえば、70 年、80 年代の「イデオロギー」色の濃い労働者自主管理運動とは異なる、としている点である。
　　第二は、労働者側の結束についてだ。この新規の手法に不安がある労働者には、WBO に参加しない道も確保されているので、モチベーションの高い労働者が残ることになる。彼らが結束してまずは小規模な事業からスタートできることを、経営上、優位としている点である。**(50)**

　ただし田中は、第一の点、つまりイデオロギー色については、直接、「赤旗」を掲げての工場占拠でないにしても、協同組合の他、労働組合が深く関与しながら、

協同組合設立の準備を進めるのが通例であるとしている。また第二の点、つまり労働者側の結集については、容易ではなく、やや楽観論であろうと見ている (51)。

（3）スペイン

スペインは、フランス、イタリアと並んで、労働者協同組合が発展した国と評されている。スペイン労働者協同組合連合（Confederación Española de Cooperativas de Trabajo Asociado : COCETA）によれば、2011 年時点で、16,813 の労働者協同組合が存在する（Actividades 2011 - Coceta）。スペインでは、労働者協同組合が協同組合運動の主流を占めている (52)。

なかでも、モンドラゴン協同組合という、労働者協同組合を基礎にした各種協同組合の連合体は世界的にも注目されている。モンドラゴン協同組合の創始と発展に大きく貢献したのは、ドン・ホセ・マリア・アリスメンディアリエタである。彼は 1941 年に、バスク地方のモンドラゴンにある教会の副司祭に任命された。当時のモンドラゴンは、失業が大きな社会問題になるなど、荒廃した状態にあったことから、彼は 1943 年に小さな職業訓練学校を開設した。そして 1956 年には、5 人の卒業生が小さな石油ストーブ製造工場を設立した。モンドラゴン最初の労働者協同組合である。さらに 1959 年には、アリスメンディアリエタによって協同組合金融機関である労働人民金庫が創設された。労働人民金庫はその後、労働者協同組合の新設と経営指導を積極的に担っていった (53)。

2013 年の時点で、モンドラゴン協同組合には 120 の協同組合が加盟している。製造業部門、金融部門、小売流通部門、農業部門、教育部門、研究開発部門、サービス部門の 7 部門がある。なかでも、製造業部門は最大であり、87 の協同組合が加盟している。モンドラゴン協同組合にはまた、約 130 の「その他の企業」が付随している。労働者は、バスク地方に展開する組織に約 40,000 人、バスク地方を除いたスペイン国内の組織に約 28,000 人、さらに海外に展開する 93 の事務所・工場を合わせると、全体で約 83,000 人（海外現地採用を除く）にのぼる (54)。

モンドラゴン協同組合が労働者によるコングロマリット形成を可能とした要因として、富沢賢治は次の 3 点をあげている (55)。

①労働者協同組合の理念の明確性。

②金融組織を核とする企業ネットワークの協力体制の確立。

③市民・地域・行政との協同。

モンドラゴン協同組合は資本集約的製造業の世界で労働者協同組合を成功させている。これは、従来の、協同組合は労働集約的産業以外では成功しないという一般的評価が誤りであることを証明しており、注目に値する (56)。ただし 2013 年 11 月には、冷蔵庫、洗濯機、食器洗浄機、電気コンロ等を製造する、モンドラゴン協同組合傘下のファゴール・エレクトロドメスティコス協同組合 (FAGOR Electrodomesticos) が破綻するなど、課題も抱えている。

（4）イギリス

イギリスでは 1844 年に、ロッチディールという新聞社が最初の労働者協同組合として設立された (57)。1980 年代には 1,000 を超える労働者協同組合が存在していた。しかし、その後減少に向かい、2014 年時点で存在する労働者協同組合は 471 組合となっている (58)。

もっとも、イギリスには現在、協同組合を設立するための法律として「2014 年協同組合およびコミュニティ利益組合法 (Co-operatives and Community Benefit Societies Act 2014)」はあるが、労働者協同組合法は存在しない。したがって、イギリスの労働者協同組合は、会社形態から協同組合形態に至るまでさまざまな法的組織形態を取得することになる。法的組織形態としては、Company (Company Limited by Shares あるいは Company Limited by Guarantee) が最も多く 312 組合、IPS (Industrial and Provident Society、2014 年 8 月以降に Co-op Society に移行した団体も含む) が 110 組合、LLP (Limited Liability Partnership) が 29 組合、CIC (Community Interest Company) が 13 組合である。規模としては、多くの労働者協同組合では組合員数は 3 人以下であり、1 組合当たりの平均組合員数は約 6 人である。この点は、20 年前のデータと著しい変化はない (59)。

イギリスには、労働者協同組合法がないのに加え、労働者協同組合のみを直接支援する組織も存在しない。それが労働者協同組合を発展させていく上で大きな課題であると、松本典子は述べている (60)。

その一方で例えば、Co-operatives UK (イギリス協同組合中央会) により労働者協

同組合の価値、設立・運営方法等を発信していこうという挑戦もなされている。Co-operatives UK の労働者協同組合協議会は、2011 年〜 2012 年に「労働者協同組合行動規範（The worker co-operative code）」を作成し、そのなかで、労働者協同組合にはさまざまな形があるが、成功を収めている組合に共通するのは、協同の価値、すなわち、自治、民主主義、平等、公正、そして連帯を職場とそのコミュニティに適用していることであると記している。また、労働者協同組合が小規模あるいは新設である場合は協同体（The collective）を、組織が大きくなるに従い、自己管理するワークチーム（Self-managing work teams）、さらには階層システム（Hierarchy system）を、そのガバナンスと経営構造として採用することが多いとしている（**図1－3参照**）。ただし、従来の方法にとらわれずに、新しい方法を試し、成功したら、その方法を共有しようとも勧めている。

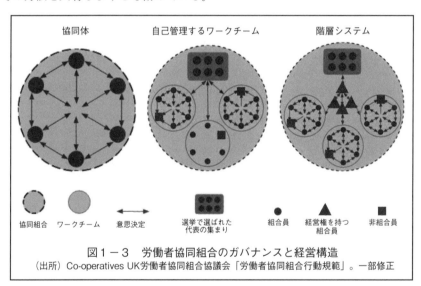

図1－3　労働者協同組合のガバナンスと経営構造
（出所）Co-operatives UK労働者協同組合協議会「労働者協同組合行動規範」。一部修正

（5）アメリカ

　アメリカでは 1880 年から 1888 年の間に、少なくとも 334 の労働者協同組合が設立された。1979 年には労働者協同組合はピークを迎え、750 〜 1,000 の小さな組合といくつかのより大きな組合が存在していたが、その後減少に向かった **(61)**。

2007 年時点で存在する労働者協同組合は 300 〜 400 組合程度である **(62)**。

アメリカには現在、労働者協同組合法は連邦にはないが、いくつかの州には州法として存在する。協同組合に関する規整も主として州法によってなされている。州によって協同組合法のあり方は異なり、大きく統一協同組合法と分立協同組合法に区分できる。統一協同組合法を有する州では、同法に基づき労働者協同組合を設立することも本来的には可能なはずである。しかし、アメリカにおける協同組合法は、第一次的には農業協同組合を、第二次的には消費者協同組合、住宅協同組合を念頭に置いて定められている。そのため、各州の協同組合法は必ずしも労働者協同組合の設立・運営にとって相応しいものとはなっておらず、労働者協同組合法が定められる以前には、協同組合のみならず他の法形式が利用されていた。現在でも、労働者協同組合法を有する州を含め、他の法形式、とりわけ会社（business corporation）という法形式を利用している労働者協同組合は少なくない **(63)**。

アメリカの労働者協同組合では、経営者を外部から雇い入れるケースもあるという。経営は労働者自身が担うよりも、その道に精通した者に任せた方が、上手くいくとの判断もあってのことである。ただし井上によれば、雇用経営者は一般の企業よりも制約のある権限のもとで業績を向上させなければならず、それが果たせない場合には経営責任を問われて解雇されるため、組織へのコミットメントの度合いは大幅に限定されざるをえない。また、労働者は本来自らが負うべき経営責任を雇用経営者に押しつけるため、結果として自らはその責任を回避することになるという **(64)**。

第6節　従業員所有企業の発展

（1）労働者協同組合との異同

労働者協同組合は協同組合の一形態である。協同組合は出資した者が組合員となり、その組合員から構成されている。消費生活協同組合（生協）の場合は、消費者が組合員である。農業協同組合（農協）の場合は農業者が組合員である。生協や農協の職員は、基本的には組合員でなく、それぞれの協同組合と雇用契約を結び働いている。これに対し、労働者協同組合の場合は、そこで働く職員自身が組合員になることができる（組合員にならない職員も存在しうる）。そのため、他の協

同組合とは異なり、また一般の企業とも異なり、労働者自主管理を行うことが可能となる。

　労働者自主管理は、労働者協同組合だけでなく、従業員所有企業という形態でも実施されている。前述のように、イギリスでは労働者協同組合法がないため、労働者協同組合といっても、その形態は会社から協同組合に至るまでさまざまである。また、アメリカにおいても、州法で労働者協同組合法がある州でも、他の法形式、とりわけ会社という法形式を利用している労働者協同組合は少なくない。ただしその場合でも、労働者協同組合というには通常、そこで働く組合員が全株式を所有し、一人一票の原則で自主管理を行っていなければならない。

　従業員所有企業とは通常、従業員が全株式の相当割合を所有している会社のことをいう (65)。会社であるため、一人一票ではなく、一株一票が原則である。したがって、従業員の間で株式の所有数に違いがあれば、一人一票とはならない。利潤の分配においても、差が生じかねない。そうなれば、従業員所有企業であっても、本来の自主管理を貫けなくなる可能性がある。

（2）SALとSLL

　スペインでは、経営危機あるいは倒産に陥った企業を、そこで働く労働者が買収することで生まれる、労働者株式会社（Sociedad Anónima Laboral : SAL）が存在する。SAL は従業員所有企業である。1960 年代から存在していたが、1986 年に労働者株式会社法が制定されたのを契機に急増している。この法律は 1997 年に改正されている。労働者は最低 51％の株式の所有権を持つことで、税控除、融資その他の優遇措置が得られる。一度失業した形にし、失業手当を全額一括で受け取ることも可能である。また、買収した企業の資産は継承できる一方、負債は放棄できるようになっている。

　SAL として再建するためには、労働者が 51％以上の株式を所有しなければならない。ただし、一人の所有は全株式の 3 分の 1 までと、上限が設けられている。投票権は一株一票である。買収した企業を SAL でなく、労働者協同組合として再建することも可能である。その場合にも、同様の支援が得られる。また 1997 年改正法は、株式会社だけでなく、有限会社も適用範囲に含めている。有限会社の場合には、労働者有限会社（Sociedad Limitada Laboral : SLL）となる。

津田が 2012 年に実施した調査によれば、スペインにおける SAL と SLL の企業総数は約 15,000 社、労働者総数は約 75,000 人となっている(66)。またスペインでは、SAL と SLL を支援する組織（地域連合会）が全国各地にある。2010 年時点で 17 組織が存在している (67)。

（3）ESOP

アメリカで広く普及している従業員持株制度（Employee Stock Ownership Plan：ESOP）は、企業が従業員に対して自社株を譲渡し、退職後、現金化して退職金・年金に当てる制度である。一般に、年齢や勤続年数といった条件を満たした正社員全員を対象にしている。細川淳によれば、アメリカでは ESOP は従業員所有事業とほぼ同義と見なされているという (68)。

ESOP は 1974 年に退職後の年金給付制度として、従業員退職所得保障法(Employee Retirement Income Security Act：ERISA) のなかで法制化された。またその後、ESOP を発展させるために、多くの法律が制定されている。

ESOP においては、企業から従業員に譲渡された株式は、企業が設立した信託組織の従業員個人口座に積み立てられる。退職時まで引き出すことはできない。ESOP の積み立てには、企業が株式購入のための現金を直接拠出するノン・レバレッジド ESOP と、金融機関からの借入を活用して信託組織が株式を購入するレバレッジド ESOP の 2 つの方法がある。レバレッジド ESOP には信託組織の持株比率を迅速に高める効果がある。アメリカでは、ESOP 採用企業の 70％超がレバレッジド ESOP を選択している (69)。

ESOP に与えられている税制優遇は、企業に対しては、ESOP 拠出額の必要経費控除、運用益非課税が適用され、従業員に対しては、退職時までの持株への課税繰り延べ、受給時の税率が低いキャピタル・ゲイン課税が適用される。

ESOP には税制優遇とは別の効果もある。従業員が企業の所有者となり、また ESOP 運用期間中、信託個人口座内の持株に関して議決権を行使できるようになるため、オーナーシップを抱くようになる。それは、従業員間での助け合いを促進することにもなる。また、従業員は退職時に株価が上昇していることを期待するため、企業業績の向上に寄与しようとのモチベーションを高める (70)。

アメリカでは、ESOP が法制化された 1970 年代半ば以降、従業員がこの制度

を利用して、経営危機にある自社を、借入金でその全株式を購入し、買収するケースや、賃金カットと引き替えに、自社株を取得するケースも出始めている。80年代には、労働組合も「賃金を出せないならせめて株式をよこせ」と主張するようになったことで、不況産業や規制緩和産業などでは特に、従業員の株式所有比率が高まっている。鉄鋼産業、航空産業などがよい例である (71)。

オーナー経営者が事業継承策として、ESOP を利用して、自社を従業員に譲渡するケースもある。例えば、有機栽培の穀物製品を販売するボブズ・レッド・ミルという企業である。同社の創業者であり、オーナー経営者であるボブ・ムーアーは、自らの 81 歳の誕生日に、ESOP を利用して、自社を従業員全員に譲渡している。2013 年時点では、従業員持株比率が 33.36% であるが、数年内に100% にすることを目標にしているという (72)。

アメリカでは 2015 年時点で、ESOP 採用企業は約 10,000 社、従業員は約10,300,000 人である。その内、従業員が株式の過半数以上を所有する企業は約 5,000社、100% を所有する企業は約 4,000 社となっている (73)。

労働者協同組合が少ないのとは対照的に、ESOP 採用企業は多く存在している。労働者協同組合という形態ではないが、ESOP 採用企業においても、従業員の持株比率が上昇するほど、従業員所有企業となるとともに、労働者自主管理を行うことが可能になる。

もちろん、数ある ESOP 採用企業のなかには、失敗例も少なからずある。例えば、経営危機に陥ったユナイテッド航空は、1994 年に ESOP を導入し、発行済株式の 55% を従業員に分配した。各部門の従業員はタスクフォースを結成したり、新たな権限を持つようになるなど、自主管理的な取り組みを行うようになった。その成果もあり、サービスも向上し、企業業績も改善していった。

しかし、ユナイテッド航空の ESOP は導入当初から問題を抱えていた。職種別労働組合であるエアライン・パイロット協会、国際整備士協会は、自社株を受け取る代わりに、賃金と福利厚生の合計約 48 億ドルが犠牲になるとのことで、ESOP の導入について意見が割れていた。そして、パイロットの労働組合は、導入からわずか数週間後、これに賛成した組合執行部を更迭した。代わった新執行部は、ESOP にほとんど興味を示さなかった。整備士の労働組合も、もともとESOP にあまり関心がなかったが、パイロットの労働組合からの批判に引きずら

れていった。一方、ユナイテッド航空でもうひとつ職種別労働組合に所属する客室乗務員たちは、賃金の大幅な引き下げを拒否し、当初から ESOP に参加しなかった。もっとも、ESOP の対象となった従業員でも、自社株をもらえるのは制度が発足してから5年間だけである。導入後に入社した社員は一株ももらえない。やがて ESOP のことなど、誰も気にしなくなっていったという [74]。

タスクフォースは発足後1年で解散し、協力的なムードも失われていった。2000年には、パイロットたちは賃金交渉のために激しいサボタージュを繰り広げたり、超過勤務の操縦を拒否するまでになった。その結果、飛行機をスケジュール通りに運行することができなくなり、顧客も離れていった [75]。そして2002年、ユナイテッド航空は経営破綻した。

C・ローゼン、J・ケース、M・ストーバスは、ユナイテッド航空の失敗等を踏まえ、ESOP 利用にあたっては次の4点が肝心であるとしている [76]。

①社員のかなりの部分、一般には正社員のほとんどが自社株を保有すること。

②保有する自社株が、社員たちが自分たちの経済状況が好転すると期待できるだけの規模であること。

③管理職層の行動や方針によって制度を強化すること。

④社員たちに本当のオーナーシップが浸透すること。

また、経営者は一般社員に自社株を与えるだけでなく、オーナーシップに基づく責任感を持たせることが必要だとしている。その上で、オーナーシップを実感させるコツとして、次の5点をあげている [77]。

①焦らず、長期的に努力する。

②株主としての意識をたえず自覚させる。

③財務情報や財務知識を教える。

④制度としての安定性を高める。

⑤社員株主に決定権を与える。

小括

以上、欧米先進諸国における、市民社会の変容、ヘゲモニーの変遷、そしてそのなかでの労働者自主管理の展開について考察してきた。以下では、考察した主な内容についてまとめておきたい。

欧米中枢世界では、ブルジョア革命、産業革命にともない、資本は同職集団＝市民社会の内部へと浸入してきた。その過程で労働者は、労働組合を結成し、労働運動を展開するなどして抵抗したが、結局20世紀初頭、自己を、非人格的労働力とその人格的所有者へと分裂させることによって対処した。ここに、人格的所有者が（幻想としての）非人格的労働力を媒介にして結びつく、現代の単一の市民社会が成立した。その基底をなす資本のヘゲモニーが〈産業民主主義体制〉である。

　〈産業民主主義体制〉は、労働組合と資本との間で行われる、人格性を排除した、ボランタリーで対等な団体交渉を基盤に据えている。またそれは、労働者がよりいっそう苦でしかない労働を受け入れ、生産性の向上に寄与する見返りとして、持続的に賃金が上昇し、大量消費が拡大していくという、フォーディズムのカルノーサイクルによって成り立っている。この作動のためには、経済成長が不可欠である。

　しかし〈産業民主主義体制〉は、1960年代後半以降、深刻な不況によりフォーディズムのカルノーサイクルが機能しなくなっていくのにともない腐朽化しはじめ、そしてついに、2001年のアメリカ同時多発テロ事件を象徴として崩壊したと考えられる。現在は、それに代わりうる支配的なヘゲモニーが成立していない混迷期にあるといえるだろう。

　一方、欧米中枢世界では19世紀、労働運動の展開のなかで、労働組合以外にもさまざまな組織や方策が誕生した。そのひとつが労働者自主管理である。労働組合は結局、いわば「労働者労働力化装置」となり、そのかぎりにおいて、労働者の盾となった。これに対し労働者自主管理は、少なくとも建前上は、労働者が自己を労働力と人格に分裂させずに、労働することを可能ならしめた。これは、現代の支配的ヘゲモニーである〈産業民主主義体制〉とは異なる。その対抗的ヘゲモニーと位置づけることができるだろう。

　1960年代後半以降の深刻な不況のもとで、各企業はそれに対処すべく合理化を進めたのに対し、労働組合は企業経営の領域により直接的、内部的に関与するようになっていった。1970年代半ば以降には、倒産＝失業に対して工場占拠→自主生産→労働者協同組合結成の途が追求されるようにさえなった。その試みは結局、失敗に終わった。しかし、ヨーロッパ諸国では今日においても、必ずしも争議等を経てというわけではないが、労働組合が倒産した企業を労働者協同組合

として生まれ変わらせている例は少なからずある。

　労働者協同組合は労働者自主管理の具体的な存在形態のひとつである。ただし、労働者自主管理は必ずしも労働者協同組合の形態で行われているわけではない。また狭義には、労働者自主管理は、経営危機や倒産に陥った事業体との争議等の最中あるいはそれを経て、職場・雇用を維持すべく、そこで働く労働者、つまりは労働組合が、その事業を引き継いでいるのに対し、労働者協同組合はこのことを必須の条件としていない。労働者協同組合は、フランス、イタリア、スペインにおいて発展している。

　労働者自主管理は、労働者協同組合だけでなく、従業員所有企業という形態でも実施されている。従業員所有企業では通常、従業員が全株式の相当割合を所有しているが、一人一票ではなく、一株一票が原則である。したがって、従業員の間で株式の所有数に違いがあれば、一人一票とはならない。利潤の分配においても、差が生じかねない。そうなれば、従業員所有企業であっても、本来の自主管理を貫けなくなる可能性がある。従業員所有企業は、スペインでは SAL および SLL という形態で、アメリカでは ESOP という形態で発展している。

注

（1）浜村［2009］9 ページ。

（2）同上、87 ページ。

（3）東條［2005］26 〜 27 ページ、45 ページ。

（4）東條・志村［2015］35 ページ、42 ページ。ここで言う私的所有とは、直接的な（狭義の）個人的所有（共同体の一員であることに媒介された所有）のことであり、（私有財産制におけるような含意での）私有と区別している。共同体に媒介されてはいるが、私的契機が優勢となっている。

（5）東條・志村［2015］46 ページ。

（6）同上、48 ページ。

（7）東條［1992a］107 ページ。

（8）東條・志村［2015］49 ページ。

（9）東條［2005］59 ページ。

（10）東條・志村［2011］79 〜 80 ページ。

（11）塚本［1995］2 ページ。

（12）柳沢［1985］247 〜 248 ページ。

（13）井上［1991］4 ページ。

（14）International Labour Office［2013］。

（15）Frank［1972］。

（16）Piketty［2013］。

（17）Hardt, Negri［2000］、訳、3 ページ。

（18）M・ウェーバーによれば、キリスト教のプロテスタンティズム（カルヴァン派）にあっては、営利追求への敵視が、禁欲と勤勉を尊び、蓄財を奨励するような職業倫理を生みだし、近代資本主義の誕生、発展に大いに貢献したという（Weber［1920］）。

（19）Deleuze, Guattari［1972］。

（20）東條・志村［2015］61 ページ。

（21）東條・志村［2013］61 ページ。

（22）Rosanvallon［1976］7 ページ。

（23）佐藤［1982］146 ページ。

（24）Maire［1976］27 ページ。

（25）Fourier［1829］。

（26）Proudhon［1865］。

（27）Proudhon［1863］。

（28）Bourdet, Guillerm［1977］。

（29）佐藤［1982］143 ページ。

（30）同上、143 〜 144 ページ。

（31）Blanc［1850］。

（32）佐藤［1982］144 ページ。

（33）同上、144 ページ。

（34）鈴木［2013］48 ページ。鈴木によれば、労働者協同組合はかつては生産（者）協同組合という表現を用いるのが通例であったという。

（35）鈴木［2013］48 〜 49 ページ。

（36）同上、49 ページ。

（37）同上、49 〜 51 ページ。

（38）同上、53 ページ

（39）富沢［2009］6 ページ。

（40）鈴木［2013］54 ページ。

（41）同上、54 ページ。

（42）大津［2013］55 ページ。

（43）津田［2014］129 ページ。

（44）津田［2011］44 〜 45 ページ。

（45）津田［2014］136 ページ。

（46）津田［2011］45 ページ。

（47）同上、40 ページ。

（48）同上、47 ページ。

（49）津田［2014］191 ～ 192 ページ。

（50）田中［2016］99 ページ。

（51）同上、99 ページ。

（52）富沢［2009］4 ページ。

（53）同上、5 ～ 6 ページ。

（54）坂内［2014］20 ページ。

（55）富沢［2009］6 ページ。

（56）津田［2014］146 ページ。

（57）柳沢［1985］245 ページ。

（58）松本［2015a］35 ページ。

（59）同上、35 ～ 36 ページ。

（60）松本［2015b］40 ページ。

（61）Curl［2012］92 ページ、235 ～ 241 ページ。

（62）Democracy at Work Institute［2014］4 ページ。

（63）多木［2003］68 ページ。

（64）井上［1993］190 ～ 191 ページ。

（65）津田［2014］178 ページ。

（66）同上、182 ページ。

（67）同上、187 ページ。

（68）細川［2013］152 ページ。

（69）同上、153 ページ。

（70）同上、152 ページ、156 ページ。

（71）津田［2014］207 ～ 208 ページ。

（72）細川［2015］13 ～ 21 ページ。

（73）The ESOP Association, ESOP Statistics. URL: http://www.esopassociation.org/explore/employee-ownership-news/resources-for-reporters（accessed November 1, 2016）

（74）Rosen, Case, Staubus［2005］、訳、68 ～ 69 ページ。

（75）同上、69 ページ。

（76）同上、64 ページ。

（77）同上、71 ～ 72 ページ。

第2章
日本のヘゲモニーと労働者自主生産

はじめに

　本章は、第2部で行う事例分析の前提、基礎として、第1章で見た欧米先進諸国との対比で、日本における、市民社会の変容、ヘゲモニーの変遷、そしてそのなかでの労働者自主生産の展開について考察している。

　欧米先進諸国に対して日本では、労働者は自らの生活と権利を守るために、どのような労働運動を展開したのか。またそのなかで、労働組合はどのようにして誕生し、発展していったのか。そしてその誕生、発展とともに、労使（資）関係およびそれと密接にかかわる市民社会、さらにはその基底をなすヘゲモニーはどのようにそれぞれの姿を変えていったのか。これらについて概観した後で、労働者自主生産はこうしたなかにあって、どのようにして誕生し、どのような展開を遂げていったのか、またそれを支援するようになった個人加盟の労働組合とはいかなる存在なのかについて考察している。

　労働組合の成り立ち、変遷について紙幅を割いているのは、これらとの関連で重要だと考えるからである。労働者自主生産の展開については、労働者協同組合を含め、その歴史、形態等を分析対象としている。ここでも労働者協同組合を分析対象に含めるのは、労働者自主生産について包括的かつ多面的な考察を行うためであり、また本書では、労働者自主生産について争議収束以降の組織運営の考察を中心としていることから、比較対象となると考えるためである。その後で、企業組合、日本版 ESOP を取り上げているのも、同様の理由による。なお本章では、本来、労働者自主管理とすべき箇所においても労働者自主生産という用語を使用している。

第1節　労働組合の誕生

（1）労働組合の黎明期

　日本では 1897 年に、高野房太郎らが結成した労働組合期成会を母胎に、鉄工組合をはじめとする労働組合が次々と誕生した。しかし、1900 年にストライキの禁止を織り込んだ治安警察法が制定されると、労働運動は弾圧されるようになった。労働組合期成会も 1901 年には解散するに至っている。

　労働運動はその後、弾圧によって急進化した一方で、分裂と壊滅を繰り返した。そうしたなか、その綱領において、親睦・相愛扶助、識見開発・徳性涵養・技術進歩、地位向上などを掲げ、労使協調主義を目指す友愛会が、鈴木文治を中心に 1912 年に設立された。友愛会の運動は、1914 年に勃発した第一次世界大戦の影響もあり、多くの労働者から支持されるようになっていった。

　第一次世界大戦は、欧米中枢世界はもとより日本においても、労使関係の編成を促す契機となった。軍需景気にともなう重工業の急拡大は、熟練職工の流動化を促進し、職工成金が現れたほどである。こうした熟練職工の動きは、進行する労働力の商品化と人格の抽象化、また、それによる人格的蔑視とこの蔑視をはらむ「主従の情誼」への反発に起因するものであった。その反発はまた、大正デモクラシーとそれをイデオロギーの側面から支えた吉野作造の民本主義思想の台頭と相まって、人格承認の要求となってあらわれた (1)。

　こうした労働者意識はいわゆる国体思想とも結びついていた。それは、友愛会に浸透しつつあった社会改造思想からもうかがえる。労働者を侮蔑するような社会のあり様は、四民平等を宣布した日本国家＝国体国家の対面を汚すものと意識されていた。特に労働者は、富国強兵を支える生産者として貢献していることから、もっと尊重されてしかるべきとの自負もあった。そこでは、国体が道徳的倫理的存在として析出される。だからこそ、国体は人格承認要求の正当化の根拠となり、また、労働者は生産者としてそれを支える者となりえたのである (2)。

　第一次世界大戦終結直後の恐慌による失業者の増大、賃下げなどを受け、その動きを急進化させる労働者諸主体も現れた。当初は労使協調主義を目指していた友愛会も、階級闘争を展開するようになっていった。友愛会は、1919 年には大

日本労働総同盟友愛会、1921 年には日本労働総同盟へと改称し、構成員を急速に並職工層に変えるとともに、人格承認要求の殻を破り、はっきりと普遍的権利としての労働組合結成の要求をそのシンボルとするようになっていった。いわゆる団体交渉権獲得運動はその頂点であった。それは、企業の枠をこえた横断的団結権と団体交渉権を要求するものであった。

政府は団体交渉権獲得運動が拡大するなかにあっても、労働組合を法認しようとはしなかった。「平民宰相」と謳われた原敬内閣においても、然りである。代わりに、1919 年から 20 年にかけて、政府の関与する陸海軍工廠、国鉄、八幡製鉄所などに、従業員代表を介した意思疎通機関である工場委員会を設置するとともに、民間企業にも同様の機関を設置するよう勧奨した。

（2）経営家族主義

民間企業においても、もはや旧来の主従の情誼では労使関係の安定は図れないという認識が浸透しつつあった。工場委員会は、主従の情誼を経営家族主義へと発展させることで、それに対処しようとするものでもあった (3)。例えば三菱造船では、従業員委員会を設置するにあたり、役員や技師とともに職工を「渾然タル一ノ従業員」とし、もって、全従業員を「厖大ナル家族」と位置づけている。

運動リーダーのなかにも、工場委員会を受け入れようとする者がいた。例えば、関西地方の運動リーダーであった友愛会神戸連合会の賀川豊彦は、微温的な工場委員会であれば、資本家の専制主義を排し、産業民主主義の世界へいたる一歩たりうるとした。兵藤釗に従えば、「こうした発想こそ、団体交渉権の確認要求が工場委員会の設置と労働組合加入の自由の承認へと転化していく導因となったものであるが、そこにはまた、人格承認を求める労働者大衆の共感を誘うところがあった」(4)。

ただし工場委員会は、交渉主体としての労働組合を排除しつつ、その機能を代替させようとするものである。確かに、団体交渉権獲得運動への対処として工場委員会を導入した大企業の多くは、労働者が横断的労働組合へ加入することを妨げるものではないとする立場をとった。とはいえ制度的には、横断的労働組合の関与のルートを遮断しつつ、工場委員会を通じて従業員の苦情・不満を解消しようとした。兵藤は、「工場委員会体制は、権利承認を欠いた人格尊重の上に立つ〈経

営家族主義〉の成立を示すものであったといってよい」としている **(5)**。

しかし経営家族主義も、経営側が掲げるプロパガンダにすぎず、労働者側との間で全くのすれちがいに終ったというのが実情である。労働者側は、その人格が尊重されるならばといのことで、団体交渉権獲得と引き換えに、甘んじて工場委員会を受け入れたのである。経営家族主義はその内実を、経営側が意図的にすり替え、美化した表現にすぎない **(6)**。

第一次世界大戦後、重工業の大企業は工場委員会を設置するとともに、企業内の労働条件のアンバランスに対する不満を解消するために、工場課、職工課などと称する専門的な労務管理部門を設置し、採用管理・賃金管理の集中化・画一化を進めていった。また、職工の長期勤続を促すために、若年者対象の職能養成施設、定期昇給制度、職工の常備職工化、定年制度といった施策を相次いで打ち出していった。こうして 1920 年代半ばには、工場委員会による包摂が進展し、それにともない労働組合は、大企業の組織基盤をほとんど失い、不況のなかで経営危機にあえぐ中小企業を足場に活動するほかなくなっていた。

労働運動は、1925 年に普通選挙法と抱き合わせで制定された治安維持法によって、さらに弾圧されるようになる。そのなかで、日本労働総同盟は分裂を繰り返し、労働組合はその影響力をますます低下させていった。

第2節 市民社会の変容

（1）近代市民社会

このような労働運動の展開のなかで、市民社会はどのように変容していたのだろうか。以下で概観したい。

近代の日本においては、職人たちは集住はしていないが、相互に仲間として認知できる固有のシンボルを分有し、職業と一定の地域を共にする、市民社会を形成していた。それが同職集団である。同職集団は村同様、家の論理に従っていた。親方を中心とする人格的結合関係を形成していた。そして、自らの内部に、また外部に対しても、さまざまな規制力をおよぼす、自律性と求心力を保持していた。したがって、職人たちの自己意識は、第一次的には自らの仕事場に形成されながら、広範な「渡り」を可能とする、一定地域内の職業によって結びついた者とし

ての仲間意識であった (7)。

　もっとも、近代における労働力の構成は、同職集団を前提とし、自律した家人格の結合である「同職集団型労働力」だけではない。他にも、家の各分肢の労働力化であり、家人格に没人格的に融合する「生計補充型労働力」、さらには、再生産できない、永続的生命を持たない家の家業であり、全体として家人格を認知されない「窮民型労働力」が存在していた (8)。

　いずれも、家の論理を基軸にしながら、極めて分節的な社会、つまり複層的市民社会を形成していた。そして近代の資本家経営は、こうした複層的市民社会にポジティブなものとして依拠することによって、その安定した存続を実現していたのである。ただし、近代市民社会にあっては日本においても、資本は、公正さの体系が及ばない、外なるデマゴギッシュな世界から、絶えざる他者性として浸入してくる存在であった。近代市民社会は資本の浸入に対する防衛機構をもっていたのである (9)。

（2）現代市民社会

　ところが、欧米中枢世界に対応するような政治プロセスが、日本においても、やや遅れて両大戦間期、つまり大正デモクラシーからいわゆる大争議時代に進行し、資本がそれぞれの同職集団＝市民社会を破壊していくこととなる。それまでは、同職集団＝市民社会の外部に存在していたのが、ついに内部へと浸入してきたのである。それにより、労働者の労働力の商品化と人格の抽象化が進んでいくこととなる。

　労働者の人格性の抽象とは、対象との親密性としての所有の喪失であり、生産、技術、雇用、賃金等についての彼らの責分の剥奪である。それ故、同職集団を構成する諸個人は、個人＝家を成り立たしめる根幹について脅威を感じ、人格性のもつ異種性が差別に転じる不安に陥ることで、人格承認を要求したのである (10)。

　一方この時期には、かつて家に没個人的に融合していた生計補充型労働力が、自律の傾向を見せはじめ、（彼女らの属する家でなく）彼女ら自身の人格性を要求するようになった。また、かつて永続的生命を持つ家の家業として認知されていなかった窮民型労働力が、世代的再生産の可能な職業（家業）を持つようになり、人格性の認知を求めるようになった (11)。

かくして、各々の文脈は異なるとはいえ、三層の労働力のすべてが、激しい、あるいは底深い紛争によって、所有の回復、個人の個別性・自律性の回復、人格的結合の回復といった、人格承認を要求するようになったのである。この時期、盛んに行われていた労働運動のほとんどは、労働者が自らの人格の承認を要求する運動であった。

とはいえ、日本においても結局は、労働者は自己を、非人格的労働力とその人格的所有者へと分裂させることによって対処するほかなかった。ここに至って、近代の複層的市民社会は、唯一の所有の対象である労働力の不可侵性という幻想に立脚した、現代の単一の市民社会へと転化し、同時に、労働者諸個人は、労働力を所有し、それを根拠に社会を構成する、言葉の真の意味でのブルジョア＝市民となり、またそれにより、近代の分節的労働諸階級から現代の単一の労働者階級へと変質した **(12)**。

そしてここでも国家は、労働力所有者としての人格性を認知し、単一の公正さの体系を担保する主体として、その存在根拠を労働者諸個人の内面のうちに持つこととなった。ただし日本においては、詳しくは後述するが、国家は「実在の権威」として外在しており、労働者諸個人は国家に恭順することで、その権威を同一化したのである **(13)**。

そのひとつのあらわれが、大正デモクラシーにおける普選運動ではなかっただろうか。自らの労働力しか所有していないにせよ、その限りにおいて労働者も所有者である、つまりブルジョア＝市民である。ならば、従来のブルジョア＝市民と同等に、参政権を持っていてしかるべきである。労働力の所有などフィクションにすぎないが、だからこそかえって、実質的なものとしての参政権を強く求めたという側面もあるだろう。結局、普通選挙は実現したが、あわせて、治安維持法が施行されることとなった。大衆は政治主体にまではなれなかったのである **(14)**。

大正デモクラシーのなかで展開された労働運動にしても、同様の結末をみることとなった。労働者団結をより強固なものにするために、団結権、団体交渉権、ストライキ権の獲得運動が展開されたが、どれも法制化されることはなかった。代わりに、労使懇談により解決を図る機関として、工場委員会が任意で設置されることとなったのである **(15)**。

第3節　ヘゲモニーの変遷

（1）工場委員会体制の成立

　こうして 1920 年代中葉に、日本における現代最初の資本のヘゲモニーである〈工場委員会体制〉が成立するこことなった。〈工場委員会体制〉とは、制度的には、労使懇談制のことであり、内容的には、「実質性」の原則によって、人格的関係による代償を約束することであり、また形式的には、「平等」要求を、労使相互の関係としての「対等」的解決ではなく、国家という第三の権威に対する「水平」な位置に、実在の差別と序列へと、競争を包摂しながら組み込むことである (16)。そこでは、団体交渉を行うことはできない。労働組合は排除され、対抗的ヘゲモニーとして位置している。

　したがって〈工場委員会体制〉は、単なる〈産業民主主義体制〉の模倣ではない。近代の家産制社会と直接の連続性はないにせよ、その理念的特質をいっそうデフォルメすらして継承したものである (17)。家産制は、ヘルによる本源的扶養としての分家行為にまでさかのぼる。これは一方向的なものであり、ステロ化されると、元の（つまりヘルの）家に対する、家権威への信仰にまで伝統化する。もはや太古のことで忘れ去られていても、そのようなものがあったと観念される本源的扶養が、社会編成の基軸になる。人々に求められるのは、この本源的扶養への「恭順（独 Pietät）」の態度である。規範は外に立てられて権威となる。

　したがって家産制は、人間関係の「元型」により近いということができる。それはつまり、S・フロイトのいう自我および超自我が未成熟であり、その帰結として、退行に陥る可能性が高いということをも意味している。人間は退行すると、幼児体験をくり返さねばならないが、それは両親の実在の権威を同一化することからはじまる (18)。家権威への信仰は、こうした経路を通じてさらに強化される。

　〈工場委員会体制〉は、この退行性をさらにさかのぼる形で、その理念を継承した。すなわち第一に、労働力と人格の分裂に基づく普遍主義的な規範に耐えきれず、人格を承認する主体として国家を認知し、その実在の権威を同一化した。第二に、非人格的相互関係に不安を覚え、人格的関係による実質の代償を求め、秘かに導き入れた（「密輸入」した）。

明治期以来奨励されてきた「立身出世と家族主義」というスローガンは、当初は近代市民社会の本来の性格の素朴ないいかえにすぎなかったが（立身出世は参入の目的を、家族主義は行動基準を意味していた）、やがて、国家を家に見立て（国家という言葉からして、家を彷彿とさせる）、その国家に寄与させるという意味へと変容していき、また、労働者もこれを受け入れていった。効果があまり見られない主従の情誼に代わるものとして、経営側によって一方的にとられた経営家族主義にしても、疑似的な家族を演出しようとしたものにすぎなかったが、これについては労働者に受け入れられることはなかった。経営側が労働者に、経営家族主義のもとで没人格的関係を築くよう迫ったのとは反対に、労働者が求めていたのは人格承認であった(19)。

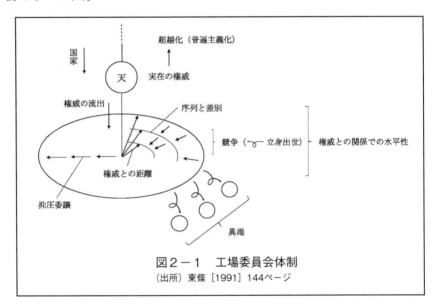

図2－1　工場委員会体制
（出所）東條［1991］144ページ

東條は〈工場委員会体制〉のモチーフを次のようにまとめている(20)。
①人格を承認する、国家という実在の擬似普遍主義的権威への同一化（この言葉で、さしあたり天皇制を表象してかまわない）。
②①との関係で水平である（が序列づけられた）労使協議（水平ではあるが、権威の流出経路に沿った権威の着地点からの同心円的な距離による序列と差別、着地点への距離をめぐる競争を包摂する）。

③人格的関係（生産現場における人間関係）による非人格的関係の実質的補償。

　この関係を丸山眞男にならって「コマ」の姿になぞらえると、**図2－1**のようになるだろう。

（2）産報体制の成立

　1929年、世界大恐慌がアメリカで発生し、世界中を巻き込んでいったが、その影響は日本にも波及した。いわゆる昭和恐慌である。中小・零細企業はもとより、大企業においても、相次ぐ倒産や事業縮小、解雇・賃金切り下げ、またそれをめぐる争議の急増といった、深刻な状況に陥った。

　そうしたなか、1931年には満州事変が勃発するが、その直後に成立した犬養毅内閣は、金輸出再禁止と兌換停止の断行、積極財政への転換により、景気回復にあたった。しかしその一方で、頻発する労使紛争が、疲弊する農村と呼応し、過激化しないようにと、治安維持法の発動により大量検挙を行うことで、日本労働組合全国協議会（全協）に破滅的打撃を与えると同時に、同盟罷業が発生しないようにと、事実調停を進めもした[21]。

　満州事変によって奔騰した大衆のナショナリズムは、無産政党や労働組合の右傾化を促した。総同盟を中心とする右派組合は、大右翼の結集をめざして、統一運動を進めた。その運動は、中間派の一部をも加えた日本労働組合会議の旗揚げへとつながり、合法組合の運動にも大きな影響を与えた。

　そして日中戦争が勃発した1937年には、政府は国家総動員法にもとづく国民精神総動員運動の開始を決定し、その推進団体として国民精神総動員中央連盟を発足させた。さらに1938年には、産業報国聯盟が設立され、以後、産報運動を推進していくこととなる。こうして、〈工場委員会体制〉を、国家を収斂軸に再編成するかたちで、〈産報体制〉という資本のヘゲモニーが成立していくこととなる[22]。

　しかし、満州事変が日中戦争へと拡大し、泥沼化するなかで、賃金問題をめぐる争議が再燃するに及ぶと、産報運動を再編し、総力戦体制を構築することが急務となった。そうしたなか、1940年7月に成立した近衛文麿内閣は、高度国防国家を担いうる挙国体制を構築しようとする新体制運動の一環として、「経済新体制確立要綱」と抱き合わせで「勤労新体制確立要綱」を閣議決定し、1941年11月には、産報聯盟を解散させ、新たに大日本産業報国会を発足させた。

政党関連では、新体制運動は 1940 年 10 月に、大政翼賛会を発足させるに至った。しかし、翼賛会の議会局に閉じ込められた政党人から、「違憲である」、「赤である」と激しい攻撃にさらされ、ほとんど無力化してしまう。それを打開しようとしたのが東條英機内閣である。政府は、依然として分立的傾向をもっていた議会勢力を刷新しようと、1942 年 4 月に、いわゆる翼賛選挙を行った。選挙後は、一切の政治結社を認めず、衆議院の全議員を翼賛政治会という官製政党に封じ込めてしまった。同年 6 月には、大日本産業報国会、農業報国連盟、商業報国会、日本海運報国団、大日本青少年団、大日本婦人会の官製国民運動六団体を翼賛会の傘下に収め、同年 8 月には、町内会、部落会に翼賛会の世話役（町内会長、部落会長兼任）を、隣組に世話人（隣組長兼任）を置くことを決定した。政府はこのようにして中間団体を排除していったが、しかし、翼賛会はあくまで、いわば軍の代位にすぎなかった。したがって、組織崇拝、同質化にも限界があり、保持階級（中間団体）、ヒエラルキー、身分制を完全に消滅させることはできなかった。

こうした経緯からもうかがえるが、〈産報体制〉は〈工場委員会体制〉のモチーフをさらに退行させていった行き着く先であった。すなわちそこでは、擬似普遍主義的権威は、「大御心と母心」といった、より超越的かつよりマターナルな契機へと退行していった。それは、出生の外傷にまでさかのぼったものと見ることができる。また、代償関係の進行は、「勤労報国」といった、人格的諸関係の無定形に融合した理念へと収斂していった。かくして成立した「労使一体」の世界は、もはやほとんど市民社会ではなかった [23]。

権威の超越性は、実在の権威との距離をあまりに遠いものにするため、その中間に位置する、ある種の職能団体の機能をはたすような媒介物の必要が生じる。〈産報体制〉は、経営内にかかる媒介的権威をつくりだそうとするものでもあった。しかし、媒介的権威の導出はあまりうまくいかなかった。そのために、理念のみが突出して、ある種の集団発狂状態を招くこととなった。一部の軍人、右翼などが、「一君万民」思想のもと、媒介的権威を除去すべく、暗殺行為に走ったのは、その帰結である。もっともその行為は、大衆からも、そして天皇からも受け入れられることはなかった。現状を憂いての行為であったとはいえ、理念が突出しており、ヘゲモニーを形成することができていなかったのである。ただし、理念の突出によって、万人の「勤労者」としての水平性が、たとえたてまえではあれ強化され

たことは、後の日本のヘゲモニーにとっても重要なことであったといえよう (24)。

（3）生産管理から生産復興への変遷

　1945 年、終戦とともに、〈産報体制〉は破砕し、資本のヘゲモニーは危機に陥っていた。ただしヘゲモニーの再建は、かつての〈工場委員会体制〉、〈産報体制〉を対抗的ヘゲモニーとしてポジティブに生かし、取り込むことからはじまった (25)。

　終戦直後、労働組合の結成が相次いだが、それは労働争議突入と同時であった。ただこの時代を代表する争議は、通常のストライキよりも、労働組合が経営者を排除して、自主的に生産を管理しつつ要求の実現を迫る、生産管理闘争の方が多かった (26)。この対抗的ヘゲモニーを〈生産管理〉と呼ぶことにするが、その最大の特徴は、生産序列（非人格的関係）と権力関係（人格的関係）が無定形に融合していることにある。したがって、「職制機構丸のみ」が問題として提起されず、労働者の位置づけも非常に不明確である。また、外（市場社会）に無関心で、その結果、個別主義的で、普遍的規範を求めない。〈生産管理〉はいわば〈産報体制〉の裏返しであり、そのモチーフを受け継いでいることは明らかである (27)。

　この時期、戦前には非合法とされていた日本共産党も、労働運動の組織化に乗り出している。それは、労働組合加入の自由、団体交渉権の獲得にとどまらず、終戦とともに現れてきた資本家の生産サボに抗して、労働者は各地経営で生産増大を要求・実現しなければならないとするものであった。ただし、労働組合組織中央準備委員会（戦前の総同盟などの右派、全評などの合法左派、および中間派からなっていた）は、1946 年には日本労働組合総同盟（総同盟）へと発展し、共産党と大同団結することはなかった。両者の間では、何度か統一をめぐる接触がなされたが、戦前来の反目も尾をひき、結実するにはいたらず、それぞれ独自に組織化に乗り出すこととなった。生産管理闘争を主導したのは、共産党系の全日本産業別労働組合会議（産別会議）である。

　企業が生産サボに憂き身をやつしているもとでは、生産管理の方が有効な戦術であったと兵藤はいうが (28)、そもそも統治能力を失っていたので、自然の成り行きだったというのが実相だろう。メルクマールは、その労働者団結が労働力の売り手にとどまるか否かにある。〈生産管理〉の性格上、労働力の売り先として交渉する意思を持たなかったのだから、確かにそれを超える内容を有していた。

しかしそうした性格を持っていたとはいえ、ヘゲモニーとしては著しく未成熟であった **(29)**。

　（対抗的）ヘゲモニーであることの要件としては、政治的なものであること、つまりM・ウェーバーのいう支配であること（意思決定の一方向性と合理的受容）、そして、知的道徳的指導性を持つことが欠かせない。それは、「全ての権力をソビエトへ」に匹敵する、政治性、指導性を持っているか否かということである。〈生産管理〉はそのような戦略的配置を欠いていた。だがそれは、指導者たちのリーダーシップのなさだけではない。職制の排除ではなく、その丸がかえに依っていた。そしてそれは、戦前の工場委員会からの伝統に負うものでもあった。つまり、工職一体の面接集団に立脚した生産主体の構成物であったのである。ただそれは、むしろそうであるが故に、無自覚のうちにヘゲモニーを超え出るものであった。東宝争議で生じていたのは何だったか。争議は手段ではなく、それ自体が価値を持つ祝祭的公共空間であった **(30)**。

　1946年5月に成立した吉田茂内閣は、翌6月に「社会秩序保持に関する政府声明」を発し、生産管理は企業組織を破壊する恐れがあるため、正当な争議行為とは認めがたいという態度を示した。同時に政府は、内閣書記官長談を通じ、争議の未然防止をはかるため、経営協議会（経協）の設置を勧めたいという意向を明らかにし、中央労働委員会に対しその参考例の作成を諮問した。中央労働委員会は政府の諮問に応えて、1946年7月に「経営協議会指針」を発表し、「産業民主化の精神に基き労働者をして事業の経営に参画せしめる」ため、労働協約により使用者と労働組合の選任する従業員代表との協議機関として、経営協議会を設置することが望ましいとした。しかも、経営協議会の決定は労働協約と同一の効力をもつとした。

　これにより、労使間の安定化が実現したとみることができる。争議も鎮静化した。ただし、経営協議会はやがて、経営権、わけても人事権に対する組合規制の場となっていった。もっとも、経営権に対する組合規制といっても、大量の人員整理や組合役員への不当差別を排除するための、人事に関する同意約款の獲得が中心であった。

　吉田内閣はまた、1946年12月、経済復興の隘路となっていた石炭・鉄鋼の増産をはかるため、いわゆる傾斜生産方式の推進を閣議決定した。そして1947年

2月には、総同盟と経済同友会が中心となり、いわば労使の協働によって、経済復興会議が設立された。

この時期はまた、全官公庁共闘を軸に、いわゆる二・一スト計画が進展していた。二・一スト計画は、倒閣運動、政治闘争へと発展していったが、事態を憂慮したGHQの指令により、実施直前に中止となった。これを契機に、全官公庁共闘、全国民主労組闘争委員会（全闘）は解散し、全闘に集結していた労働組合の共闘関係も崩れていった。そして1947年4月には、国民の意思を早急に問うべきであるとのGHQの指示により、総選挙が実施された。その結果、第一党に飛躍した日本社会党（社会党）の委員長の片山哲を首班とする、社会党、民主党、国民協同党の連立政権が誕生した。片山内閣も傾斜生産方式を軸に経済危機突破をめざしたが、それは経済復興会議が傾斜生産方式による経済再建に接合されていくプロセスでもあった **(31)**。

1947年末以降台頭した民同運動も、一時は、GHQの支援を受けながら、労働戦線を掌握し、日本労働組合総評議会（総評）の結成へと向かっていたが、二・一ストの挫折後は、労働組合運動の退潮に歯止めをかけることができなかった。それでも、「マッカーサー書簡」、労働組合を法認する新労働組合法の制定、をテコにした労使関係の再編とないまぜになりながらも、労働戦線を掌握しつづけた **(32)**。

こうしてヘゲモニーは、対抗的ヘゲモニーにとどまっていた〈生産管理〉から、〈生産復興〉へと移行していくこととなった。〈生産復興〉は〈生産管理〉の基本的モチーフを継承しているものの、労使関係の自律性がより強い。またそこでは、第三の権威＝生産の主体が樹立されている。生産復興構想とは具体的には、労使対等による直接民主主義型の生産復興会議を設置し、それとの関係で労使を秩序づけようという構想である。生産の担い手である労働組合と、同じく担い手である経営陣とが、生産の主体たる生産復興会議に対して、生産をサボることを見張る、という位置に立つのである。〈生産復興〉はいわば〈工場委員会体制〉の裏返しである。第三の権威が天皇に象徴される国家から生産の主体たる生産復興会議に移行しているのは、見逃せない相違であるが、現場における生産活動およびその管理に関しては、〈工場委員会体制〉と大差はない **(33)**。

占領軍による戦前の軍国主義の否定、それを通じての戦後民主主義の隆盛などが、第三の権威の移行に多大な影響を及ぼしていたことは、いうまでもないだろ

う。しかしそれでも、実在の第三の権威自体を除去することができず、別のものを打ち立ててまで、再びそれに縋ろうとしたところが特徴的である。家産制的な伝統、そのもとでの本源的扶養への恭順の態度は、根強く残っていたのである。占領軍が戦後統治のために、天皇制を廃止せず、むしろ巧みに利用したのも、こうした日本人の特性をある程度見抜いてのことであったともいえるだろう [34]。

（4）従業員民主主義体制の成立と変遷

　民同運動はその後、朝鮮戦争勃発直後の1950年7月に、総評の結成へと至った。当初は、反共、組合民主化をかかげていたが、翌年の大会では、民同左派の横断連携により、「講和三原則」（全面講和・中立堅持・軍事基地化反対）に再軍備反対を加えた、「平和四原則」を採択するなど、急速に左傾化、反米化した。

　総評は当時、高野実が事務局長を務めており、1954年には労働プランの運動を提起した。高野はそのなかで、家族ぐるみ、町ぐるみの、いわゆる〈ぐるみ闘争〉に活路を見出そうとしたが、その姿勢は総評内からも多くの反発を招いた。そして、〈ぐるみ闘争〉を展開した、尼崎製鋼所争議、日鋼室蘭争議に失敗し、1955年には、事務局長選挙で、経済闘争路線を重視する岩井章に敗れ去った。現場へ、街頭へ、といった抵抗闘争のスタイルをとる〈ぐるみ闘争〉は、政治性、地域性を重視するものでもあったが、結局は失敗に終わり、高野の失脚とともに、ほとんど行われなくなった。

　〈ぐるみ闘争〉は新しいヘゲモニーを形成することができなかった。家族、地域住民は、労働者とは温度差があったり、意見が異なっているということも少なくない。また日本にあっては、古来から家産制的性格が直接的にではないにせよ受け継がれている。これらを鑑みず、しかも身近な関心事でない政治性を重視しては、同意の組織化に至ることは困難であったといえよう [35]。

　戦後危機が収束するなか、1955年には五五年体制が確立したが、この頃を境に、〈生産復興〉に代わって、〈従業員民主主義体制〉という資本のヘゲモニーが台頭することとなった。〈従業員民主主義体制〉は〈生産復興〉の破砕の上に成立したが、しかしほとんど、〈生産復興〉の実現であるほどに、それをポジティブに生かし、取り込んだ。またそれは、戦前のヘゲモニーと驚くべき同型性を維持していた [36]。

　東條は〈従業員民主主義体制〉のモチーフを次のようにまとめている [37]。

①人格を承認する実在の第三の権威としての、生産の主体＝「会社」の樹立。
②生産の主体との関係で水平に序列づけられた労使と、その間の労使協議。
③生産の場における人格的関係による、規範的な非人格的関係の実質的代償。

これは、先述した戦前の〈工場委員会体制〉における３つのモチーフが、そこにおける実在の権威が天皇に象徴される国家から「会社」へと移行しているだけで、ほとんど無修正に引き継がれている。「会社」こそが戦前の国家に代わって、人格承認の主体となったのである**(図2-2参照)**。それでも〈従業員民主主義体制〉においては、曲がりなりにも、団体交渉を行うことができるようになり、それまで排除され、対抗的ヘゲモニーとなっていた労働組合が、人格的関係による実質的代償を許すものであるにせよ、労働者労働力化装置として組み込まれるに至っている。

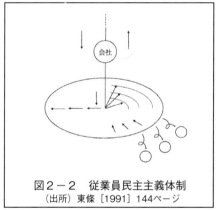

図2-2　従業員民主主義体制
（出所）東條［1991］144ページ

「会社」のもとで水平に序列づけられた労使関係は、代償関係の進行をさらに助長することにもなった。家産制的な伝統、そのもとでの本源的扶養への恭順の態度は、かわることはなかった、というよりむしろ、より強くなっていったのである。とはいえ水平性のもとでは、わずかな序列に対しても敏感になりやすいということもある。それにより、差別が生じやすくなるということもある。水平性は攻撃性を宿しているのである。〈従業員民主主義体制〉においては、この性質を巧みに利用し、労働者間に競争原理を導入している。労働者諸個人は他者との競争を煽られ、また、自らもそのなかで勝ち抜くことに生き甲斐を見出してさえいる(38)。日本の労働者は社会の蔑みのまなざしを内面化し、それゆえに差別に

敏感で、いきおい平等主義的意識を強めざるをえなかったと、井上は指摘するが(39)、自らも差別をせずにはいられないでいる。以上がその内実である。

そこでは、売り渡した労働力に人格がいわば密輸入されている。労働力と人格の分裂などフィクションにすぎないが、それを前提にして現代市民社会は成り立っている。にもかかわらず、〈従業員民主主義体制〉においては、その前提が危うくなるほどに密輸入が行われているのである。「会社人間」という言葉が流布しているのを見ても、このことは明らかであろう(40)。ただし〈産業民主主義体制〉と同様に、〈従業員民主主義体制〉も本来、前章で述べたフォーディズムのカルノーサイクルのもとで、労働者がよりいっそう苦でしかない労働を受け入れ、生産性の向上に寄与する見返りとして、持続的に賃金が上昇するという、生産性インデックス賃金に支えられている。それが実現している限りにおいて、労働者は「会社」を実在の権威として受け入れているのである。

総評は、「安保と三池」をかかげた六〇年闘争に敗退した。また、支持政党の日本社会党は、1959年6月の参議院選挙に敗退し、そしてそれを契機に、1960年1月に分裂し、民主社会党（民社党）が誕生した。こうした状況のなか、総評は運動の路線を転換していくが、1964年11月には、民社党を支持する全日本労働総同盟（同盟）が誕生した。同盟は1968年に、労働組合の立場から、労使協議制の拡充を通じて、産業の国際競争力を強化すると同時に、経済成長にともなう歪みを是正するための、産業政策に関する指針を取りまとめた。

労使協議制は、1955年に、生産性本部の提唱により活発化し、また1960年代に入ると、企業レベルから産業レベル・職場レベルへと、上下両方向へと拡延していった。生産性本部が団体交渉と区別した労使協議制の導入を提唱したのは、終戦直後、急速に普及した経営協議会があまり成果をあげえなかったからである。またそれは、「団体交渉と労使協議とが混同され、経営協議会が労使きっ抗の場となった」からであるとしている(41)。

ただし実際には、団体交渉と労使協議を区分しているところは、それほど多くなかった。団体交渉と労使協議の区別といっても、実質的には職場チームが共通の活動主体であり、その枠組からの発言しか生じえない。つまり、労働組合は工職丸がかえで、職場チームを介してしか発言することができない。そうであるのなら、労働組合はかつての工場委員会とほとんど同じものになるしかない(42)。

その特徴は、次のように、職長の性格に集中的にあらわれている。第一に、日本の職長（中間管理職あるいは末端管理職）は、「会社」の末端であると同時に労働組合の末端でもある。彼は自身の人格によって、職場と職場労働者を代表している。第二に、彼は査定をはじめとして、重大な責任と権限を保有している。第三に、したがって彼は、人格的信頼を得ていなければならない。日本の査定制度には、それが「公平」に行われているという制度上の保障がまったくない。それが行われるかどうかは、ひとえに彼の人格にかかっているのである。第四に、それ故、彼と職場労働者との間には人格的関係が浸入してくる。査定制度を要にして、彼への人格的信頼と職場労働者への全人格的管理・評価という関係が密輸入されるのである **(図2−3参照)**。

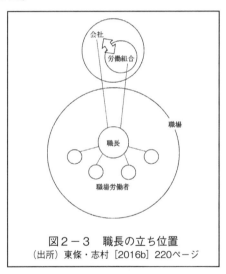

図2−3　職長の立ち位置
（出所）東條・志村［2016b］220ページ

日本においてはいわば、会社が労働組合をのみこんでいる。このことは、労働組合による会社ののみこみへの転化を容易にするし、現に争議などではそうした戦略がとられてきた。つまりそれは、労働組合が会社全体の経営の領域にまで立ち入るということである。そしてその立ち入りが深まれば、労働者自主生産的な性格を帯びてくることになる。いずれにせよ、会社による労働組合ののみこみは、時として労働組合による会社ののみこみを部分的に許し、利用さえしながら、ある意味、成功をおさめ、会社が実在の権威、人格承認の主体である〈従業員民主

主義体制〉というヘゲモニーを確立・維持させることにもなっている。

　1973年秋に発生したオイル・ショックを契機に、先進諸国は、不況とインフレが同時並進する、いわゆるスタグフレーションに陥った。それは日本も例外ではなく、高度成長時代が終焉することとなった。これを受けて日経連は、1974年3月、主要業種の経営首脳をメンバーとする「大幅賃上げの行方研究委員会」の設置を決定し、同年11月に報告書を発表した。そこでは、内生要因である賃金インフレの抑制が急務であり、名目賃金の引き上げが生産性の上昇率を大きく上回る場合には、物価上昇率プラス・アルファの賃上げ要求方式から脱却しなければならないと、また賃上げについては、労使の話し合いによって賃上げガイドポストを設けることが望ましいと説かれていた。

　「こうして日経連は、春闘方式の打破を70年代の賃金戦略の基軸にすえたのである」(43) と兵藤は言うが、別に変えたわけではない。ただそうなったのは、昨年実績プラス・アルファが生産性インデックス連動の近似であったのが、近似たりえなくなったからである。フォーディズムの駆動のためには、賃金を生産性と連動させるか、苦としての労働を改めるしかない。それができなくなれば、フォーディズムは機能しなくなる。それによって支えられている〈従業員民主主義体制〉も維持できなくなる。労働者は会社を実在の権威として心の底から受け入れているわけではない。持続的な賃上げが破たんすれば、その権威も失墜するのである。実際、〈従業員民主主義体制〉は、1975年のスト権ストの敗北を契機に、1970年代中葉以降、腐朽化していくこととなる (44)。ミクロ的に見れば、ヘゲモニーの内部は常に流動的であり、「力のある関係」がせめぎ合っている。

（5）従業員民主主義体制の腐朽化と終焉

　〈従業員民主主義体制〉は、1975年のスト権ストの敗北を契機に、1970年代中葉以降、腐朽化し、そして2003年の職業安定法および労働者派遣法の改正により、ついに崩壊したと考えられる。1999年に労働者派遣の対象業務が原則自由化されたのにつづき、この改正により派遣期間までもが大幅に規制緩和されたことで、以後、非正規雇用が激増していった。序章で具体的に示したように、現在、労働者の4割近くが非正規雇用であり、その多くが低賃金労働者（ワーキングプア）である。彼らは、数ではマジョリティになりつつあるが、質的には依然としてマ

イノリティであり、差別され、蔑まれる存在である **(45)**。

前章でルンペン的発展について述べたが、現在、日本（および欧米中枢世界）の多くの労働者もいわばルンペン化している。非正規雇用だけでなく、正規雇用にあってもである。現代にあって、労働者はフィクションと知りつつも、自己を非人格的労働力とその人格的所有者へと分裂させるかぎりにおいて、ブルジョア＝市民たりえてきた。それが現在、市民としての自立性を失い、受扶的存在と化している。どんなに周辺に追いやられ、どんなに搾取されようと、中心に従属せずにはいられない。彼らはもはや市民ではなく、ルンペン・ブルジョアジーである。そもそも現代にあっても、労働者は、売り渡した労働力に人格を密輸入していた。それが現在、もはや密輸入という言葉が相応しくないほど、公然と、しかも大々的に、労働力と人格とを融合させている **(46)**。

山口昌男は、人間がつくりだす中心と周辺の関係について文化人類学の視点から次のように述べている。

　　人間は、悪の形象なしに、自分の内なる統合感覚を得ることはできない。つまり、それは価値の両極化とでもいい表わすことができるものである。「中心」をつくり出し、できるだけ象徴的にこの「中心」近くに身を置き、「中心」の対極概念である「周辺」を遠ざけなければならない。しかしながら、「中心」が維持されるためには、絶えずあるいは周期的に「周辺」を眼に見えるものにしておかなければならない。**(47)**

周辺は時として中心の生け贄（スケープゴート）となる。山口によれば、「政治的世界における鎮魂の術は、①『生贄』を選び出して共同体の罪と穢れを吸収させるために罪の告白をさせる、②これを破壊する、という二つの過程を含む」が、「①の大きさを決定するのは共同体の危機の深さである」という **(48)**。

現在の労働者は、周辺にいるにもかかわらず、できるだけ中心に近づこうと、少なくとも、これ以上、周辺に行かないようにと、躍起になって競い合っている。その一方で、自分より周辺にいる者を遠ざけ、差別している。皆がそう振る舞うほど、中心は強化されていく。しかし、選び出されている生け贄の多さを見ると、中心も危機に瀕しているといえるだろう。もはやかつての水平性を保持できなく

もなっている (図2−4参照)。

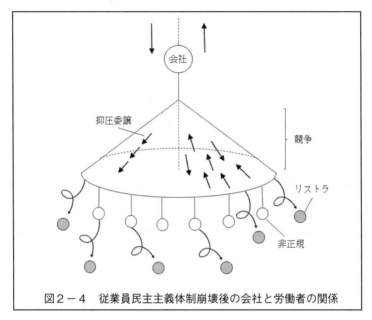

図2−4　従業員民主主義体制崩壊後の会社と労働者の関係

　企業における生け贄とは、例えばリストラ対象者である。バブル景気崩壊後、日本企業においても大量にリストラを実施している。それは確かに、その企業の、ひいては日本経済の危機である。しかしそのなかにあって、ほとんどの労働者は抵抗するのではなく、リストラされまいと、企業に従属しつづけている。労働組合、特に企業内労働組合の多くも、企業に加担し、リストラを受け入れてしまっている。それどころか、それに抗しようとする動きを阻止することさえある。これにも、家産制的な伝統、そのもとでの本源的扶養への恭順の態度が少なからず作用していると考えられる。もはや「会社」の権威が失墜しているにもかかわらず、多くの労働者はそれに縋ることしかできないまでにルンペン化しているともいえるだろう。それでも、多くの企業は、そして日本経済も、本格的な回復には至っていない。ほとんどがその場しのぎの対応でしかないということもあるが、そもそも中心自体が有効に機能しなくなっているのである **(49)**。

　こうしたなか、対抗的ヘゲモニーはいかにして存在しえているのだろうか。現在の労働者自主生産は対抗的ヘゲモニーたりえているのだろうか。

第4節　労働者自主生産の変遷

（1）かつての労働者自主生産

　第2部および第3部で事例をもとに考察するが、日本において、労働者自主生産（労働者自主管理）は、労働者が自己を労働力と人格に分裂させずに、労働することを可能ならしめているのだろうか。だとしたら、それは現代の日本の支配的ヘゲモニーとは異なる。その対抗的ヘゲモニーと位置づけることができるだろう。

　労働者自主生産は、終戦直後の一時期に多発した生産管理闘争において行われていたが、それは労働者が何らかの要求を実現させるための手段にすぎず、その成否にかかわらず、ほとんどが短期間で終わっていた。そして、多発した生産管理闘争が鎮静化するとともに、労働者自主生産も姿を消していった。

　それ以後、高度経済成長が終わるまで、つまり、フォーディズムが機能し、〈従業員民主主義体制〉が盤石であった時期には、労働者自主生産はほとんど行われていない。この時期にも、倒産反対争議は発生しており、またそこにおいて、労働債権の確保を目的とした工場占拠は行われていたが、ほとんどの場合、自主生産闘争へと発展することはなく、したがって、労働者自主生産が行われることもなかった。それはこの時期、高度経済成長を背景として、再就職の確保が比較的容易であったためだと考えられている (50)。

　ところが、高度経済成長が終わると、1970年代から80年代初めまで、倒産反対争議にとどまらず、自主生産闘争にまで発展する傾向が見られるようになった (51)。同一の争議集団のなかでも、労働債権確保を最終目的とする集団と、それにとどまらず労働者自主生産の常態化・永続化を目指す集団とが存在していた (52)。ただ、石川は、「倒産反対争議が持つ意味合いは、そのときの争議主体が全体として、または部分的にどのような要求を掲げ、最終的にどのような要求を実現させたかによって異なってくる」と前置きした上で、「70〜80年代初めの倒産反対争議の意義は、特に後者、すなわち自主生産の常態化を志向する集団によって規定されていた」と述べている (53)。

　この時期、自主生産闘争を可能にしていた条件として、石川は、企業内において倒産危機以前から経営権を規制し得るほど強い労働組合が存在しており、また

企業外において平素から周辺地域に強い大衆的支援が存在していたことをあげている。労働者自主生産を行っていた労働組合の多くは、旧総評左派系の組織に加盟しており、そこからも広く支援を得ていた。1972年6月には、第一回東京総行動が実施され、その後、単産や地域の枠を超えた争議団・争議組合の共闘体制が成立した。さらに、この運動が全国展開するなかで、倒産反対争議団が結成されるなど、組織の枠を超えた大衆的盛り上がりが見られた(54)。もっとも日本においては、労働者自主生産は、争議中のものも含め、極度に低い労働条件のもとでも、きわめて長期にわたって行われているのが特徴的である。井上によれば、その大きな要因は、労働者の平等主義的意識とそれと不可分の労働組合のあり様にあるという(55)。

倒産反対争議は1980年代半ばになると、90年代半ばに至るまで、ほとんど発生しなくなった。それはこの時期、企業が倒産しても再就職が比較的容易であったためだと、石川は指摘している(56)。倒産反対争議が以前ほど注目されなくなったためとも考えられる。

（2）かつてと異なる労働者自主生産

バブル景気がはじけ、1990年代後半以降になると、部分的にではあるが、再び倒産反対争議が発生しはじめた。しかしそれは、以前とは様相を異にしている。企業内においては、労働組合は平素から存在しているにしても、労使協調的な組合である。あるいは、特に中小企業の大半では、そもそも労働組合自体がなく、倒産危機に直面して、いわば「駆け込み」で組合が結成されている。企業外においては、全般的に労働運動や社会運動が低迷しており、もはや強い大衆的支援が期待できない状況である(57)。

にもかかわらず、自主生産闘争にまで発展する傾向が見られる。序章で触れたように、石川によれば、それを可能にしているのは、駆け込んでくる現場労働者を受け入れ、倒産反対争議を有効に展開し得る労働組合、特に、個人自由加盟の一般労働組合、当該倒産企業の所在地を活動エリアとする地域ユニオンであるという(58)。また、労働者自主生産企業として再建された企業では、労働者が自らの労働条件を切り下げてまで、事業の存続と雇用の継続を図っているケースが散見されるという。そこでは、利潤追求を否定してはいないが、それよりも、経営

者（≒労働者）の地位から得られる欲求充足、仲間の雇用、事業継続を優先しているという (59)。

なお、個人加盟の労働組合である全統一労働組合の本部の書記長として、長年にわたり数多くの労働者自主生産を支援してきた、鳥井一平氏の知るかぎりでは、2011 年頃から、労働者自主生産はおろか、倒産争議もほとんど行われなくなっているという。詳細については、第 6 章および第 7 章で論じている。

(3) 個人加盟の労働組合

〈従業員民主主義体制〉においては、労働組合の組織形態は一般的に企業内労働組合であるが、そのなかにあっても、対抗的ヘゲモニーとして別の系譜が存在している。〈従業員民主主義体制〉の台頭と軌を一にして、1950 年代後半になると、大企業の企業内労働組合が中小零細企業における労働者の組織化に熱心でないこと、しかし、その組織化が日本の労働運動の重要な課題であることが、心ある労働運動指導者に自覚されるようになった。この自覚のもとに考案され組織されたのが、合同労働組合（合同労組）あるいは一般労働組合（一般組合）と呼ばれる労働組合の組織形態である。合同労組の大きな特徴のひとつは、その規約にあるように、労働者がどのような企業や使用者のもとで働いていようと、個人の意志のみで組合に加入できることである。企業内労働組合が組合員となる資格を、その企業に雇用されている従業員のみに限定しているのとは対照的である。合同労組は企業横断的に組織できるため、中小零細企業における企業内労働組合の結成の困難を克服しようとしたのである (60)。

合同労組は 1960 年代に発展したが、実際中小零細企業の企業内労働組合の連合団体である場合が多く、そのなかで文字通りの個人加盟である組合員は少数であった。遠藤公嗣はこれらの点を考慮して、合同労組を個人加盟ユニオン（労働組合）に含めず、その前身形態と位置づけているが (61)、本書でも同様の立場をとる。遠藤によれば、個人加盟ユニオンはその生成と発展の過程で、地域組織援助型、一般組合転化型、特定労働者志向型の 3 つの類型をもつことになったとしている (62)。

地域組織援助型の個人加盟ユニオンは、コミュニティ・ユニオンとも呼ばれているが、1984 年に設立された江戸川ユニオンが最初であるといわれている (63)。

江戸川ユニオンに触発され、その後、ユニオンの語を付けた類似の労働組合が全国で結成された。2000年代に入ると、全国労働組合総連合（全労連）と日本労働組合総連合会（連合）がそれぞれ本格的に結成を支援するようになったことから、多数の地域組織援助型の個人加盟ユニオンが誕生している(64)。また、合同労組（一般組合）の一部は、1980年代から90年代に、社会全般で非正規労働者がしだいに増加していくのにともない、その内部において、一方では、個人加盟した組合員、なかでも非正規労働者の組合員が増加し、他方では、労働組合を構成する企業内労働組合の比率が減少していく状況下で、個人加盟組合員の組織化を意識的に重点化し、個人加盟ユニオンへと転化していった。この類型が一般組合転化型の個人加盟ユニオンである (65)。特定労働者志向型の個人加盟ユニオンは、1993年に設立された、管理職を主な組織対象とした東京管理職ユニオンが最初である。東京管理職ユニオンに触発され、その後、管理職、女性、青年など、それぞれを対象にした特定労働者志向型の個人加盟ユニオンが全国で結成されている (66)。現在、全国で300程度の個人加盟ユニオンが存在し、また、3〜5万人の組合員がおり、そのうちの1〜2万人が非正規労働者であると、遠藤は推測している (67)。

　1990年代後半以降、労働者自主生産を支えてきたのは、こうした個人加盟ユニオンなのである。ちなみに、後で事例でとりあげる全統一労働組合は、経緯としては一般組合転化型であるが、かつて東京東部地域を拠点としていたこともあり、現在も地域組織援助型としての性格が強い。また、従来の個人加盟ユニオンとは異なるアプローチもとりいれながら、労働者の支援に奔走している。

第5節　労働者協同組合と日本版 ESOP

（1）労働者協同組合

　第1章で述べたように、労働者自主管理（労働者自主生産）は労働者協同組合においても行われている。なお日本でも、労働者自主生産を狭義にとらえるならば、経営危機や倒産に陥った事業体との争議等の最中あるいはそれを経て、職場・雇用を維持すべく、そこで働く労働者、つまりは労働組合が、その事業を引き継いでいるものに限られることになるが、労働者協同組合はこのことを必須の条件としていない。日本でも確かに、その流れを汲む労働者協同組合も一部にあるが、

基本的に労働者自主生産とは性格を異にしている。もっとも、イギリスと同様、日本には労働者協同組合法が存在しない。したがって、日本の労働者協同組合は、株式会社、有限会社、合同会社、NPO 法人、企業組合法人、任意団体など、さまざまな法的組織形態を取得することになる。なお、ワーカーズ・コレクティブ（労働者協同組合）の全国組織のひとつであるワーカーズ・コレクティブ・ネットワーク・ジャパン（WNJ）が把握している範囲では、2012 年時点で 500 以上のワーカーズ・コレクティブが存在している **(68)**。

　ワーカーズ・コレクティブ・ネットワーク・ジャパンは、生活クラブ生活協同組合が 1982 年に横浜で店舗型施設「デポー」である「にんじん」を設立したことにはじまる。1984 年には東京と千葉に、以降、首都圏、北海道、熊本、福岡などの各地に設立が相次いだ。そして 1989 年には、東京・千葉・埼玉・神奈川で連合組織が発足し、1995 年には、全国組織であるワーカーズ・コレクティブ・ネットワーク・ジャパンの設立に至っている。2009 年 3 月時点で、ワーカーズ・コレクティブ・ネットワーク・ジャパン傘下の連合組織は 8 団体、計 369 団体となっている **(69)**。

　ワーカーズ・コレクティブ・ネットワーク・ジャパンでは、ワーカーズ・コレクティブを以下のように定義している。

　　ワーカーズ・コレクティブは自立、自由、自己責任、民主主義、平等、公正という理念（価値）に基礎を置き、事業において、正直、公開、社会的責任を大切にする自発的に結びついた人々の団体であり、営利を目的とせず、地域貢献を第一目的に事業を行う働く人たちの協同組合である。**(70)**

　ワーカーズ・コレクティブ・ネットワーク・ジャパンとは別に、労働者協同組合の全国組織のひとつとして日本労働者協同組合（ワーカーズコープ）連合会がある。その起源は、建設一般全日本自由労働組合（全日自労）の事業団方式と呼ばれる失業者運動にある。全日自労は 1979 年に、各地に散在する事業団を糾合して、全国的な連絡調整機関である中高年雇用福祉事業団全国協議会を結成し、それが 86 年に、労働者協同組合へと組織形態の転換を決め、あわせて、全日自労の「指導援助」から自立した執行機関を有する組織への独立を決定した。そしてそれに

ともない、全国連合会へと名称を変更している (71)。

日本労働者協同組合連合会は大別すると、次の3の加盟組織から成り立っている。1つ目は、連合会が直接的に運営に関わっているセンター事業団である。2012年1月時点で、全国に15の事業本部、それに所属する279の事務所がある。2つ目は、単一事業体として各地域で独自の事業を展開する地域労協・事業団である。同時点で、38の事業所がある。3つ目は、高齢者の仕事おこしに取り組む高齢者生活協同組合である。同時点で、全国22都道府県で展開している。介護・福祉事業が主となっている。これらの他に連合会には、シネマワーカーズや農事組合等の各種組合（9組織）、社会福祉法人（3組織）が加盟している (72)。

日本労働者協同組合連合会は、以下のように、「協同労働の協同組合」という言葉を用いて、労働者協同組合とそのもとでの協同労働を説明している。

> 協同労働の協同組合とは、働く人々・市民が、みんなで出資し、民主的に経営し、責任を分かち合って、人と地域に役立つ仕事を起こす協同組合で、「協同労働」とは、働く人どうしが協同し、利用する人と協同し、地域に協同を広げる労働です。(73)

現在の日本労働者協同組合連合会は、前述のように、センター事業団、地域労協・事業団、高齢者生活協同組合等を有している。センター事業団は、全国に事業所をもつ単一の大規模組織である。柳沢によれば、事業所ごとの緩やかな独立採算という意味での自主管理はありえても、事業団の事業・運動を担う事務局員が中核的存在であるかぎりは、意図すると否とにかかわらず、「テクノクラシー」の傾向が強まる可能性を秘めており、本来目指していた労働者管理からは遠ざかる可能性も残されるという (74)。センター事業団のなかでは、自主管理という用語は意識的に避けられているようである。というのも、かつてある事業所において、自主管理の名のもとに事業所を自己完結する小宇宙とみなし、全体の事業・運動から切り離すことが追求され、組織的な混乱を招いた経験をもつからである。事業団運動では、こうした現象を「私物化」と呼び、否定されるべきもとされている (75)。その一方で、青年事務局員は中央と現場との矛盾・葛藤に悩んでいるといった指摘もある (76)。また、現場の労働者は、組合員を含め、賃金が高くは

なく、自己搾取となっている可能性もある。

（2）企業組合

　労働者協同組合を含め、広義の労働者自主生産事業体が採用している法的組織形態のひとつに、企業組合がある (77)。企業組合は、個人事業者や勤労者などが4人以上集まり、それぞれの資本と労働を組合に集約し、あたかもひとつの企業体となって事業活動を行う組合である。その歴史は古く、1949年に中小企業等協同組合法により制度化され、今日に至っている。全国中小企業団体中央会の調査によれば、2015年3月末時点で1,847の企業組合が存在している。

　企業組合では、組合員は出資額に関係なく、一人一票の議決権・選挙権が付与されるので、組織の民主的な運営が可能となる。事業範囲に制限はない。NPO法人等とは異なり、営利を追求し、利益を出資者である組合員に分配することができる。これらは、労働者自主生産と適合的であるといえるだろう。また、法律に基づく登記に対する登録免許税や組合と組合員の間で発行される受取書に対する印紙税が非課税になるなど、会社には適用されない税制上の優遇措置もある。中小企業団体中央会に入会すれば、そこからの支援を受けることもできる。

　全国中小企業団体中央会が2014年に実施した「企業組合実態調査」によれば(78)、組合員数は、10人以下の組合が全体の59.4％を占めている一方、51人以上の組合も9.8％ある。組合員の平均年齢は、58.6歳と高い。出資金総額は、500万円未満の組合が71.7％を占めており、組合員数同様に小規模なものが多い。出資1口金額も「1万円〜5万円未満」が50.2％を占めている。設立年は、「平成10年〜19年」（設立後7〜16年）が38.2％と最も多い。次いで多いのが、直近の「平成20年〜26年」（設立後0〜6年）の18.5％である。労働者自主生産企業がほとんど誕生していない近年にあって、法的組織形態を異にするとはいえ、同じく労働者自主生産を行いうる企業組合が一定程度設立、維持されているというのは、注目に値しよう。ちなみに、制度創設後まもなく設立され、60年以上経過している組合も13.9％ある。

　企業組合の事業を開始した動機（複数回答：上位3つ以内）は、「地域や社会に役立つ仕事をしたかった」が51.0％と最も多く、次いで、「その他」が23.5％、「会社に雇われるのでなく仕事がしたかった」が21.7％となっている。企業組合を選

択した理由（複数回答：上位3つ以内）は、「少額資本で創業できる」が23.4％と最も多く、次いで、「議決権・選挙権が一人一票（組合員平等）」が21.9％、「利益の追求より相互扶助の理念が合っている」が20.4％となっている。事業運営にかかわる意思決定の方法は、「組合員全員で話し合って決めている」が39.5％であるのに対し、「主に理事会など執行部で決めている」が52.5％となっている。また、給与の算定方法は、「一律平等にしている」が42.8％であるのに対し、「差を設けている」が48.0％となっている。

　木村元子によれば、企業組合は地域の社会的近接性および制度的近接性を基盤とした人的ネットワークから設立されることが多く、その場合は経営資源がきわめて属人的になることが特徴であるという[79]。また、矢田部宏志によれば、近年、企業組合は任意グループから移行するケースが増加しているという[80]。

（3）日本版ESOP

　第1章で述べたように、アメリカのESOPは、従業員が会社の所有者となる手段としても利用されている。これに対し日本のESOPは、従業員の退職金・年金インセンティブの方策として提案される金融商品に過ぎないというのが現状である[81]。

　かつて、日本においてもアメリカのように、ESOPを従業員所有事業として利用しようという動きもあった。経済同友会が2001年に発表した「社会保障制度改革の提言」のなかに「米国ESOPの日本導入」という項目を設け、「株式相互持合解消の動きへの対処、及び日本企業の活性化戦略として」、アメリカのESOPに相当する制度の日本導入を提言している。またこの提言のなかで、「21世紀の日本経済の活性化戦略において、『経済が健全な発展をするためには、一般国民が労働と資本の両方から所得と富を得るようにする』とのコンセプトは重要である」と主張している。

　ESOPは従業員所有事業としての側面と退職金・年金制度としての側面を併せ持っている。しかしこの時期、経済界は新しい年金制度の議論で持ちきりだったこともあり、結局は、退職金・年金制度としての側面に収斂していったのである[82]。

小括

　以上、日本における、市民社会の変容、ヘゲモニーの変遷、そしてそのなかでの労働者自主生産の展開について考察してきた。以下では、考察した主な内容についてまとめておきたい。

　欧米中枢世界に対応するような政治プロセスが、日本においてもやや遅れて進行した。その過程で労働者は、労働組合を結成し、労働運動を展開するなどして抵抗したが、結局 1920 年代中葉、自己を、非人格的労働力とその人格的所有者へと分裂させることによって対処した。ここに、人格的所有者が（幻想としての）非人格的労働力を媒介にして結びつく、現代の単一の市民社会が成立した。その基底をなす資本のヘゲモニーが、日本にあってはまず〈工場委員会体制〉として現れた。

　〈工場委員会体制〉はその後、〈産報体制〉へと退行していったが、それも終戦とともに破砕した。しかし資本のヘゲモニーの再建は、かつての〈工場委員会体制〉、〈産報体制〉を対抗的ヘゲモニーとしてポジティブに生かし、取り込むことからはじまった。それが〈生産管理〉であり、次いで現れた〈生産復興〉である。

　やがて戦後危機が収束し、1955 年には五五年体制が確立したが、この頃を境に、〈生産復興〉に代わって、〈従業員民主主義体制〉という資本のヘゲモニーが台頭することとなった。〈従業員民主主義体制〉は戦前のヘゲモニーと驚くべき同型性を維持していた。そこでは、「会社」が戦前の国家に代わって、人格承認の主体となった。ただし、曲がりなりにも、団体交渉を行うことができるようになり、それまで排除され、対抗的ヘゲモニーとなっていた労働組合が、人格的関係による実質的代償を許すものであるにせよ、労働者労働力化装置として組み込まれるに至っている。

　〈従業員民主主義体制〉は、1975 年のスト権ストの敗北を契機に、1970 年代中葉以降、腐朽化し、そして 2003 年の職業安定法および労働者派遣法の改正により、ついに崩壊したと考えられる。現在、労働者の４割近くが非正規雇用であり、その多くが低賃金労働者である。またバブル景気崩壊後、日本企業においても大量にリストラを実施している。そのなかにあって、ほとんどの労働者は抵抗するのではなく、リストラされまいと、企業に従属しつづけている。労働組合、

特に企業内労働組合の多くも、企業に加担し、リストラを受け入れてしまっている。それどころか、それに抗しようとする動きを阻止することさえある。

　一方、対抗的ヘゲモニーたる労働者自主生産は、終戦直後の一時期に多発した生産管理闘争において行われていたが、それは労働者が何らかの要求を実現させるための手段にすぎず、ほとんどが短期間で終わっていた。そして、多発した生産管理闘争が鎮静化するとともに、労働者自主生産も姿を消していった。

　ところが、高度経済成長が終わると、倒産反対争議にとどまらず、自主生産闘争にまで発展する傾向が見られるようになった。この時期、自主生産闘争を可能にしていた条件は、企業内において倒産危機以前から経営権を規制し得るほど強い労働組合が存在しており、また企業外において平素から周辺地域に強い大衆的支援が存在していたことである。もっとも日本においては、労働者自主生産は、争議中のものも含め、極度に低い労働条件のもとでも、きわめて長期にわたって行われているのが特徴的である。しかし、倒産反対争議は1980年代半ばになると、ほとんど発生しなくなった。

　ところがまた、バブル景気がはじけ、1990年代後半以降になると、部分的にではあるが、倒産反対争議が発生しはじめた。それを可能にしているのは、駆け込んでくる現場労働者を受け入れ、倒産反対争議を有効に展開し得る、個人自由加盟の一般労働組合、地域ユニオンである。ただしここでも、労働者自主生産企業として再建された企業では、労働者が自らの労働条件を切り下げてまで、事業の存続と雇用の継続を図っているケースが散見される。

　日本でも労働者自主生産は労働者協同組合においても行われている。もっとも、日本には労働者協同組合法が存在しない。したがって、日本の労働者協同組合は、株式会社、有限会社、合同会社、NPO法人、企業組合法人、任意団体など、さまざまな法的組織形態を取得することになる。なお、日本のESOPは、従業員が会社の所有者となる手段としても利用されているアメリカのESOPと異なり、従業員の退職金・年金インセンティブの方策として提案される金融商品に過ぎないというのが現状である。

注

　（1）東條・志村［2016b］174ページ。

（2）同上、174 ページ。

（3）同上、178 ページ。1919 年には、政府と財界によって、労使協調を主旨とする、協調会という財団法人も設立された。協調会は、労働事情の調査・研究、労働者教育、労働争議の仲裁・調停などを主な事業とし、一定の役割を果たしていた。

（4）兵藤［1997］、上、13 ページ。

（5）同上、14 ページ。

（6）東條・志村［2016b］178 〜 179 ページ。

（7）東條・志村［2015］41 ページ。

（8）同上、41 〜 42 ページ。同職集団型労働力には、熟練型同職集団として、大工職、鋳物職、造船職等、不熟練型同職集団として、金属鉱山鉱夫、鉄道工夫等がある。生計補充型労働力には、躾奉公型として近郊織物本家奉公、質物奉公型として製糸工場中年者、子飼奉公型として商家、伝統工芸での労働、身売（奉公）型として紡績工場、遠隔機業地での労働、売笑婦等がある。窮民型労働力には、乞食・屑拾、左官の土練り、土方の手伝い、マッチの箱づめ、傘はり、マッチ工場、紡績工場での労働等がある。

（9）東條・志村［2015］42 ページ。プロテスタンティズムがほとんど普及していなかった日本において、なぜ近代資本主義が誕生、発展したのだろうか。もちろん、それにはさまざまな要因があるだろうが、R・N・ベラーによれば、徳川時代の宗教は、民衆に神聖者への義務を遂行させ、また、邪悪な衝動と欲望をもつ自我を浄化させるよう、勤勉と節約を強調し、宗教的な意味づけを与えていたという。「そのような倫理が、深く経済合理化にかなっていたことは、かのヴェーバーのプロテスタンティズム研究の主要点であり、この倫理が日本においても同様であるといわればならない」（Bellah［1985］、訳、369 ページ）。これに対し安丸良夫は、ウェーバー的な禁欲説の立場をとる一方で、ベラーの理論については、「超時代的かつ超階級的な性格のもので、日本近代社会成立期という特有の歴史的時代における広汎な民衆の思想形成の内面的描写としてあまり説得的でないと思う」としている（安丸［1999］94 ページ）。安丸によれば、日本の伝統的な通俗道徳であった、勤勉、倹約、和合などは、近世中後期以降、民衆的諸思想に取り入れられ、広汎な人々の自己形成、自己鍛錬の努力を内面的に方向づけるようになったという。しかし、民衆的諸思想に共通する精神主義は、「強烈な自己鍛錬にむけて人々を動機づけたが、そのためにかえってすべての困難が、自己変革—自己鍛錬によって解決しうるかのような幻想をうみだし」、それによって、「客観的世界（自然や社会）が主要な探求対象とならなくなり、国家や支配階級の術策を見ぬくことがきわめて困難となった」としている（安丸［1999］80 ページ）。

（10）東條・志村［2015］49 ページ。

（11）同上、49 ページ。

（12）同上、50 ページ。

（13） 同上、50 ページ。

（14） 同上、50 ページ。

（15） 同上、51 ページ。

（16） 東條［1992b］335 ページ。

（17） 東條・志村［2015］51 ページ。

（18） Freud［1917］。

（19） 東條・志村［2015］52 ページ。

（20） 東條［1992a］108 ページ。

（21） なお、満州事変前後においては、労働者総数が約467万人、そのうち組織労働者が約37万人であったが、これが818の組合に組織され、さらに約20の連合体に結集していた。

（22） 東條・志村［2016b］188 ページ。

（23） 東條・志村［2015］54 ページ。

（24） 東條・志村［2016a］14 ページ。

（25） 東條［1992b］336 ～ 337 ページ。

（26）この時期の代表的な生産管理闘争としては、読売争議、東芝争議等があげられる。なお、東宝争議は、撮影所占拠中、生産活動が行われていなかったことから、厳密には生産管理闘争と言えない。

（27） 東條・志村［2016a］15 ページ。

（28） 兵藤［1997］、上、45 ページ。

（29） 東條・志村［2016b］197 ページ。

（30） 同上、197 ページ。序章で本書の独自の定義を示したように、公共空間とは、簡単に言えば、広い意味での政治的領域であり、そこでは、言葉による自由な（集団的）討議が行われている。詳しくは序章および第8章で述べている。

（31） 東條・志村［2016b］199 ページ。

（32） 同上、199 ページ。労働組合法は、労働者に労働組合に加入する自由、そして、団体交渉による労働条件の決定を権利として認めた、日本ではじめての立法であった。不当労働行為制度を置いている点で、ニューディールのもとで制定されたワグナー法と通じるものがあるが、労働協約を法的規範として認めていることからもうかがわれるように、むしろヨーロッパ大陸型の立法に強く影響されていた。この点では、この労働組合法は大正デモクラシー時の労働組合法案と通底しており、戦前の法思想を引きついでいた（同上、195 ページ）。

（33） 東條・志村［2015］55 ページ。

（34） 同上、55 ～ 56 ページ。

（35） 東條・志村［2016b］201 ～ 202 ページ。

(36) 東條［1992b］337 〜 338 ページ。

(37) 東條［1992a］110 ページ。

(38) 東條・志村［2015］57 ページ。

(39) 井上［1991］295 ページ。

(40) 同上、57 ページ。山田雄一は、日本の会社のあり様について、「私たちにとって会社とは、全人格を投入している職場という名の生活共同体である」と述べている（山田［1985］29 ページ）。

(41) 日本生産性本部［1957］。

(42) 東條・志村［2016b］219 ページ。

(43) 兵藤［1997］、下、288 ページ。

(44) 東條・志村［2015］58 ページ。

(45) 同上、58 〜 59 ページ、74 ページ。非正規雇用といっても、形態、動機、資質等は多様である。杵渕友子は、非正規雇用としてひとくくりにし、しかも、「問題アリ」と一律に評価している風潮を批判している（杵渕［2016］）。

(46) 東條・志村［2015］74 ページ。労働政策研究・研修機構が 2015 年に実施した「第 7 回勤労生活に関する調査」によれば、「終身雇用」を支持する者の割合は、調査を開始した 1999 年以降、過去最高の 87.9％、「組織との一体感」、「年功賃金」を支持する割合も、それぞれ、88.9％、76.3％ と過去最高の高水準となり、いわゆる日本型雇用慣行をあらわす項目に対する支持割合が上昇している。特に 20 〜 30 歳代で、「終身雇用」、「年功賃金」の支持割合が 2007 年から急激に伸びており、年齢階層による違いがあまりみられなくなっている。労働者の多くはルンペン化する一方で、かつての〈従業員民主主義体制〉への回帰を望んでいる、あるいはその美化された幻想を追い求めているとも言えよう。

(47) 山口［1978］90 〜 91 ページ。

(48) 同上、102 ページ。

(49) 東條・志村［2015］75 〜 76 ページ。

(50) 戸塚・井上［1981］522 ページ。

(51) 井上［1981］27 〜 30 ページ。戸塚・井上［1981］523 〜 526 ページ、620 ページ、643 ページ。

(52) 戸塚・井上［1981］521 〜 522 ページ。小関［1998a］8 〜 9 ページ。

(53) 石川［2005］70 ページ。

(54) 同上、73 〜 76 ページ。

(55) 井上［1991］290 〜 295 ページ。

(56) 石川［2005］77 ページ。

(57) 同上、78 〜 79 ページ。

(58) 同上、81 ページ。

(59) 同上、87 ページ、93 ～ 94 ページ。

(60) 遠藤［2012］3 ページ。

(61) 同上、4 ページ。

(62) 同上、4 ページ。

(63) 呉［2010］49 ページ。

(64) 遠藤［2012］4 ～ 5 ページ。

(65) 同上、5 ページ。

(66) 同上、6 ページ。

(67) 同上、7 ページ。

(68) ワーカーズ・コレクティブ・ネットワーク・ジャパン・サイト

　　URL: http://www.wnj.gr.jp/（accessed November 1, 2016）

(69) 藤井［2013］178 ページ。

(70) 藤木［2009］19 ページ。

(71) 柳沢［1992］293 ページ。

(72) 大高［2013］231 ページ。

(73) 富沢［2009］4 ページ。スペインでは、労働者協同組合は法制上、「協同労働の協同組合（Cooperativa de Trabajo Asociado）」と称されている。富沢によれば、日本労働者協同組合連合会は、この「協同労働」というスペインの言葉を重視する一方、労働者と利用者と地域住民が協力しあうイタリアの社会的協同組合から大きな示唆を受けているという。

(74) 柳沢［1992］317 ページ。

(75) 同上、330 ～ 331 ページ。

(76) 朝井［1999］。西村［1999］。

(77) 本書では基本的に、労働者自主生産企業という場合は、法的組織形態として企業（会社）のみを指す。一方、労働者自主生産事業体という場合は、労働者自主生産企業だけでなく、労働者協同組合、企業組合、さらには、労働者自主生産を行っている NPO、任意団体等を含む。

(78) 全国中小企業団体中央会経営支援部編［2015］。

(79) 木村［2015］42 ページ。

(80) 矢田部［2015］4 ページ。

(81) 細川［2015］168 ページ。

(82) 同上、167 ページ。

第2部

労働者自主生産の事例考察

第3章
労働者自主生産事例1
——ビッグビート

はじめに

　第2部は、第1部を踏まえて、最新の事例として、2007年以降に労働者自主生産を開始し、今日に至っている3社、およびこれら3社を支援してきた個人加盟の労働組合を取り上げ、具体的に考察している。これら3社を取り上げる理由はまず、いずれも労働者自主生産の最新の事例であることによる。第二は、いずれの企業も今日においてもなお、労働者自主生産を行っているからである。第三は、それぞれ、規模、出資形態、業種、自主生産開始の経緯等を異にしているため、最新の労働者自主生産として総括し、その特徴を検出することができると考えるからである。

　本章は株式会社ビッグビートを具体的に考察している。同社は、オートバイの販売・整備・修理、および、オートバイ用品・部品・付属品の製造・輸出入・販売を主な業務内容とし、東京都台東区上野に2店舗を構えている。倒産争議を経て、自主再建を成し遂げ、その後、労働者自主生産を継続し、今日に至っている (1)。事例の3社のなかでは、規模は最も小さく、出資形態は実質的には共同出資、業種は二輪自動車小売業である。旧会社の存続時から職場占拠を含む争議を展開している。そして、旧会社の倒産を経て、新会社を設立すると同時に、労働者自主生産を開始し、今日に至っている。これらの特性がそれぞれ労働者自主生産の組織運営にどのように作用しているかを考察することが、本章の目的である。

　組織運営の考察を中心としていることから、それとの関連で、同社における組織体制、賃金体系、労働条件、意思決定、マネジメント、リーダーシップ、労働者自主生産へのこだわり等を分析対象としている。またそこから、第1部の考察を基にして、対抗的ヘゲモニーとしての特質を検出している。

第1節　労働者自主生産開始前

（1）労働組合の結成

　ビッグビートの前身である光輪モータースは、1961年に有限会社として創立され、1965年に株式会社へと組織変更された。その後、革新的な取り組みにより順調に業績を伸ばし、1980年代に入ってからは、バイク人気も追い風となり、上野を中心に多くの店舗を構えるまでに急成長を遂げた。創業者で当時の社長の若林久治氏は、「バイク業界の風雲児」と、マスメディア等から持て囃されていた。

　最盛期には、170人から180人ほどの社員を擁し、また毎年、40人ほどの新卒を採用していた。新卒採用者は地方出身が多く、入社から4年間は会社の寮に入ることができた。寮は5棟あり、計60人ほどの若手社員が生活していた。2人1室であったが、各室は二間あり、冷暖房も完備されていた。一度に20人ほどが入れる、銭湯のような大浴場もあった。寮生活で親しくなった仲間で、休日、一緒にツーリングに行ったり、またその途中で、先輩社員からバイクの整備等を教わったりもしていた。なかには、厳しい先輩、癖のある先輩、気の合わない先輩などもいたが、仕事でも仕事外でも、概して先輩たちは面倒見がよかったという [2]。

　その一方で、労働環境は多くの問題を抱えていた。店舗の営業時間は11時から19時までであったが、遅くとも9時前後には出社し、夜遅くまで、時には徹夜で勤務するなど、長時間残業が常態化していた。会社から出社時にはタイムカードを押し、退社時には押さないよう言われていた。休日も週に1日しかなく、その休日も突然出勤日になることも少なくなかった。また、有給休暇もなく、年間300日以上の勤務を強いられていた。それでいて、時間外勤務手当も休日出勤手当も支払われていなかった。

　社長自身もよく働いていた。会社の規模が拡大してからも、土曜、日曜には、店舗や倉庫に姿を現していた。しかしそこで、社員を怒鳴ったり、罵倒したりすることも少なくなかった。客の面前においてもである。ワンマンな人物であり、決まっていたことも、一言で簡単にひっくり返していた [3]。

　こうしたこともあり、離職率は非常に高かった。新卒で入社した社員は1年も経つと、半分以下に減る状態が、毎年つづいていた。そうしたなか、会社に留ま

りつつ、労働組合を結成して、抵抗しようとする社員が出てきた。しかし、他の社員に大々的に呼びかけたため、その動きはすぐに会社に察知され、潰されてしまった。

それ以降も、労働環境が改善されなかったことから、今度は、個人加盟の労働組合である、全統一労働組合に加入し、抵抗しようとする社員が出てきた。他の社員に水面下で呼びかけたことで広がっていき、1996年6月の、全統一労働組合光輪モータース分会結成時には、全社員のおよそ3分の2の80人ほどが組合員となっていた。ビッグビートで現在、社長を務めている石上隆弘氏も、この時、勧誘され、組合に加入している。

労働組合が結成された時の若林氏の様子について、息子の久貴氏は次のように語っている。

　父は相当ショックだったはずです。彼らを実の子のように思っていましたから。実は組合運動が始まったとき、会社を畳む覚悟をしていたんです。多くの人に説得され、思い留まったようですが。**(4)**

労働組合は早速、本部で書記長を務めていた鳥井一平氏の支援のもと、労働環境の改善、および、過去2年まで遡った時間外勤務手当、休日出勤手当等の未払賃金の支払い要求を会社に突きつけた。会社と団体交渉を重ねた結果、有給休暇の取得については解決に至った。しかし、それ以外については会社が応じなかったため、裁判に持ち込んでいる。

その一方で会社は、労働組合が結成されるとすぐに、組合員を切り崩しにかかった。そして最終的には、組合員は全社員のおよそ5分の1の、17、8人ほどまでにその数を減らしていった。会社は組合員に対し、不当な降格、人事異動、賃金カットなどを行った。なかには、月額で10万円ほど賃金が減少した組合員もいた。

それまで、店舗でフロアー長を務めていた石上氏も、管理職を解かれ、倉庫へと異動させられた。それにより、管理職手当がなくなり、実質的に賃金が減少している。倉庫へは石上氏だけでなく、ほとんどすべての組合員が異動させられた。非組合員から隔絶された環境で、整理などの仕事を宛てがわれた。非組合員と接する機会もあったが、その際も、嫌がらせを受けた。こうした冷遇を受けながら

も闘いつづけていた当時の心境について、石上氏は「一度やったことですし、自分で誘った人への責任もありますから」と語っている **(5)**。

そうしたなか、1999年8月には、会社が組合員の解雇を強行したため、争議が激化した。また2000年11月には、石上氏が自宅前で、暴力団関係者と思わしき4人組の男に鉄パイプで襲撃され、重傷を負うという事件が発生した。石上氏は当時、労働組合の分会書記長として先頭に立って、拡声器で声を張り上げたりと、精力的に抗議行動を続けていた。その1週間ほど前にも、他の組合員とともに、長野にある若林氏の別荘に行き、抗議行動を展開していた。事件は警察沙汰になったが、結局、未解決のままである。石上氏は事件後、救急病院に搬送され、緊急手術を受けたが、すぐには回復せず、1ヶ月に及ぶ入院、4ヶ月に及ぶ歩行訓練のリハビリを経て、なんとか5ヶ月後に職場復帰を果たしている。「逃げ出すわけにはいかない」との強い思いがあったという **(6)**。

（2）倒産過程

光輪モータースは、バブル景気崩壊後もしばらくの間は、若いバイク愛好者からの根強い人気に支えられて、本業では健闘していた。しかし、バブル期にメインバンクの富士銀行（現・みずほ銀行）から巨額の融資を受け、買い漁っていた上野7丁目界隈の土地の価格が、バブル景気崩壊とともに暴落すると、およそ200億円もの負債が圧し掛かることとなった。銀行は物件を掘り出してきては、若林氏に融資するから買ってくれとせがんでいたが、バブル景気が崩壊すると、手の平を返し、猛烈な資金の取り立てを行うようになった。ビッグビート社員の大原博文氏は、光輪モータースで働いていた当時を、こう振り返っている。

若林は、「借りる必要のない金だけど、銀行が借りろってしつこいから……」なんてボヤきながら融資を受けていたんです。それがバブル後はいきなり「金かえせ！」ですから。そのしわ寄せが、全部僕ら社員のところに来たんです。**(7)**

巨額の負債に加えて、バイク人気の陰り、また前述のように、有能な組合員を売り場から外したことも響き、会社の業績は下降していった。依然として離職率が高かったため、解雇をせずとも、採用を抑えることで、社員の削減ができていた。

しかしそれだけでは足りず、社員の賃金カットが行われるようになっていった。

　もっとも、組合員の賃金については、労働組合の顧問弁護士が目を光らせ、もはや合法的にそれ以上手をつけることがほとんどできない状態にあったため、ある程度までしかカットされていない。むしろ、賃金カットの標的にされたのは非組合員である。非組合員といっても、その多くはかつて労働組合に加入していたため、会社はそれを盾に文句は言わせないと、賃金カットを強行したのである。組合員は、倉庫に追いやられ、しかも、仕事がまだ残っていても、残業代が発生するからとのことで、定時に退社させられていた。そのしわ寄せも非組合員にいっている。非組合員にあっては、労働環境も改善するどころか、ますます悪化し、加えて賃金もカットされていったため、会社を去る者も少なくなかった。

　労働組合が提訴していた裁判では、2003年3月末に、一部については会社が組合の訴えをほぼ受け入れる形で、和解が成立した。また裁判とは別に、中央労働委員会からも、組合員に対する異動、賃金カット、降格について、会社に不当労働行為があったと認定され、現職復帰、賃金支払い命令を勝ち取っている。しかし、会社は一向に、組合員に対して未払い賃金を支払おうとしなかった。

　その一方で会社は、銀行への借入金返済のため、富士銀行主導のもとで、一部店舗の土地・建物の売却を進めていた。それを知った労働組合は、その売却益で未払い賃金を支払うことを求めて、2000年1月に当時の富士銀行本店へ初申し入れを行い、それ以降も抗議行動を展開した。そして2007年7月末には、すでに売却先が決まっていた2店舗を占拠するという行動に打って出た。これら2店舗は営業しておらず、組合員は占拠している間も、倉庫など他の場所で会社の仕事を継続していた。占拠は24時間、組合員が2人体制で交代しながら行っていたが、それだけでは足りず、組合本部からも支援者が駆けつけた。当時、労働組合が保護していた外国人研修生なども、寝泊りの場として身を寄せていた。

　またその後、労働組合側は会社の競売物件をいくつか落札した。直接落札したのは、鳥井氏と古くから市民運動等を通じて親交があった、有限会社一水社不動産部で代表取締役を務める原田隆二氏である。原田氏はその物件を転売し、それにより得た利益を労働組合に寄付している。これとは別に、競売物件として出されていた、占拠していた1店舗を、他社の全統一労働組合の組合員が個人的に落札し、労働組合が借り受けることとなった。なお、会社倒産後は、光輪モーター

ス再建委員会がそこを労働組合から借り受け、使用していた。また、新会社のビッグビートは、今もそこを労働組合と賃貸契約をして、1号店として使用している。

2007年7月には、社長の若林氏が引退を宣言するなど、会社は混乱状態に陥っていった。労働組合はその後も店舗の占拠をつづけており、争議は膠着状態にあった。それまで窓口となっていた役員が退職したことなどもあり、団体交渉も開催できなくなっていた。会社は業績が悪化し、倒産の危機に陥っていった。仕入先とは現金決済でしか取引できなくなった。そしてついに、店舗の占拠をはじめてからおよそ9ヶ月が経過した2008年4月に、倒産するに至った。倒産については、組合員はおろか、非組合員も、会社から事前に知らされなかった。社員が定休日の翌朝、出社すると、店舗がロックアウトされており、しばらくすると弁護士が現れ、破産申請したと伝えている。鳥井氏は、倒産の主な要因は、そこに至る放漫経営と、組合対策に無駄なエネルギーを使った結果であるとしている (8)。

第2節　再建過程

（1）在庫処分セール

会社は倒産にともない、全社員を解雇した。そのなかで、倒産時、40人ほどいた非組合員は、ほとんど無抵抗のまま立ち去った。一方、15人ほどいた組合員は、組合本部の支援を得て、2店舗を占拠しながら、闘争をつづけた。

倒産直後、労働組合はまず、光輪モータース再建委員会を設置し、旧会社の財産を保全すべく、破産管財人とともに残務整理を行った。また、裁判で確定している未払い賃金、4月分の未払い賃金など、労働債権を確保すべく、破産管財人との交渉を進めた。なお、旧会社所有の土地・建物については、すべて倒産前に、みずほ銀行が差し押さえ、共同債権買取機構を通じて、競売を済ませていた。したがってここでは、みずほ銀行が関与することはなかった (9)。

店舗、倉庫に残っていた在庫品については、組合員がその価値、売り方ともに熟知しているとのことで、再建委員会が破産管財人から処分を託され、占拠していた店舗で在庫処分セールを始めることとなった。通常よりも安く販売し、また、マスメディアに取り上げられたことなどもあり、かなりの盛況であった。在庫品は相当な量があったので、セールはおよそ半年にわたったが、その間、組合員は

雇用保険の失業給付（失業手当）で生計を立てていた。しかし結局、労働債権については一部しか受け取ることができずに終わっている。

（2）新会社の設立

　旧会社との間で未解決の問題も残っていたが、組合員は自分たちの力で雇用を確保し、事業を継続していこうと、2008年10月に、組合本部からの支援なども得て、新会社、株式会社ビッグビートを設立した。5名の組合員が設立に参加し、占拠していた店舗で労働者自主生産を行っていくこととなった。石上氏が代表取締役に就いたが、運営にあたっては平等主義をとっている。当時を振り返って、石上氏は次のように述べている。

　　セールが終わりかけていた頃、皆で、今後どうしていこうかという話しになりました。まだ占拠していた店舗のこともありましたので、他で何かの仕事に就きながらやっていくというのも不可能でしたし。そこで、これまでの事業、それから闘争も引き継いで、この地で自主生産をしていこうということになりました。[10]

　占拠していたうちの1店舗については、先に述べたように、倒産前にすでに、組合員が落札し、労働組合が借り受けていた。そして会社倒産後は、再建委員会がそこを労働組合から借り受け、使用していた。こうした経緯もあり、新会社設立にあたってビッグビートは、そこを労働組合から借り受け、1号店として使用することとなった。もう1店舗については、旧会社との問題が決着するとともに占拠を解いている。ちなみに、ビッグビート2号店のスマイルガレージは、もともと旧会社がテナントとして入っていたビルである。倒産後はずっと空き店舗となっていたが、和解成立後、占拠していた店舗の引き渡しにともなう新たな展開のなかで、石上氏が旧知の間柄であったビルの大家と話し合い、賃貸契約を結ぶに至っている。

　ビッグビートは当初、光輪モータースを潰した組合員が設立した会社だと、非難されることも少なくなかった。現金決済を要求してきたり、取引自体を断ってくる仕入先もあった。ただ、当時すでに、業界の形が変わりつつあり、仕入先の

間口も広がってきていたので、商品の確保はできていた。

　そうしたなか、倒産してから表舞台に現れなかった若林氏が、自動車衝突事故で入院し、それからおよそ半年後の2009年6月に亡くなった。それを機に、旧会社との間で残っていた問題も解決へと向かっていった (11)。

第3節　現在の組織運営

（1）経営状況と組織体制

　ビッグビートはその後、必ずしも順調とはいえないが、心に響く商品やサービスの提供を通じて、バイクで繋がった仲間の情報発信地となり、バイクタウン上野で欠かせない存在となることを目標に、皆で力を合わせ、今日に至っている。

　2015年度は売上高65,462,695円、経常損失は471,472円である。売上高は過去5年間で最高となったが、利益は確保できなかった。資本金は5,000,000円である。株式は石上氏がすべて所有している。また、旧会社倒産後、在庫処分セール等を通じて得た資金は一旦、破産財団となったが、そのうち労働債権として組合員が確保できた分については、光輪モータース再建委員会が預かっている。そして、そのうちビッグビートの設立に参加しない組合員の分については、それぞれに分配し、設立に参加する組合員の分については、石上氏に貸し付け、石上氏がその資金を会社に貸し付けるという形をとっている。その資金は本来、石上氏を含めた各社員のものであることから、実質的には、ビッグビートの各社員が会社に対し資金を貸しているということになる。なお、勘定科目としては、資本金ではなく、短期借入金となっている。短期借入金のなかには他に、実際に短期的に各社員がそれぞれ資金を石上氏に貸し付け、石上氏がその資金を会社に貸し付けているものもある。以上のことから、ビッグビートでは実質的に、ある程度、全社員で共同出資を行っているということもできるだろう。

　現在の社員は、代表取締役(社長)を含め、5名である。皆、設立時からのメンバーである。女性はいない。代表取締役を含め、全員、全統一労働組合の組合員である。社員の年齢構成は、50代が3名、40代が2名となっている。

　組織構造は、石上氏が設立時からずっと代表取締役を務めている。他に取締役はいない。代表取締役がいるといっても、それを頂点にピラミッド型の組織構造

になっているわけではない。組織運営にあたっては、設立時からずっと平等主義をとっている。監査役は非常勤で1名いる。自主生産ネットワークのメンバー（加盟企業）である、株式会社アール・シーの代表取締役の瀧口政彦氏である (12)。他に以前、非常勤の経理担当者が1名いたが、現在はいない。もともと財務を管理していたこともあり、経理の仕事は暫定的に石上氏が担当している。

　店舗は上野7丁目に本店（1号店）と2号店のスマイルガレージを有している。店舗ではフロアーごとに取り扱う商品を差別化している。店舗の他に、設立時からインターネット上でウェブショップ（オンラインショップ）を開設している。売上構成では、店舗とウェブショップがおよそ6対4の割合となっている。

　倉庫は、本店、スマイルガレージの一部を当てている他に、自主生産ネットワークのメンバーである、城北食品株式会社の本店を有料で間借りしている。逆に城北食品は、ビッグビートのスマイルガレージのワンフロアーを台東支店として有料で借り受けている。

　部門制は採用していないが、店舗のフロアーおよびウェブショップのページごとに担当責任者を決めている。各責任者は、それぞれのフロアーおよびページで取り扱う商品の仕入から販売まで行っている。フロアーのレイアウト、ページの作成も含めてである。仕入・販売だけでなく、オートバイの整備・修理等においても、各社員がそれぞれ得意な分野を担当できるように、なるべく仕事を分担し合っている。もっとも、担当、分担といっても、人数も少なく、また、交代で休みを取るので、コミュニケーションを図りながら、補い合って仕事をしている。

（2）賃金体系と労働条件

　賃金は、基本給については原則として全社員同額の月額25万円である。設立当初より若干減っている。昇給はない。手当についてはまず、家族手当と達成手当がある。達成手当は、毎月、各社員がそれぞれ目標としている売上を上回った時に、その個人に支給される。達成手当を設けていることについて、石上氏は次のように語っている。

　　上がったら、上がった時くらいは、やっぱり配分しないとね。上がっても下がっても一緒なんだったら、別に上げなくていいや、みたいになっちゃうんで。

それで、達成手当が少し出るようにしています。**(13)**

　社長手当といったような役職手当はない。査定制度もない。ここでも、平等主義が貫かれている。賞与もない。できれば支給したいが、それだけの余裕がないと、石上氏は言う **(14)**。退職金制度もまだ退職者が出ていないこともあり、現時点では設けていない。社会保険加入、交通費実費支給はある。

　店舗の営業時間が 11 時〜 19 時であるため、出社は 11 時前、退社は 19 時以降となっている。その間に交代で休憩がある。基本的にその日の仕事は翌日に持ち越さないようにしているが、残業が夜遅くにまで及ぶことはほとんどない。残業をすると、その分、電気代等もかかるため、経費削減という点からも、極力しないようにしている。残業をする場合でも、他の社員の指図でではなく、あくまでも自主的にしているということもあり、時間外勤務手当は申請していないようである。ただし現在、暫定的に石上氏が経理の仕事を行い、負担が増えているので、その分の手当は設けている。

　有給休暇はあるが、あまり消化できていない。店舗の営業を年中無休で行っているため、人数的に難しいという。休日は社員間で調整しながら、交代でとっている。社員のなかには、時々、休日を利用し、趣味と実益を兼ねて、自主的にオートバイ愛好者のコミュニティに参加する者もいる。そこでのネットワークが販売につながることもあるという。

（3）意思決定

　意思決定は基本的に全社員の合議でなされている。毎日、開店前と閉店後にミーティングを行っている。開店前はその日の予定を、閉店後は翌日の予定を中心に確認し合っているが、必要に応じて、他の事項についても話し合っている。意思決定のあり方について、石上氏は以下のように述べている。

　こういう平場で、皆で相談して、皆で意見を出し合って決めています。最終決定するのは自分ですが。自分の会社ではなく、皆の会社ですし、皆が運営していますから。組合ともかかわりがありますので、何かの時は、鳥井さんに相談しています。**(15)**

合議を基本とする一方で、自主性を重んじてもいる。前述のように、ビッグビートには、店舗のフロアーおよびウェブショップのページごとに担当責任者がいる。各責任者は、基本的に自らの判断で、それぞれのフロアーおよびページで取り扱う商品の仕入から販売まで行っている。このことについて、石上氏は以下のように語っている。

　何をやっちゃだめだっていうのはないです。縛りはないですから。それで成り立つのだったら、何をしても、どっから何を入れても、自由なんです。
　今はさまざまな仕入先のサイトとかもあるので、自分たちでそういうのを見て、売れそうなものをピックアップしたりもしています。外国の情報なんかも入手して、面白いものがあれば、輸入しています。それで、自分で入れたものは、それぞれ自分で管理しています。そんなに突拍子もなく多数のものが入ってくることはないですからね。目に見える範囲くらいですよ。[16]

なお、輸出入に関しては、簡単な手続きで済むものについては、社員が自分ですべて行っている。件数は少ないが、本格的な契約等が必要なものについては、コンサルティング契約をしている事務所が代わって手続きを行っている。
　全社員で行うミーティングでは、時にはより大きなテーマについてより自由に話し合われることがある。例えば、店舗の移転について、「上野に２店舗を構えている意味はあるのか」、「１店舗はもう少し離れた別の地域に移転してはどうか」、その場合、「費用対効果はどうなるのか」、「社員の配置はどうするのか」、「やはりこの地に留まるべきではないのか」、等々といった議論がなされている。上野はビッグビートにとって特別な意味をもつ地である。１店舗ではあれ、そこから移転しようとの提案は、かなり思い切ったものであるといえるだろう。もちろんそれだけ、経営状況が厳しさを増しているということもあろう。労働者自主生産を行っているとはいえ、資本主義的競争のもとにあっては、それに則した思考をせざるをえない場合が多々ある。結局、皆が納得するまで議論を尽くし、移転する方向で合意している[17]。結論の内容はどうあれ、そこへ至る過程では、全社員が参加し、資本主義的な思考に則っていようと、それぞれ自分の意見を述べ

ている。皆で熱い討議と熟慮された選択を行っている。そしてそれは図らずも、社員間の相互扶助の大切さを再確認し、労働者自主生産へのアイデンティティを強化することにもなっている。

（4）マネジメントとリーダーシップ

ビッグビートでは、制度上、代表取締役を置いているが、基本的に社員間に上下関係、支配関係は存在しない。したがって、マネジメント、リーダーシップも、その上に成り立っている。石上氏は、自らのマネジメント、リーダーシップについて、こう述べている。

ビッグビートは、組合でずっと一緒にやってきたメンバーで立ち上げた会社です。たまたま自分が代表をやっているだけですから。従業員とか社長とかじゃなくて、それぞれが、光輪の頃からやってきた得意分野で頑張っています。何をしても自由です。[18]

自由といっても、コミュニケーションは密にとっている。各自が何を、いつ、いくらで、どれくらい仕入れ、それをいつ、いくらで販売するのかということも、事前に伝え、皆で話し合っている。基本的にすべて各自の判断に委ねられてはいるが、会社全体として、その時々の財務状況なども鑑みて、皆で調整し合ってもいる。また、誰が仕入れたものであっても、その商品の内容、在庫状況、販売状況などについてはしっかりと情報共有している。特に販売状況については、皆で常にチェックしている。

（5）労働者自主生産へのこだわり

前述のように、ビッグビートでは株式はすべて石上氏が所有しているが、実質的には、ある程度、共同出資を行っているともいえよう。石上氏が代表取締役となっているものの、基本的に社員間に上下関係、支配関係は存在しない。会社としての意思決定は合議によってなされている。その際も、平等主義が貫かれている。基本的に、それぞれの社員は自分の仕事についてはすべて自分の判断で自由

に行っているが、皆で調整も図っている。査定制度はなく、賃金は平等主義に則っている。これらのことからすると、ビッグビートは労働者自主生産を行っていると十分に言うことができる。労働者自主生産へのこだわりについて、石上氏は以下のように語っている。

　何か言われて仕事をやるんじゃなくて、自分たちでつくっていくというような恵まれた環境にあるんで。この環境を使って、何でも、自分の好きなことができますからね。好きな仕事で、好きなことをして、儲けているんで。
　しかもうちらは、全世界を相手にできますし、そういうツールも持っています。実際、アメリカや中国などとも、直でやっていますから。ボーダーがないんで、何でもできる可能性を秘めています。ですから、それぞれがもっと高みを目指さないと。
　その分、いいことも、悪いことも、それぞれ自分自身の責任として、全部戻ってきます。自分たちの会社ですから。会社からサラリーを貰っているっていう感覚ではないんで。
　何事も固定じゃないですからね。よければもちろん、実入りもよくなるし。ただ、たとえ悪くて損害を出しても、当人に何かペナルティーを科すわけではありません。そんなに失敗しない程度にやっていますし、困っているようなこともありません。そこはちゃんと、それぞれが責任を持って進めています。**(19)**

　自分たちで好きなことはできるが、その責任は負わなければならない。それは、会社に雇われているのではなく、自分たちが会社をつくっているという意識に裏打ちされているようである。これが労働者自主生産の神髄なのだろう。ただし、労働者自主生産には課題もある。それについて、石上氏は次のように語っている。

　どこの自主生産のメンバーも同じような悩みはかかえていると思うんですけど、自主生産は、もともと同じ仲間から派生しているんで、そこからのつながりで、いい部分もありますけれども、悪い部分も出てきます。仲間意識が出てしまうところも、必ずあると思いますね。もちろん、仲間意識にはいい部分もありますが、なあなあになってしまったり、お互いきつく言えなかったりと、

悪い部分もあります。まあ、言っていますけれどね。言わなきゃ、しょうがないですから。(20)

　仲間意識はよいが、そのよくない面を自覚し、防ぐよう努めることが肝心ということなのだろう。労働者自主生産は、仲間意識と不可分な、助け合いによって成り立っている。ビッグビートにおける相互扶助については、社内にとどまらず、全統一労働組合、自主生産ネットワークなどとの間でもなされている。

　全統一労働組合の本部へは、何かの時には相談するが、仕事に関しては自分たちで対応している。ただし、自主生産ネットワークが毎月開催している経営研究会には、ほぼ毎回参加し、近況を報告すると同時に、それについて鳥井氏などから助言を受けている (21)。ビッグビートにおける、全統一労働組合、自主生産ネットワークの窓口は、石上氏が担当している。経営研究会へも石上氏が参加している。それ以外の組合本部の活動には、他のメンバーも参加している。

　自主生産ネットワークに加盟している会社との間では、前述のように、メンバーであるアール・シーの瀧口氏が、ビッグビートの監査役を務めている。また、倉庫も、メンバーである城北食品の本店を有料で間借りしている。逆に、城北食品へは、ビッグビートのスマイルガレージのワンフロアーを台東支店として有料で貸している。それから、やはりメンバーである有限会社ケーテイーシーにも、バイク部品の製造を発注している (22)。

　相互扶助は地域の同業他社との間でも行われている。ビッグビートが店舗を構える上野7丁目界隈は、バイク街として有名である。以前に比べると、だいぶ店舗も減っているが、それでもなんとか盛り上げて行こうと、ビッグビートをはじめとする10数店が上野バイクタウンというコミュニティを形成し、毎年、バイク街ガレージセール、交通安全キャンペーン、九十九里浜バーベキューツーリング、山梨ぶどう狩りツーリング等を行っている。

（6）対抗的ヘゲモニーとしての特質

　第1章、第2章で見たように、欧米中枢世界の〈産業民主主義体制〉にせよ、日本の〈従業員民主主義体制〉にせよ、現代の支配的な資本のヘゲモニーにおいては基本的に、労働者と経営者(使用者)が分離している。経営者が労働者を雇用し、

その管理下で働かせている。労働者が組織する労働組合は、自らの要求を実現させるべく、経営者との間で団体交渉を行う。これに対し、労働者自主生産においては基本的に、労働者と経営者が分離していない。労働者は経営者でもある。少なくとも、労働者が選挙等を通じて自ら経営者を選出している。これは現代の支配的な資本のヘゲモニーとは異なる。対抗的ヘゲモニーと位置づけることができるだろう。

労働者自主生産を行っているビッグビートも、そのことで対抗的ヘゲモニーたりえている。賃金、労働条件を見れば、自己搾取があると言えるだろうが、だとしても、何とか労働者は自己を労働力と人格に分裂させないよう、不十分であるにせよ、以上見てきたような形で組織を運営している。それで実際、労働力と人格の分裂を防ぎきれているわけではない。だが少なくとも、皆、ある程度、自分たちは経営者でもある、自分たちの会社は労働者自主生産企業なのだ、自分たちはここで労働者自主生産を行っているのだというアイデンティティは持ち合わせている (23)。

旧会社存続時から職場占拠を含む争議を展開しており、そのメンバーが新会社を設立し、労働者自主生産を行っていることからすると、対抗的ヘゲモニーとして強硬であるといえる。また、労働者自主生産開始時のメンバーが実質的に共同出資を行い、現在も一人も欠けることなく、そのメンバーのみで平等主義にのっとって運営していること、そして皆が労働者自主生産へのアイデンティティを持ち合わせていることからすると、対抗的ヘゲモニーとしてかなり強固であるといえる。

ただし、社員が代表取締役を含め5名であるため、かなり強固な対抗的ヘゲモニーといっても、単独では人数的に非常に少ない。また、二輪自動車小売業として資本主義的競争の圧力下にあるため、対抗的ヘゲモニーたりうるのが困難な環境にある。実際、その困難さに直面してもいる。縮小する市場にあって、業績も必ずしも順調とはいえない。そのなかにあってなお、ビッグビートは曲がりなりにも労働者自主生産を維持し、対抗的ヘゲモニーたりえているのである。

小括

　以上、事例としてビッグビートを取り上げ、その組織運営を中心に考察してきた。そこから明らかになったことを以下でまとめておきたい。

　ビッグビートでは、光輪モータースが倒産したのを受け、それまで職場を占拠していた組合員が、引き続きそこで雇用を確保していこうと、協力して新会社を設立し、労働者自主生産を開始している。同じある特定の主義・主張を持つに至ったからというわけではない。その過程においては、全統一労働組合から多大な支援を得ている。

　現在の組織体制としては、株式はすべて代表取締役の石上氏が所有しているが、実質的には、ある程度、共同出資を行っているともいえる。代表取締役はいるが、他に取締役はいない。社員は、代表取締役を含め、5名である。他に、監査役（非常勤）が1名いる。営業は2店舗とウェブショップで行っている。部門制は採用していないが、店舗のフロアーおよびウェブショップのページごとに担当責任者を決めている。

　賃金は基本給については原則として全社員同額である。家族手当はある。社長手当といったような役職手当はない。昇給、査定制度もない。賞与もない。退職金制度もない。ただし、毎月、各社員がそれぞれ目標としている売上を上回った時に、その個人に支給される、達成手当はある。時間外勤務手当は申請していないようである。残業は夜遅くにまで及ぶことはほとんどない。店舗の営業を年中無休で行っているため、休日は社員間で調整しながら、交代でとっている。有給休暇はあるが、あまり消化できていない。

　意思決定は基本的に全社員の合議でなされている。毎日、開店前と閉店後にミーティングを行っている。その他に、臨時でミーティングを開催することもある。概して、皆で熱い討議と熟慮された選択を行っている。その一方で、店舗の各フロアーおよびウェブショップの各ページのそれぞれの担当責任者は、基本的に自らの判断でそれぞれの取り扱う商品の仕入から販売まで行っている。

　基本的に社員間に上下関係、支配関係は存在しない。したがって、マネジメント、リーダーシップも、その上に成り立っている。社員間では自主性を重んじて

いるが、コミュニケーションを密にとり、情報共有するようにしている。特に販売状況については、皆で常にチェックし、ミーティングを開いて、反省点などを話し合うようにもしている。全社員が助け合って、会社を運営している。

　ビッグビートでは、自分たちで好きなことをして、自分たちでつくっていくところが、労働者自主生産へのこだわりであるという。もちろん、それは自分たちの責任として、すべて戻ってくるが、そこは自分たちの会社ということで、当然であると受けとめている。会社からサラリーを貰っているような感覚ではないともいう。

　代表取締役を含め、社員は全員、全統一労働組合の組合員である。組合本部へは、何かの時には相談するが、仕事に関しては自分たちで対応している。ただし、自主生産ネットワークが毎月開催している経営研究会には、ほぼ毎回参加し、近況報告を行うと同時に、それについて鳥井氏などから助言を受けてもいる。自主生産の日等、組合本部、自主生産ネットワークのそれ以外の活動に参加することもある。自主生産ネットワークに加盟しているいくつかの会社とは、業務においても協力関係にある。

　ビッグビートは、強硬で、かなり強固な対抗的ヘゲモニーを形成しえている。ただし、対抗的ヘゲモニーといっても、単独では人数的に非常に少ない。また、二輪自動車小売業として資本主義的競争の圧力下にあるため、対抗的ヘゲモニーたりうるのが困難な環境にある。縮小する市場にあって、業績も必ずしも順調とはいえない。

注

　（1）本事例は主に、ビッグビートの石上隆弘氏に対し、2016年7月15日に行った聴き取りと、その時提示された資料に基づいている。したがって、基本的にその時点での内容となっている。なおその後、補足的な聞き取り、確認等は行っている。

　（2）石上氏からの聴き取りによる。

　（3）同上。

　（4）高橋［2011］75ページ。

　（5）石上氏からの聴き取りによる。

　（6）同上。

　（7）高橋［2011］75ページ。

（8）鳥井一平氏からの聴き取りによる。

（9）同上。

（10）石上氏からの聴き取りによる。

（11）『労働情報』797・798 合併号（2010.8.15・9.1）。

（12）自主生産ネットワークは、労働者自主生産を行っている 12 社から構成されている。全統一労働組合も、その設立、運営に深く関与している。序章でも触れたが、詳細については第 6 章で述べている。自主生産ネットワークのメンバーである株式会社アール・シーは、業務用冷蔵庫・冷凍庫、厨房設備機器、空調設備機器、衛生設備機器の販売およびメンテナンス、厨房機器リース販売および保守サービスを行っている、東京都荒川区にある会社である。

（13）石上氏からの聴き取りによる。

（14）同上。

（15）同上。

（16）同上。

（17）なおその後、ビッグビートは 2017 年 3 月に、上野にあった 1 号店を東京都北区田端に移転している。

（18）石上氏からの聴き取りによる。

（19）同上。

（20）同上。

（21）同上。

（22）有限会社ケーテイーシーは埼玉県八潮市にある化粧品容器メーカーである。

（23）ここでいうアイデンティティは、組織のメンバーが自分たちの組織に対して持ちえているものでもあることから、組織アイデンティティでもあるといえるだろう。

第**4**章
労働者自主生産事例2
──城北食品

はじめに

本章は城北食品株式会社を具体的に考察している。同社は、学校給食の食材の仕入、販売、配送を主な業務内容とし、東京都荒川区に本店を置いている。経営危機のなかで自主再建を成し遂げ、その後、労働者自主生産を継続し、今日に至っている(1)。今日まで存続している、労働者自主生産の最新の事例のひとつである。本書で労働者自主生産の事例として取り上げている3社のなかでは、規模は中程度で、出資形態は代表取締役のみによる出資、業種は食材納入業である。旧経営陣のもとで争議を展開している。だだし、倒産を経ることなく、旧経営陣からの会社の譲渡にともない、労働者自主生産を開始し、今日に至っている。他の2つの事例とは、規模、出資形態、業種、労働者自主生産開始の経緯等をすべて異にしている。本章の目的は、これらの特性がそれぞれ同社における労働者自主生産の組織運営にどのように作用しているかを考察することである。

本事例でも、組織運営の考察を中心としていることから、それとの関連で、同社における組織体制、賃金体系、労働条件、意思決定、マネジメント、リーダーシップ、労働者自主生産へのこだわり等を分析対象としている。またそこから、第1部の考察を基にして、対抗的ヘゲモニーとしての特質を検出している。

第1節　労働者自主生産開始前

（1）経営危機

城北食品は 1967 年に創立された。2000 年前後には、以前の売上高約4億5千万円に比べると下降傾向にあったものの、まだ危機的な状況には陥って

いなかった。しかし創業者であり、当時代表取締役であった吉田直之氏は、すでに高齢となっていたため、そろそろ会社の経営を誰かに引き継がせたいという思いもあり、食材の仕入先で定年退職になった者を順次2名スカウトした。加えて、倒産した同業他社から7名を雇い入れ、代わりに、それまで在籍していた社員を数名解雇した。

しかし、スカウトした2名は、吉田氏をはじめ、吉田氏の義理の妹（妻の妹）であり、当時専務取締役であった林千津子氏、および社員の一部と折り合いが良くなく、社内は混乱していった。すでにいくつかのエリアを任され直属の部下もいたが、吉田氏、林氏、および他のエリアの担当者とのコミュニケーション、連携があまりとれておらず、会社のなかに2つの会社があるような状態となった。

売上もさらに落ち込み、借入金も増えていった。普段は温厚で優しいところもある吉田氏も、「明日から来なくていい」、「首だ」、「何しているんだ、帰れ」などと、社員を叱り飛ばすようになり、社内は一層混乱していった。当時社員だった現部長の小泉博氏も、首だと言われ、勤務時間中に帰らされている。それ以前から、給与も差をつけられ、残業代も支払われていなかったこともあり、たまりかねて、労働基準監督署に相談にいくと、担当者が会社を訪れ、吉田氏に解雇を撤回させている。こうしたことが二度あったという。

小泉氏が会社には内緒で全統一労働組合に加入したのも、この頃である。労政事務所（労働相談情報センター）の担当者から、どこか労働組合へ加入した方がいいと勧められてのことである。その直後に同僚の社員1名が、また後に林氏の入院に伴い採用された現マネージャーの今国博氏が、やはり会社に内緒で全統一労働組合に加入している。新たに雇用した7名も、林氏やスカウトされた2名とあまり上手くいっていなかったこともあり、次々と会社を去っていった。最後に残った1名も病死している。その補充で現部長の岡本重徳氏を雇い入れている。岡本氏もすぐに、会社に内緒で全統一労働組合に加入している。

そうした折、吉田氏、林氏、スカウトした2名が事務所内で言い争いとなり、そこに居合わせていた小泉氏も巻き込まれた。この時、小泉氏は吉田氏と林氏に加担する一方で、自分が組合員であることを打ち明けた。また、他にも組合員がいることが明らかとなった。この騒動を機に、経営者側、スカウトした2名とその一派、それに、労働組合派の対立が表面化する。結局その直後に、スカウトし

た2名は会社を去り、自分たちが担当していたエリアの顧客の多くを引き連れる形で、独立開業した。2005年のことである。

会社としては突然のことであり、彼らが担当していたエリアの業務もほとんど引き継がれず、人員も圧倒的に足りなくなった。現場は混乱し、顧客からのクレームも相次いだ。加えて、会社が倒産の危機にあるとの噂が流れ、信用を落としていった。実際、取引を打ち切る仕入先、顧客も出ている。売上高も最終的には約2億円にまで落ち込んでいった。

会社はこの危機に際し、人員不足を補うべく、全統一労働組合の本部、とりわけ当時書記長を務めていた鳥井一平氏から紹介された人材数名を雇い入れている。現部長の吉沢紀朗氏もその一人である。また2006年には、鳥井氏からの紹介で、武田和治氏も雇い入れている。紹介された武田氏および他の人材を会社が採用したのは、鳥井氏が林氏からの信頼を得ていたことによる (2)。

鳥井氏から武田氏には、当時、社員の多くはまだ20代で、社長とは年齢差も大きく、コミュニケーションも上手くとれていないということで、その間に入って、両者を取り持ってほしいとの相談があったという。武田氏は全統一労働組合の組合員ではないが、自らも倒産争議を経て、ケーテイーシーの取締役社長となり、労働者自主生産を続けていた。そのため非常勤であり、たいていは夕方からの勤務であったが、夜遅くまで総務部長として会社の立て直しに心血を注いでいった。

（2）解雇通知

武田氏は、吉田氏、林氏とあまりしっくりいかず、ついに吉田氏から辞めてほしいとの申し出を受けた。即、承諾し、内心、肩の荷が下りたと思っていたが、その矢先の2007年5月に、吉田氏が倒れ、入院してしまった。トップ不在の混乱のなかで、辞めようにも辞められなくなり、吉田氏に代わり、帳簿の管理も担うことになった。ほとんど管理できていない状態であったので、1年分の帳簿を作り直したという。「あの時は大変だった。本当に寿命を縮めたなって気がする」と、当時を振り返っている (3)。

吉田氏は一向に回復せず、加えて、林氏も入退院を繰り返すようになった。武田氏は、入院先の病院にまで行き、林氏から押印をもらわなければならないこと

もあったという。こうした経営陣不在のなかにあっても、社員は日々懸命に働いていた。

　全統一労働組合の本部と全統一労働組合城北食品分会は、会社の経営体制に対する改善を求めて、同年 12 月から 2008 年 2 月までに計 5 回、林氏との折衝を行った。そのなかでは、経営陣に改善を要求するだけでなく、健全な事業運営確立のための具体策も提案している。

　ところが、2 月 21 日午後に予定していた 6 回目の折衝に、組合側の折衝出席者が当日になって、病欠者の発生により配送体制の変更を余儀なくされ、急遽出席できなくなった。鳥井氏は組合を代表して折衝の日時の変更を申し入れたが、林氏は「組合による引き延ばし」として、折衝の打ち切りと「会社を止める」旨を組合に通告した。これを受け、組合は会社に、同月 25 日、「団体交渉開催申入書」を通じて正式に、雇用不安と雇用責任の所在を議題に、団体交渉を緊急に開催するよう申し入れた。これに対し、会社は組合に、27 日に、代理人の弁護士を通じて電話で、団体交渉に応ずる旨の回答をした。そしてその場で、会社と組合は調整を行い、3 月 12 日午後に会社において団体交渉を開催することで合意した。

　ところが、会社は代表者の林氏と代理人の弁護士の名で、各社員に「解雇通知書」を同日の 27 日付の配達証明郵便で通知した。各社員は 28 日以降、自宅において受け取っている。「解雇通知書」には、平成 20 年（2008 年）3 月末日をもって会社の全ての業務を廃業すること、そのため、同日をもって当該社員（一連の記述の最後に当該社員の名前がある）を解雇することが記されていた。その理由として、吉田氏と林氏が共に病弱であり、今後会社の経営を行うことが困難であること、また、会社の業績が悪化する一方であり、今後好転する見込みのないことが記されていた (4)。

　これに対し、組合は同月 29 日、「抗議並びに団体交渉開催申入書」を通じて正式に、団体交渉を緊急に開催するよう、会社に申し入れた。申込書のなかの申込事項の文面は以下の通りである。

　Ⅱ、申入事項
　　1、組合は、まず、「雇用問題」を議題とした団体交渉を 3 月 12 日に開催することで会社と組合が合意していたにもかかわらず、既成事実化を強硬にねら

い、直接組合員らに「解雇通知」を行った会社の不当労働行為に対して厳重に抗議する。しかも組合員らの自宅に直接、配達証明で送付するというのは、今現在、毎日、日々の会社事業運営活動に努力する組合員らの心情、人格を踏みにじる卑劣な行為であると言わざるを得ない。強い憤りを感じる。

　2、ここに組合は、会社に対し一方的かつ不当な「解雇通知」を撤回するよう申し入れる。

　3、また、2月27日の団体交渉日時の開催合意以降における重大な状況の変化並びに「解雇」という事柄の重要性、緊急性に鑑み、団体交渉の速やかな開催をあらためて申し入れる。具体的には3月4日午後4時から会社において開催されたい。

　4、最後に、会社は、経営者自らが事業の健全運営、継続に努力し、組合員らの雇用安定と組合員らが生活確保できるようあらゆる対策をとる責任があることを、会社の社会的責任に言及するまでもなく、肝に銘じるべきであることを申し添える。**(5)**

　団体交渉は結局3月5日に開催されたが、解雇通知は撤回されなかった。しかし、すでに結んでいる顧客との契約を一方的に突然反故にすることもでず、その後も、社員の多くは会社に留まり、業務を続けた。留まった社員は、非常勤の武田氏を入れて、7名である。一方、組合員でなかった3名の社員は、3月31日付で会社を去っている。

　会社側の弁護士との折衝により、4月以降も業務を続けることになったが、人員は不足していた。すでに廃業を決め、全社員に解雇通知を出している会社が、しかも林氏の了承なしに、社員を雇用できるはずもない。この苦境を救うべく、全統一労働組合の関係者や武田氏の知人数名が支援に駆けつけている。資金不足にも度々陥ったが、ここでも、武田氏が資金を工面し、窮地を脱している。

　しかし、学校の1学期が終了する7月を前にして、いよいよ廃業への動きが再燃した。これに対し社員は、座り込み等であくまでも抵抗を続けるのか、それとも、諦めて会社を去るのか、その場合、退職金はどうなるのかなどといったことを、分会会議等で議論するまでに追い込まれていった。

第2節　再建過程

（1）労働者自主生産開始

　全統一労働組合、とりわけ鳥井氏も、会社存続のために奔走した。そして、古くから市民運動等を通じて親交があった、不動産業を営む株式会社洋水の藤村早百合氏と前出の一水社不動産部の原田隆二氏に会社の土地・建物を買い取ってほしいと持ち掛けた。協議の末、藤村氏が買い取る方向で話しがまとまった。またその流れで、会社存続のためにさらに踏み込んで力を貸してほしいとの依頼を受け、会社自体を買い取ることとなった。額が大きかったので、その資金を銀行から借り入れる必要があった。そのため、藤村氏自身が銀行と直接折衝しなければならなかった。また、融資を受けられたとしても、売上がかなり落ち込んでいるなど、厳しい状態にあったため、もしこのまま会社が経営難に陥り、ましてや倒産となれば、多額の損失を被ることとなる。会社の代表として責任を追及されることにもなる。それでも、買い取りを決断した経緯について、藤村氏は以下のように語っている。

　　7月くらいに、鳥井さんから、この会社は、相手先がすべて学校の堅い仕事で、社員の皆は仕事ができるし、働く場所さえ確保できてれば、自分たちでやっていけるので、ここの土地・建物を買ってくれないかという話しがありました。それで、この建物を見て、会議にも出させてもらいました。不動産屋ですから、大家として家賃をずっともらえれば、こちらはなんとかやっていけますし、皆も働くところが存続して、仕事ができるようになりますし。それだったら、皆、いいよね、ということで。銀行に一緒に行ったり、全統一の弁護士と相談をしたりもしました。なにしろ、品物が入らなくなりそうで、大変だったんですね。**(6)**

　藤村氏は、会社を0円、土地・建物を8,000万円で、洋水の名義で買い取り、8月31日付で代表取締役となった。なお、吉田氏はまだ入院中であったため、夫人が代わって契約にサインをしている。吉田氏個人として会社に対しおよそ6,000万円の債権を有していたが、すべて放棄している。林氏とも契約を交わし

ている。林氏個人としても会社に対し 1,100 万円の債権を有していたが、こちらについては、林氏に毎月 100 万円ずつ返済していくことで合意している。会社譲渡に至ったのは、鳥井氏と林氏の信頼関係によるところが大きかったようである(7)。また 8 月末には、550 万円ほど資金が不足するとのことで、武田氏が 350 万円、残りの 200 万円を、小泉氏と岡本氏ともう 1 名で一時的に資金を出し合い、難を逃れている。この他にも、資金不足の際には、藤村氏も個人名義あるいは洋水名義で一時的に資金を出している。

　全社員による出資という形ではないが、これを機に労働者自主生産がスタートした。しかし当初は、すぐにも倒産するとの噂が流れたこともあり、仕入先のなかには、前金を要求したり、取引を断るところもあったりと、仕入には苦労している。また、職務が確立しておらず、価格表なども整っていなかったため、赤字で販売しているということも起きている。いきなり賃下げにも追い込まれた。ただし労働者自主生産ということで、賃金は皆同額にしている。人員も依然として不足しており、社員の多くは連日、夜遅くまで残業している。残業代の支給もない。それでも、会社を辞める社員は出なかった。小泉氏は一度、鳥井氏に辞めたいと弱音を吐いたことがあるそうだが、酷く怒られ、思いとどまったという (8)。吉沢氏も、鳥井氏から「お前らがやるんだ」と発破をかけられたのが大きかったという (9)。

　資金不足は相変わらず続いていた。給与の支払いが遅れる月もあった。しかしちょうどその頃発生したリーマン・ショックにともない、政府が設けた中小企業向け緊急融資対策（景気対応緊急保証制度）の利用を、藤村氏が促し、会議での合意のもと、その諸手続きを行った。その結果、金融機関から 4,000 万円の融資を受けることができ、資金不足は解消した。またそれにより、社員の気持ちにも多少の余裕が出てきている。

（2）理想と現実

　当初は、職務が確立していなかったことなどもあり、社員間の連携が上手く図れていなかった。それが人間関係に悪影響を及ぼし、またそれが連携を一層難しくするという、悪循環に陥っていた。加えて、残業が多い、賃金が下がる、その支給が遅れる、等々で、他の社員や会社への不満が募っていき、会議ではしばし

ば社員間で口論になった。給与の支給が遅れた時も、ひどく揉めている。「何で出ないんだ」、「生活できないだろ」と怒鳴り出す社員もいたという。

　その一方で、社員間で助け合ってもいた。残業が長くなりそうな社員がいると、なるべく皆で分け合って、一緒に退社するといったこともしている。しかし、なかにはそれに加わらない社員もいた。その一人であった吉沢氏は、労働者自主生産開始前の、もうかなり社内が混乱している頃に入社し、すぐに事務部門に配属されたが、仕事が分からず、遅くまで残業していても、誰からも教えても助けてももらえずに、暫くして配送部門に異動させられていた。「今、思い出しても、恥ずかしいというか、何度でも謝れる」と語っているが、当時はまだ、そのわだかまりを捨て切れていなかったという。それで、配送の仕事が終わって、事務部門で残業している社員を見かけても、ほとんど手伝わなかったという (10)。社員のなかからは、吉沢氏を辞めさせろとの意見も出た。岡本氏がそれを代弁して、武田氏に迫ると、逆に、「お前が辞めろ」と叱られたという。と同時に、武田氏は吉沢氏の仕事ぶりの改善をはかるため、毎日早朝から吉沢氏の配達にバイクで付いて行くようにした。約１ヶ月つづいたが、それを見て、吉沢氏を辞めさせろという社員がいなくなり、この騒動は沈静化した。

　吉沢氏はまだ事務の仕事をあまり覚えていなかったので、手伝いたくても、手伝いようがなかったということもあったようである。そもそも、「伝票を持ち帰えったり、味噌としか書かない人がいた」と、今氏が当時の状況を振り返るように、社員の多くは自分のやり方で仕事を進めていた (11)。仕事を教える、教わる以前に、マニュアルはおろか、やり方が確立していなかったのである。当時の状況について、小泉氏は次のように述べている。

　　皆、仕事のやり方自体がぜんぜん違っていましたので、ミスも多かったです。ですので、そこを改革しなければなりませんでした。皆が発注書を持ち帰ってしまう前に、全部こちらで調べて。伝票が間違っていても、拾っていったりと。ミスがあっても、私は知りませんと言う人もいました。結局、こちらで仕入先にゼリーを取りに行ったこともありました。(12)

やり方が確立していなかったのに加え、当時は依然として、教え合い、学び合

う文化が醸成されていなかったため、聞いても、答えない、答えられない社員もいたという。当時の状況について、藤村氏はこう述べている。

　私が誰かに新しい人たちに教えてあげてと言うと、他の人たちも教えてほしいと寄ってきて。自分も分からないって。教えてもらったことがなかったんですね。**(13)**

こうして、少しずつではあるが、皆で教え合い、学び合い、そして助け合うことができるようになっていった。吉沢氏にも変化が見られるようになった。

　皆とはまだぜんぜん仲よくなかったですが、頑張っている人たちは大変ですから、何とかしたいじゃないですか。でも、何ともしようがなかった。そうしたなかで、自分も本当に歯を食いしばって、徐々にですが、何とかできるようになっていきました。**(14)**

（3）営業活動

　城北食品は労働者自主生産を開始した当初、すぐにも倒産するとの噂が流れたこともあり、何社もの仕入先から取引を打ち切られた。そのため、新しい仕入先を探し回り、開拓している。また、納品ミス等により、何校もの顧客から取引を打ち切られた。そのため、信用を取り戻し、取引を再開してもらうよう、各学校の栄養士に必死に働きかけている。新規の顧客の開拓にも奔走している。武田氏は、労働者自主生産における営業活動の重要性について以下のように語っている。

　自主生産は、普通の会社もそうだと思うんですけど、やっぱりひとつは営業なんです。私も自主生産ネットワークでずいぶん活動し、あちこちの会社を５、６社見ましたが、やっぱり営業力なんですよね。自主生産をやっても、ほとんどが失敗している。皆、現場の人間は技術屋、職人なんです。だから、営業力がない。黙っていたら来ると思っている。
　あんまり本人を前にして煽てたくないんだけど、小泉さんには天性の営業の勘みたいなものがある。栄養士さんの懐に飛び込む、その感覚っていうのは天

下一品ですよ。当時は厳しく言ったけど、彼の営業力は非常に大きかったと思います。(15)

小泉氏は入社後ずっと事務の仕事をしていたが、ある日突然、吉田社長から営業部門への異動を命じられた。にもかかわらず、営業のやり方を誰からも教えてもらえなかった。仕方なく、体当たりで身に着けていったという (16)。

もちろん、皆の努力で、ミスが減り、かつ、栄養士からのさまざまな注文に応えられる体制が築かれていったからこそ、有効な営業活動ができるようになったということもある。喧々囂々のなかでも、さまざまな面で前進していたのである。

(4) 労働者自主生産への決意

労働者自主生産となっても、ほとんどすべてにおいて苦しい状態が続いていたにもかかわらず、社員は誰も辞めなかった。それには、それぞれに理由があったという。小泉氏は、悔しさ、自らの負けず嫌いな性格を (17)、岡本氏は、鳥井氏と武田氏からの自分への信頼を(18)、それぞれ一番の理由にあげている。ただ当時、武田氏は岡本氏に、社員の人間関係も含めて、会社がよくなるには時間がかかると伝えていたとして、次のように続けている。

皆、若かったしね。ただ、若いから、ぶつかっていた。人間関係っていうのは一朝一夕にはそう改善されないから、時間がかかる。それはしょうがないです。そういうメンバーをまとめていくんだから、やっぱり大変だったよね。(19)

武田氏はしばしば社員を叱っていた。叱られた社員は納得がいかず、武田氏に反感を抱くこともあったという。小泉氏もその一人である。しかし、根に持つことなく、それをバネに成長していった。

労働者自主生産となってからは、会議を頻繁に開いていた。メインは月1回開催の城北会議（全体会議）である。意思決定は基本的に会議において行っている。そこでは、全員一致が原則である。鳥井氏から、「多数決は民主主義ではない。議論を尽くせ」との教えがあったという。

もっとも、初めの頃は、会議にならない状態が続いていた。他の社員の意見に

耳を傾けない、一方的に自分の意見を主張する、自分の意見と違う結論になると、怒って出て行く、といった状態であったという。藤村氏は会議では、基本的にすべて社員に任せ、自分の意見を出したり、それを強引に押し通すようなことはしなかったという。その理由について以下のように語っている。

　ああしろこうしろって言っても、そうならないのは分かっていましたから。ここで朝から夕方まで誰よりも働いて、皆をよく見ていなければ、そういうことを言う権利はないじゃないですか。また、私は不動産屋ですから、ぜんぜん畑も違いますし。

　実際、前にそういう経験もしています。夫の会社が北海道の小さいホテルを買って、それで月に1回、経理を見に行っていたんですけど、誰も私の言うことを聞かなかったですね。ホテルに対して素人だからって。でも、お客さんの目から見ることはできるじゃないですか。そこで、経営者としてではなく、お客さんとしてこうしたらいいんじゃないかってことを言ったのですが、誰も聞こうとしないんです。また、そのホテルの問題点について、一人ひとりに話を聞いたのですが、それぞれ言うことが違っていて。AさんはBさんが悪いと言い、CさんはDさんが悪いと言い、といった話しばかりで。

　ですので、私がここに来た時は、一人ひとりに話しを聞くのもしないようにしました。もともと、皆でできるから大丈夫というふうに言われて来たのですし、武田さん、それに、すごくしっかりした社員もいましたし、大丈夫だと思って口は出しませんでした。**(20)**

　例外的に、あまりにも社員がまとまらないので、もう一回、部長の信任投票をやってみてはどうかと、アドバイスをしたことがある。また、常識的なことが分かっていない時などは、アドバイスをしているという。

　会議は、岡本氏の提案により、全体会議の1週間前に、部長会議を開くようになった。そこでは、主に全体会議で話し合う内容を決めるのが目的であった。メンバーは、武田氏と、当時部長の小泉氏、岡本氏、今氏であった。

　こうして、会議を重ねるうちに、行きつ戻りつしながらも徐々に、皆で議論し、決めていけるように、また、そこで決まったことを尊重し、協力していけるよう

になっていった。藤村氏はその変化についてこう述べている。

　会議では、皆で文句ばっかり言っていたのが、だんだん話しをまとめていくように、また、問題点を出すだけで終わっていたのが、解決策も一緒に出すようになっていきました。ぐちゃぐちゃななかでも、とにかく、会議をいつでもやったというのが、本当によかったんだなと思います。**(21)**

2009 年 11 月 14 日に開催された第 2 回城北食品総会の閉会挨拶において、岡本氏は以下のようなスピーチを行っている。

　自主生産でスタートしてから 1 年が経過しました。当初は会議のたびに賃金案や働き方などについて、いがみ合ったりしていて、実のある会議を進めることが出来ませんでした。定例会議の前に部長会議を始めてから、スムーズに会議を行えるようになっていきました。藤村さんや武田さんの指導力と私たちの成長だと思います。会議のなかでは、営業強化・職場改善など様々な事に取り組んできました。結果 1,600 万の黒字から賃金昇給・設備投資・備品の購入など成果をあげてきました。今年から来年にかけては新型インフルエンザの問題、中長期的には少子化問題などが取り上げられます。これから社員全員で力を合わせて、待ち受ける沢山の困難を乗り越えて、全員が経営者のつもりで力を合わせて、事業拡大していきたいと思います。**(22)**

それから 2 年ほど経ち、会社が軌道に乗り出したのを見て、武田氏は第一線から身を引き、監査役となっている。その理由について、こう語っている。

　会社も右肩上がりでどんどん伸びていくし、皆も歳をとって、あまりもめなくなったし、会議もしっかりやるようになったから、もういいんじゃないかなって。武田、いつ出て行くんだなんて思われる前にね。引き際が大事だなって。自主生産になってからは 3 年くらいでしたかね。まあ、たったその間で済んだってことです。そんだけ皆が優秀だってことですよ。もともとね。**(23)**

第3節　現在の組織運営

（1）経営状況と組織体制

　城北食品はその後、売上も社員数も増え、今日に至っている。第48期、2015年度は売上高459,814,198円、経常利益10,115,856円である。対前期比では、売上高がプラス3,003,246円、経常利益がプラス6,422,441円となっている。資本金は10,000,000円である。全株を洋水が所有している。

　現在の社員は15名、内、女性が4名である。全員、全統一労働組合の組合員である。代表取締役、監査役（非常勤）を含めると、17名である。他に、女性のパートタイマーが1名いる(24)。職務範囲の変更等により、パートタイマーから社員に登用されることもある。社員の年齢構成は、50代が2名、40代が6名、30代が4名、20代が3名となっている。労働者自主生産開始時のメンバーで現在残っている社員は6名である。他の社員はすべて中途採用である。

　組織構造は、代表取締役が藤村氏、監査役（非常勤）が武田氏で、それぞれ1名である。また、部門は大きく配送部門と事務部門に分かれている。配送部門の社員は、部長の小泉氏、マネージャーの今氏を含め、8名である。事務部門の社員は、部長の岡本氏と吉沢氏、マネージャーの畠山美喜子氏を含め、7名である。

　配送部門は、小泉氏以外の社員はすべて、商品の荷造り、配送を担当している。以前、配送と兼務で営業を担当したことがあるが、あまり上手くいかなかったという。小泉氏は営業の他に、荷造りを行っている。配送を行うこともある。営業は小泉氏がメインとなっているが、事務部門の部長である岡本氏と吉沢氏も行うことがある。顧客からの電話への応対の良さが営業につながっていることも多々あるという。このことについて、小泉氏は次のように述べている。

　　そこは著しいですね。昔は城北に電話すると、どっちが客だか分かんないって、すごく怒られたこともあるんですけど。電話しやすいのが一番いいですから。営業もしやすいです。そこは、皆の力ですね。(25)

　本店の他に、台東支店を設けている。支店長は岡本氏が兼任している。第3章

でも述べたが、台東支店はビッグビートの上野の店舗を有料で間借りしている。城北食品も本店の一部をビックビートの倉庫として有料で貸している。ビッグビートは、城北食品と同じく自主生産ネットワークのメンバーであり、社長を含め、社員は皆、全統一労働組合の組合員である。

　部長、マネージャーへの昇進については、他薦あるいは自薦の後、社員全員による選挙で決定される。原則として、部長、マネージャーは任期が１年である。再任は可能だが、毎年、選挙を経て決定される。なお現在、畠山氏以外は労働者自主生産開始前からの社員である。畠山氏はパートタイマーから社員となり、2016 年に事務部門のマネージャーに昇進している。

（2）賃金体系と労働条件

　賃金は、基本給については原則として全社員同額の月額 24 万円である（入社時は月額 22 万円でスタート、１年経つごとに５千円アップ、４年で皆と同額に達する）。昇給はない。手当についてはまず、役職手当がある。部長とマネージャーでは差を設けている。他には、配送手当、勤続手当、家族手当がある。勤続手当はそれほど多額ではないが（入社から５年経つと月額５千円、以後５年ごとに月額５千円アップする）、ある程度、年功給的な役割を果たしているともいえる。手当とは別に、新規契約報奨金がある。賞与は業績次第であるが、ここ数年は毎年夏と冬の２回支給できている。基本的に全社員同額である。退職金制度もある。なお、代表取締役に対しては、役員報酬のみを毎月一定額支給している。年収ベースでは社員を下回る金額である。

　勤務時間は配送部門が６時 30 分〜 16 時、事務部門が６時 30 分〜 16 時または８時〜 17 時 30 分（両部門共に実働 8.5 時間、休憩１時間）である。これを超過すると、時間外勤務手当が支給される（上限がある）。学校が長期休暇となる時期は、勤務時間が変更となる、変形労働制を採用している。

　査定制度はない。労働者自主生産へのこだわりから、あえて設けていないという。ただし直近では、社員全員が一人一票で、いくつかの指定された評価項目に基づいて、自分以外で評価が高いと考える役職なしの社員を上から順に３名選び、項目ごとに得票数の多い３名に対して、少額ではあるが、会社が報奨金を支給するといった試みも行っている。

週休2日制である。祝日は休日となる。休暇は、年末年始休暇、有給休暇、慶弔休暇、産前・産後休暇、育児休暇がある。ほとんどの社員が、学校の夏季休暇にあわせて、かなり長期の有給休暇を取得している。年間での休日はおよそ129日である。他に、社会保険加入、交通費実費支給がある。

（3）意思決定

意思決定は基本的に会議でなされている。会社全体にかかわる重要な意思決定は、全体会議でなされている。全体会議は原則として、毎月1回開催され、代表取締役と全社員が参加する。一人一票で、全員一致が原則である。

また、毎月、全体会議の1週間前に、部長会議が開催されている。以前と同じく、主に全体会議で話し合う内容を決めるのが目的である。メンバーは代表取締役と部長3名である。部門別では、毎月1回、配送会議と事務所会議が開催されている。それぞれ、部門のメンバー全員が参加し、部門ごとの個別案件を話し合う。他に、毎月1回、労働組合の会議である分会会議が開催されている。組合員である全社員と、全統一労働組合の本部から1名あるいは2名が参加し、主に労務関連の問題を話し合う。

月に5回会議が開催されていることになる。そのため現在は、余程のことがない限り、臨時の会議が開催されることはない。藤村氏は会議の重要性について、同じく労働者自主生産を行っている他社と比較し、次のように語っている。

　　自主生産を始めて1年半くらいになる会社があるのですが、もうすぐ潰れてしまうみたいです。聞いたところ、最初は会議を月に1回やると決めていたにもかかわらず、これまで1回もやったことがなく、それが原因だということです。ですから改めて、ここで、ああでもないこうでもないって、長時間やる会議が、時間を短縮する工夫をもっとしてもいいでしょうが、すごく必要なこと、大事なことなんだと思っているんです。**(26)**

会議では、発言が少ない者もいる。議題によっては、あまり活発な議論とならないこともある。そのような時は、会議とは別に、部長が各社員から個別に話しを聞くといった工夫もなされている。それでもやはり、会議において皆で共有す

ることが有効であるとして、藤村氏はこう続けている。

　会議では例えば、こんなクレームがありましたというのを全部読み上げるん
です。そんなこと会議資料に書いてあるんだから、見ればいいんじゃないかっ
て思った時もあったんです。でも、そうやって、読み上げて、確認するという
のも、皆で共有して、それで、次の対策につなげるという面もありますので、
時間はかかりますけど、すごく有効なんだと思っています。**(27)**

　これらとは別に、年に１回、全社員、代表取締役、監査役、全統一労働組合の
本部役員が参加する、城北食品総会（全体会）が開催されている。ここでは、１
年間の経過報告、営業報告、決算報告、監査報告とあわせて、役員案と事業活動
方針の採決がなされる。ここで提出される事業活動方針は、事前にグループ討論
で話し合われた内容をまとめたものである。グループ討論は全社員を任意に３つ
のグループに分けて、それぞれ２回行われる **(28)**。それぞれのグループでは、よ
り広いテーマでより自由な討議がなされる。テーマは、賃金・手当の改定、査定
の導入、役職の見直し、有給休暇の消化、残業時間の短縮、育児短時間勤務の整
備、商品管理の改善、社屋の建て替え、等々である。具体的な討議内容は、例え
ば、役職の見直しについてであれば、「任期が１年では短い」、「ローテーション
で役職に就けてはどうか」、「マネージャーの人数を増やしてもよい」、「サブマネー
ジャーという役職を新設してはどうか」、「さまざまな役職を新設し、皆、何かし
らの役職に就けてはどうか」、「役職手当はどうなるのか」、「あまり増やさない方
がよい」、「もっと増やすべきだ」、「現状維持でよいのではないか」、等々である。
もちろん、ただ意見を出し合うのではなく、そこからグループとしての提案を、
皆が納得するまで議論を尽くし導き出している。そこで行われているのはまさに、
熱い討議と熟慮された選択であると言ってよいだろう。確かに、労働者自主生産
を行っているとはいえ、資本主義的競争のもとにあっては、自由に討議を行って
いるつもりでも、このように、テーマ、内容ともに、資本主義的な思考に則っ
ているものがほとんどである。しかしそれでも、そのなかで、全社員が参加し、そ
れぞれ自分の意見を述べている。皆で熱い討議と熟慮された選択を行っている。
そしてそれは、各社員の活力、主体性、相互扶助精神を高めることにもなっている。

（4）マネジメントとリーダーシップ

城北食品では、部長職、マネージャー職を設けているが、基本的に社員間に上下関係、支配関係は存在しない。したがって、マネジメント、リーダーシップも、その上に成り立っている。そもそも、労働者自主生産開始時に、小泉氏と岡本氏が部長となったのも、鳥井氏と武田氏から推挙されてのことである。岡本氏は、部長となった経緯と、自らのマネジメント、リーダーシップについて、以下のように述べている。

　私が仕事ができるということではまったくないんですけど、ずっとサッカー・チームでキャプテンをやっていて、それで、チームをまとめるようなこともやっていましたので、武田さんに部長になれって言われたんです。今でも、ぜんぜんできていないんですけど、でもやっぱり、皆をまとめようという想いはすごくありますね。あんまりコミュニケーションがとれていないところをどうやってとれるようにするかなど、すごく難しいですが。**(29)**

皆をまとめようという想いはあっても、命令や指示を出すなどして、強引にまとめようとはしていない。「それでは、まとめることはできませんので」とも述べている。また、各社員のやる気を削ぐようなこともしたくないとして、こう続けている。

　諄いようですけど、はっきり言って、私をはじめ、もともといたメンバーは仕事ができないんですよ。やる気はすごくあるのですけど。でもそこが、やっぱり伸びた要因だと思うんです。最近入ったメンバーとはすごい温度差はあるのですが、そのやる気の部分を削るようなことはしたくないんです。かなり言い合うこともあるのですが。**(30)**

また、畠山氏は当初、期限付きの短期パートタイマーとして採用されたが、皆からの要望で雇用が延長されることとなり、その後さらに、これも皆からの要望で社員へと登用され、そして 2016 年には、これも皆からの推薦でマネージャー

に昇進している。畠山氏はマネージャーとしての心構えについて次のように語っている。

　ちょっとまだそこまでは考えていないですけど、今までやっていたのと大差はないと感じています。実際、マネージャーになって何か変わったというのが今のところまだなくて、やっていたことの継続になっています。(31)

　配送部門では、各社員が自分のコースを持っているため、各自、その仕事を行うのが基本である。ただ、自分の仕事が完了すれば終わりではなく、他の社員の仕事を手伝うなどといった助け合いも行っている。誰から言われるでもなくである。この1、2年で、こうしたことができるようになってきたという。各部門内での仕事上のコミュニケーションも、以前と比べると格段にとれるようになってきている。
　また、部門間での仕事上のコミュニケーション、連携を図る工夫もいろいろと行い、成果が出るようになってきている。以前は、部門間で苦情の言い合いになってしまうことが多々あったが、最近は少なくなっている。
　仕事以外でのコミュニケーション、人間関係もよくなってきている。会社でバーベキュー大会や屋形船クルーズを企画したり、全統一労働組合が主催するレクリエーションに一緒に参加したりもしている。吉沢氏は忘年会と新年会の例をあげ、次のように語っている。

　会社が黒字になってきてから、忘年会、新年会をやるようになっていますが、最初の頃は、渋々行くというスタンスだったんです。それが、最近は楽しいですね。二次会をやるようになったというのも、すごいことだと感じています。自分も二次会があるなら、行きたいと思うようになっているんです。それは自分のなかではけっこう大きいことだと思いますね。(32)

　小泉氏も、コミュニケーション、人間関係がよくなってきたとした上で、その重要性についてこう述べている。

やはり人間ですから、好き嫌いはありますが、コミュニケーションをとって、仲良くするのが一番素晴らしいことですよ。仕事にも反映しますしね。(33)

（5）労働者自主生産へのこだわり

城北食品では、藤村氏が、自らが営む洋水の名義で全株を保有し、また、代表取締役ともなっている。しかし、これまで述べてきたように、会社の運営はすべて社員が行っており、意思決定は基本的に会議でなされている。会議では役職等にかかわらず、全社員一人一票である。藤村氏は投票しない。査定制度はなく、賃金は平等主義に則っている。これらのことからすると、城北食品は実質的には労働者自主生産を行っていると言える。小泉氏も「皆で意見を出し合って決める」ことが労働者自主生産へのこだわりだとして、こう続けている。

新しく入った人も、言いづらいかもしれないけど、意見というか、思っていることを言えるというのが、やっぱり自主生産のこだわりというか、いいところなのだと思います。(34)

藤村氏は「皆で決めていく仕組み、プロセス」に加えて、「一人も切らない」ことも労働者自主生産へのこだわりであるとしている。その一方で、労働者自主生産の課題について次のように指摘している。

自主生産を始めた時に絶対に出てくると思っていたことが、今出てきています。やはり、同じ仕事をしても、いろいろと差はあります。それでも、基本的には皆、一緒の条件で働いています。また、とにかく皆で助け合っています。すごく大変なことなんですけど。それが永遠のテーマとして、自主生産にあるのだろうと思います。(35)

助け合って仕事を行っているため、指示、命令によってではなく、自主的にではあるものの、より多くを負担している人のなかには、表立って言うことはあまりないが、不満を抱いている人も少なからずいるという。前述の報奨金支給の試みは、そうした不満を解消する狙いもある。

吉沢氏は労働者自主生産へのこだわりについて、「利益を上げようということよりは、仲良くしようということの方に重点を置いている」と語っている (36)。それでも、労働者自主生産開始時から在籍している社員とその後入社した社員との間には、労働者自主生産へのこだわりに温度差があるという。

その後に入社した社員は、まだ若いので、体力もあり、全体としてキャパシティーが大きい。実際、よく働き、時には先輩社員の手伝いまでしている。会議などでも、積極的にいろいろと発言する者が多い。不平を言うことはほとんどなく、いたって前向きであるという。そうした若手社員を見ていると、可哀想になると、小泉氏は述べている (37)。藤村氏はこのことを念頭に、労働者自主生産へのこだわりについて、以下のようにも語っている。

　本当に何のために自主生産をやってきたかということです。自分たちが生きて行くために、自分たちの職場を大事にして、頑張ってきたんです。能力のあるなしにかかわらず、一緒にやっていきたいという気持ちがあれば、とにかく、皆でやっていこうということで。会社が大きくなればそれでいいというようなことではありません。

　それはどういう社会をつくりたいかということに通じると、いつも思うんです。社会全体のなかには、能力のない人、弱い人、ハンディキャップのある人など、いろんな人がいますが、そういう人たちを切り捨てていいはずがありません。また例えば、今日、元気に仕事ができていても、次の日にはもしかしたら、何かの事故にあったり、病気になってしまうかもしれない。そういうことを考えても、やっぱり皆、助け合っていく以外にないんです。会社もその縮図だと思うので、助け合っていかないと。(38)

相互扶助については、社内にとどまらず、全統一労働組合、自主生産ネットワークなどとの間でもなされている。社員の皆は、特に労働者自主生産開始時からのメンバーは、全統一労働組合、自主生産ネットワークに対する感謝の気持ちを今も変わらず持ち続けており、それぞれの活動には積極的に参加している。会社を存続させ、社員の賃金を上げ、また、社員を増やすことで、組合費を増やすことが、全統一労働組合への恩返しになるとも、吉沢氏は語っている (39)。

仕事上でも、前述のように、自主生産ネットワークのメンバーであるビッグビートの上野の店舗を有料で間借りし、台東支店を設けている。また、城北食品も本店の一部をビックビートの倉庫として有料で貸している。ビッグビート設立時には、それに加わらない全統一労働組合光輪モータース分会の組合員を雇い入れてもいる。さらに、同じく自主生産ネットワークのメンバーであるアール・シーには、倉庫にある業務用冷蔵庫・冷凍庫のメンテナンスを委託している。これらの他にも、自主生産ネットワークのメンバーとの間で仕事上のつながりを持っている。

（6）対抗的ヘゲモニーとしての特質

城北食品も労働者自主生産を行っており、そのことで対抗的ヘゲモニーたりえている。自主生産開始以前および同業他社と比べて、賃金、労働条件は低くないため、自己搾取があるとは言えないだろう。労働者は自己を労働力と人格に分裂させないよう、十分にではないにせよ、以上見てきたような形で組織を運営している。それで実際、労働力と人格の分裂を防ぎきれているわけではない。だが少なくとも、個人差はあるものの、ある程度、自分たちは経営者でもある、自分たちの会社は労働者自主生産企業なのだ、自分たちはここで労働者自主生産を行っているのだというアイデンティティは持ち合わせている。

旧経営陣のもとで争議を展開していたが、倒産には至らず、会社の譲渡という形で労働者自主生産に移行していることからすると、対抗的ヘゲモニーとして柔軟性を有しているといえる。また、共同出資ではないが、全社員で討議し、意思決定しながら、皆で助け合って労働者自主生産を行い、そのアイデンティティを共有していることからすると、対抗的ヘゲモニーとして強固であるといえる。

ただし、15名いる社員のうち、労働者自主生産開始時のメンバーは6名となっており、その後に入社した社員との間に労働者自主生産に対する意識のギャップがあることは否めない。会議、集会、イベント、日常の雑談等において、古くからいる社員が自らの体験、想い等、労働者自主生産について語るなどして、そのギャップを縮小する努力もなされているが、それが功を奏しているのは、社員数がそれほど多くないことにもよると考えられる。

城北食品は、学校給食の食材納入業という、資本主義的競争の圧力がやや弱い業種にいるため、対抗的ヘゲモニーたりうるのが他業種ほどには困難でない環境

にある。だからといって、安泰であったわけではない。実際、その困難さに直面してもいる。ただ、どんなにうまくいっていない時も、会議を開催し、皆で討議を行ってきた。城北食品が曲がりなりにも労働者自主生産を維持し、対抗的ヘゲモニーたりえているのは、何よりもそれを積み重ねてきた結果である。

小括

　以上、事例として城北食品を取り上げ、その組織運営を中心に考察してきた。そこから明らかになったことを以下でまとめておきたい。

　城北食品では、組合員が廃業、解雇に徹底して反対したことで、前経営者が会社を組合側に譲渡したのを契機に、労働者自主生産を開始している。同じある特定の主義・主張を持つに至ったからというわけではない。その過程においては、全統一労働組合から多大な支援を得ている。

　現在の組織体制としては、株式はすべて洋水が所有している。代表取締役は洋水を経営する藤村氏が務めている。社員は 15 名、代表取締役、監査役（非常勤）を含めると、17 名である。他に、パートタイマーが 1 名いる。部門は大きく配送部門と事務部門に分かれている。それぞれ、部長とその下にマネージャーを置いている。本店の他に、台東支店を設けている。部長、マネージャーへの昇進は、他薦あるいは自薦の後、社員全員による選挙で決定されている。

　賃金は基本給については原則として全社員同額である。役職手当、配送手当、勤続手当、家族手当がある。勤続手当はそれほど多額ではないが、ある程度、年功給的な役割を果たしているともいえる。昇給、査定制度はない。手当とは別に、新規契約報奨金がある。賞与は業績次第であるが、ここ数年は毎年夏と冬の 2 回支給できている。基本的に全社員同額である。ただし直近では、社員全員が一人一票で、いくつかの評価項目に基づいて自分以外で評価が高いと考える役職なしの社員を選び、項目ごとに得票数の多い者に対して、少額ではあるが、会社が報奨金を支給するといった試みも行っている。退職金制度もある。変形労働制を採用しているが、残業については時間外勤務手当が支給されている。週休 2 日制である。休暇は、年末年始休暇、有給休暇、慶弔休暇、産前・産後休暇、育児休暇がある。ほとんどの社員は、学校の夏季休暇にあわせて、かなり長期の有給休暇

を取得している。

意思決定は基本的に会議でなされている。会社全体の基本的な意思決定は、全体会議でなされている。全体会議は代表取締役と全社員が参加する。一人一票で全員一致が原則である。その他に、部長会議、配送会議、事務所会議、それから、労働組合の会議である分会会議、さらに年に1回、城北食品総会（全体会）が開催されている。それぞれの会議では概して、皆で熱い討議と熟慮された選択を行っている。ただし、各自、担当の仕事については、それぞれ自らの判断で行うのが基本である。

基本的に社員間に上下関係、支配関係は存在しない。したがって、マネジメント、リーダーシップも、その上に成り立っている。各部門内、各部門間での仕事上のコミュニケーション、連携も図れている。仕入先、顧客などからのクレームについても、会議において皆で共有し、次の対策につなげている。

城北食品では、皆で意見を出し合って決めることが労働者自主生産へのこだわりであるという。また、利益を上げることよりも、仲良くすることの方に重点を置いているという。能力のあるなしにかかわらず、一緒にやっていきたいという気持ちがあれば、とにかく、皆でやっていこうということで、これまで、自分たちの職場を大事にし、助け合ってきている。会社を社会の縮図であるともとらえている。

社員は全員、全統一労働組合の組合員である。毎月1回、組合の会議である分会会議を開催し、主に労務関連の問題を話し合っている。経営研究会、自主生産の日等、全統一労働組合、自主生産ネットワークの会議、集会、イベント等には積極的に参加している。全統一労働組合が主催するレクリエーションに一緒に参加したりもしている。自主生産ネットワークに加盟しているいくつかの会社とは、業務においても協力関係にある。

城北食品は、柔軟で強固なヘゲモニーを形成しえている。ただし、労働者自主生産開始時のメンバーよりも、その後に入社した社員の方が多くなっており、両者の間で労働者自主生産に対する意識のギャップがあることは否めない。そのギャップを縮小する努力もなされているが、それが功を奏しているのは、社員数がそれほど多くないことにもよると考えられる。また城北食品は、学校給食の食材納入業という、資本主義的競争の圧力がやや弱い業種にいるため、対抗的ヘゲ

モニーたりうるのが他業種ほどには困難でない環境にある。だからといって、安泰であったわけではない。

注

（1）本事例は主に、城北食品の藤村早百合氏、小泉博氏、岡本重徳氏、吉沢紀朗氏、今国博氏、畠山美喜子氏、武田和治氏に対し、2016 年 5 月 13 日に全員同席のもとで行った聴き取りと、その時提示された資料に基づいている。したがって、基本的にその時点での内容となっている。なおその後、補足的な聞き取り、確認等は行っている。

（2）鳥井一平氏からの聴き取りによる。

（3）武田氏からの聴き取りによる。

（4）「解雇通知書」（2008 年 2 月 27 日付）。

（5）「抗議並びに団体交渉開催申入書」（2008 年 2 月 29 日付）。

（6）藤村氏からの聴き取りによる。

（7）鳥井氏からの聴き取りによる。

（8）小泉氏からの聴き取りによる。

（9）吉沢氏からの聴き取りによる。

（10）同上。

（11）今氏からの聴き取りによる。

（12）小泉氏からの聴き取りによる。

（13）藤村氏からの聴き取りによる。

（14）吉沢氏からの聴き取りによる。

（15）武田氏からの聴き取りによる。

（16）小泉氏からの聴き取りによる。

（17）同上。

（18）岡本氏からの聴き取りによる。

（19）武田氏からの聴き取りによる。

（20）藤村氏からの聴き取りによる。

（21）同上。

（22）「第 2 回城北食品総会」（2009 年 11 月 14 日付）。

（23）武田氏からの聴き取りによる。

（24）パートタイマーは、女性社員が 1 名、産休に入るため、その補充として、2016 年 8 月から雇い入れている。

（25）小泉氏からの聴き取りによる。

（26）藤村氏からの聴き取りによる。

（27）同上。

（28）以下は、2016年11月12日開催の第9回城北食品総会に向けて行われたグループ討論において話し合われたテーマと内容の一部である。ちなみに、第9回城北食品総会において、役職については現状維持ということで決定がなされている。なお、Bグループの第1回目のグループ討論および第9回城北食品総会には、筆者もオブザーバーとして参加している。

（29）岡本氏からの聴き取りによる。

（30）同上。

（31）畠山氏からの聴き取りによる。

（32）吉沢氏からの聴き取りによる。

（33）小泉氏からの聴き取りによる。

（34）同上。

（35）藤村氏からの聴き取りによる。

（36）吉沢氏からの聴き取りによる。

（37）小泉氏からの聴き取りによる。

（38）藤村氏からの聴き取りによる。

（39）吉沢氏からの聴き取りによる。

第5章
労働者自主生産事例3
──ハイム化粧品

はじめに

　本章はハイム化粧品株式会社を具体的に考察している。同社は、化粧品、医薬部外品の製造、販売を主な業務内容とし、千葉県松戸市に本社・工場を置いている。倒産争議を経て、自主再建を成し遂げ、その後、労働者自主生産を継続し、今日に至っている (1)。今日まで存続している、労働者自主生産の最新の事例のひとつである。本書で労働者自主生産の事例として取り上げている3社のなかでは、規模は最も大きく、出資形態は現在は代表取締役を含む取締役3名のみによる出資、業種は化粧品製造業である。旧会社の存続中は、旧経営陣との間で激しく対立することはなかったが、倒産にともない、職場占拠を含む争議を展開している。そして、新会社を設立すると同時に、労働者自主生産を開始し、今日に至っている。他の2つの事例とは、規模、出資形態、業種、労働者自主生産開始の経緯等をすべて異にしている。本章の目的は、これらの特性がそれぞれ同社における労働者自主生産の組織運営にどのように作用しているかを考察することである。

　本事例でも、組織運営の考察を中心としていることから、それとの関連で、同社における組織体制、賃金体系、労働条件、意思決定、マネジメント、リーダーシップ、労働者自主生産へのこだわり等を分析対象としている。またそこから、第1部の考察を基にして、対抗的ヘゲモニーとしての特質を検出している。

第1節　労働者自主生産開始前

（1）経営危機

　ハイム化粧品株式会社の前身は株式会社ハイムおよびハイム化学株式会社であ

る。ハイムは 1961 年に創立され、1967 年には製造を担うハイム化学を設立した。創立以来、比較的安価で、安心・安全に留意した商品を提供してきた。創業家が当時の日本社会党の、働く女性に安価でよい化粧品をという企画に乗り、各消費者団体、各労働組合婦人部、とりわけ全国の生活協同組合に支えられ、最盛期には約 38 億円の売上高を達成している。

しかしその後、生協市場の変化、生協自体の変化、他社の参入等に対して、対応が遅れ、無策が続いたため、長期的に売上を減少させていった。加えて、親族会社の倒産処理、工場の建設、会社経費による創業家宅の購入等により、約 14 億円に及ぶ長期借入金を抱えることとなった。そして 1999 年には、約 1 億 5,000 万円もの大幅な赤字を計上した。ここに至り、経営体質の改善、本社・工場の統合、間接要員の合理化、利益率の高い商品の販売等に取り組むが、先の長期借入金が重く圧しかかり、次第にその負担に耐えられなくなっていった。社債名目による新たな借入、創業家の遺産処理等が、それに追い打ちをかけていった。

2006 年暮れには、それまでは支給されていた一時金（賞与）が、今回をもって最後になりそうだとの情報が一部に流れた。そして 2007 年 5 月には、会社が厳しい状況にあり、毎月、資金繰りを調整しているとの話しが、全社員を前に経営陣からなされた。経営陣は次第に出社しなくなり、会社は統制がとれなくなっていった。

（2）倒産過程

これを受けて、労働組合も本格的に動き出した。当時、ハイム化学の社員は、個人加盟の労働組合である全統一労働組合に加入し、全統一労働組合ハイム化学分会を結成しており、また、ハイムの社員は、日本化学エネルギー産業労働組合連合会関東化学一般労働組合（JEC）に加入し、ハイム支部を結成していた。そのため、全統一労働組合からは書記長の鳥井一平氏が、JEC からは片桐晃氏がそれぞれ乗り込み、協力して対応に当たることとなった。

会社は 5 月末に、両組合に対し経営状態について具体的に報告した。それ以降も、会社側と組合側は労使交渉を重ねている。こうした経営状態では、先に協定を結んでおいた方がよいとの、鳥井氏の助言に従い、倒産に至った場合の、両組合による本社・工場等の管理を認める「基本協定書」、「本社・工場使用について

の協定書」をはじめ、「退職金上積み協定書」、「労働債権確認書」も取り交わした。もともと労使関係は悪くなく、また、経営陣もどろどろになってまで会社存続のために闘おうという意思がなかったため、組合側の要請をすんなりと受け入れたと、鳥井氏は述べている (2)。ただし、創業家は自らの資本投入には一切応じなかった。

　この時期、あるファンドとの資金協力契約が同時に進行していた。しかし調査の結果、いわゆるハゲタカファンドであることが判明し、締結直前で破棄している。ここに至り、会社は窮地に陥った。取引銀行は倒産を回避すべく、新たなファンドとの交渉を持ちかけたが、時すでに遅く、経営陣は会社に姿を見せなくなった。

　取引先・代理店等の電話、来社が相次いだため、両組合はハイム再建委員会を組織し、分担して対応にあたった。同時に、会社との協定に基づいて、「売掛債権譲渡通知書」をいつでも出せるよう準備に入った。

　そして８月７日には、翌８日に会社が破産申請を行うらしいとの情報を得ると、組合側は取引先・代理店等に「売掛債権譲渡通知書」を一斉に送付し、同時に、本社・工場の防衛体制を敷いた。情報通り、会社は８日に東京地方裁判所に破産申請を行い、翌９日に申請が受理された。ここに、ハイム化学およびハイムの事実上の倒産が決まった。組合側は会社を代行して、「破産届け通知」および「再建委員会からのお知らせ」を一緒にして、取引先・代理店等に FAX で送った。

　同日、破産申請受理を受けて、複数の弁護士からなる破産管財人と代表取締役の葛生正氏が来社し、組合側にその旨を伝えた。これに対し、組合側が職場を守り、雇用を確保すべく、事業継続・会社再建の意向を伝えると、管財人は「清算だけが目的ではなく、事業再建や雇用確保も意味がある」と、一定の理解を示し、また、先に締結した労使協定に基づき、両組合が本社・工場を管理することを了解した。鳥井氏の助言に従い、労使協定を結んでおいたことが、組合による本社・工場管理の法的根拠となり、功を奏したといえよう。

　倒産直後、ハイム化学およびハイムに倒産時点で在籍していた約 120 名の社員全員に対し、個別面接が行われた。面接では、倒産争議を行う意思、継続する生活力、雇用保険の失業給付、新会社への出資等について確認している。残る意思を示した者は 16 名であった。そのうち 14 名はハイム化学の社員、２名はハイムの社員である。以後、この 16 名で倒産争議を継続していくこととなる。

第2節　再建過程

（1）労働者自主生産開始

　倒産争議は、前出の鳥井氏と片桐氏が強力に支援している。また、全統一労働組合の他の分会の組合員、同組合が深く関わっている自主生産ネットワークのメンバーなどが応援に駆けつけている。本社・工場を債権者等から守るために、24時間体制で防衛体制をとる一方で、設置したハイム再建委員会において、再建への準備も進めていった。その時の状況について、現専務取締役の大場勝氏は以下のように語っている。

　　倒産で僕らは落ち込んでいるじゃないですか。もう終わりだみたいに。なのに、鳥井さんは、よーし、っていう感じで。僕らに対して、倒産は最高だって言うんです。倒産こそ会社を自分たちのものにできるチャンスだ。そこにこそ、本来の自由があるんだって。
　　最初、JEC 側はあまり乗り気ではなかったんですけど、それも鳥井さんが上手く引き込んで。また、僕が辞めたいって漏らしたら、ダメだって言うんですよ。一緒にやっていこうって。鳥井さん、怖かったですね。とにかく、毎日来ていましたよ。(3)

　全統一労働組合は倒産争議について多くの経験を積んでいたので、その時その時でやるべきことが分かっていた。組合側は、再建後しばらくは、旧ハイムの在庫商品販売で急場を凌ごうと、倒産直後に、在庫確認のために倉庫会社を訪ねた。しかし、管財人の許可なしには倉庫に入れないと、拒否された。管財人と交渉するも、当初は平行線を辿っている。それでも粘り強く交渉を重ねた結果、ハイム再建委員会に在庫商品の販売優先権があること、また、倉庫会社が抱える在庫商品の留置権を 700 万円で外すことで決着した。この間、同時に、代理店等との交渉も進め、販売先の確保にあたっている。
　そして 8 月 29 日、ハイム化粧品株式会社を登記し、設立するに至った。資本金 250 万円、発行済株式数 50 株、発起人 5 名による出資、株式会社ハイムおよ

びハイム化学株式会社からの事業譲受、労働組合を主体とした会社という形での
スタートである。発起人はすべて、残る意思を示した 16 名のなかのメンバーで
ある。会社のロゴは設立に参加したこの 16 名に因んで、16 の花びらを配している。

　ハイム化粧品は、社員参加の意思決定を基本とするが、株式会社ということで、
取締役会を設置した。取締役には代表取締役を含め、発起人のなかから 3 名を選
出した。また、諮問機関・チェック機関として部外者を入れた経営委員会を設置
した。経営委員会では、会社の戦略的なことまで検討がなされることとなった。

　新会社設立に伴い早速、在庫商品の第一次出荷を行っている。設立を急いだの
は、管財人から在庫商品を買い取るには、会社が必要だったということもあった
ようである。もっとも、新会社を設立し、在庫商品の購入・販売を開始したとは
いえ、乗り越えるべき問題は山積していた。発起人であり、設立時から代表取締
役を務めている羽田博氏は、当時を次のように振り返っている。

　　はじめはぜんぜん分からなかったですからね。それまで研究部門にいたもの
　で、まったくずぶの素人でしたから。何を言われても、それが正解なのか不正
　解なのかも分からない状態で。お金もどこからどうするのかも分からない状態
　だったんですよ。(4)

　また同じく、それまで研究部門に在籍し、いきなり、発起人、取締役となった
前出の大場氏は、当時をこう振り返っている。

　　我々は溝を手あたり次第さらうのではなく、ちゃんと感覚で確認しながら、
　運営していたようなところがありました。スピードは遅かったですけれど。(5)

　経営の経験こそなかったが、的を絞って、着実に物事に対処していたことがう
かがえよう。経営においては、旧会社の経営を熟知している、発起人で当時相談
役を務めていた杉原以和夫氏が、様々な場面で意見を出し、また動いてもいた。
鳥井氏も引き続き、陰に陽に支援している。

　設立以降、ハイム化粧品は営業活動を展開するとともに、管財人との交渉を重
ねている。9 月 20 日には、管財人との間で「債権譲渡通知書」の合意文書を取

り交わした。10月中旬には、管財人から旧ハイムの在庫商品をすべて買い取り、本格的出荷体制を整えるとともに、全統一労働組合の紹介で、新規の製品倉庫に移転した。11月に入ると、旧ハイムの創業家との間で、商標を巡っての交渉を始めた。

またこの間、自力再建に尽力する一方で、ファンドとの交渉も進めている。そもそも新会社の設立当初は、新会社をファンドに売却し、その下で事業を行うという意向もあったと、羽田氏は述べている (6)。そんな折、化粧品等の通信販売、生協での販売を行っていたある会社から、自社工場を保有したいとのことで、また、同社の販売経路が旧ハイムと重なっていたこともあり、買収の話しを持ちかけられた。

ハイム化粧品も渡りに船ということで、当初は乗り気であったが、本社・工場等の根抵当権の問題が重く圧しかかった。また、旧ハイムの商標権についても、創業家と折り合いがつかなかった。創業者はすでに亡くなり、商標権は創業家の5名が保有していたことも、交渉を難しくさせていた。

結局12月には、その会社との事業提携を断念した。これを受けて、自社商品の生産・販売を再開すべく、生産委託会社、旧代理店との協議を始めた。また、自社商品の自社生産再開に向けた動きも活発化させた。そして同月末には、管財人は旧会社のすべての事業権（一部商標を除く）を新会社のハイム化粧品に譲渡した。ハイム化粧品は在庫販売で得た利益で、管財人から2,000万円余りで買い取っている。

翌2008年1月には、以前からの懸案であった、旧ハイム化学の下請企業であったOEM企業との事業提携の話しも決裂し、いよいよ自主再建しか道がないと、覚悟を決めることとなる。同月末には、松戸地区労働組合会議（松戸地区労）主催でハイム激励集会が開催されるなど、支援の輪もさらに広まっていった。

こうしたなか、2月には、雇用保険の失業給付をめぐる大きな問題が発生した。社員となっていない組合員が松戸のハローワーク（公共職業安定所）に認定申請に行った折、不正受給との指摘を受け、その直後に、会社に調査が入った。何人か呼び出されて、聴取も受けた。全員に給与を支払える状態ではなかったので、一部の組合員は社員とならずに、雇用保険の失業給付で生計を立てていたが、それが認められないとなれば、生活していけなくなる。それで仕方なく会社を去るこ

とにでもなれば、会社も立ち行かなくなる。

　そこで、全統一労働組合、松戸地区労、自主生産ネットワークが解決に乗り出し、ハローワークと交渉を行った。その結果、ハローワークは、ハイム化粧品がいまだ倒産争議の状態にあり、組合員の行動が労働ではなく、争議の範疇にあると認め、問題を取り下げた。発起人であり、設立当時は監査役を、現在は常務取締役を務めている中村一弘氏は、この問題について次のように振り返っている。

　　不正受給をしているとなり、そのことが広まれば、社会の批判にさらされ、会社は厳しかったかもしれません。それを回避できたのは大きかったですね。また、それで安心して、その後も残ってくれましたし。自分たちのやっていることは不正ではないかって、かなり動揺していましたので。(7)

　雇用保険の失業給付の問題が無事解決し、3月には、自主生産ネットワークに加盟するケーテイーシーの取締役社長の武田和治氏から紹介された会社の工場で、新会社初の生産を開始した。また同月、千葉県からハイム化粧品に対し、化粧品、医薬部外品製造の許可が下りた。これを受けて4月には、自社工場での生産を再開した。

　もっとも当時は、取引先から原材料を仕入れるにも、現金を先払いしなければならなかった。旧取引先でも、取引の再開を拒否するところが少なくなかった。旧ハイムに対する売掛債権をほとんど回収できなかったため、恨みを持っていたところもあった。1社の取引先が拒否すると、右へ倣えで、そこと関係の深い他の会社もなかなか取引に応じなかった。こうした状況では、原材料の取引先、商品の委託生産先を見つけるのも難しかった。それでも、羽田氏、大場氏が直接出向いて懇願したことで、現金先払いという条件ではあるが、取引に応じる会社も出てきた。全統一労働組合、自主生産ネットワーク等の紹介によっても、新たな取引先、委託生産先を得ている。

　生産体制が整ったこともあり、5月からは、旧会社の時代から取引関係のあった、都内に本部を置くある生協での支援販売が行われ、売上を伸ばしていった。そして7月末の決算では、大幅な黒字となった。商標権については、創業家は譲

渡を拒否し続けたため、その後、不使用取消審判を経て、ようやく使用できるようになっている。

（2）財務問題

　設立以来、管財人等との間で交渉が進められていた債権問題は、長期に及んでいた。先にも触れたように、2007年9月20日には、管財人との間で「債権譲渡通知書」の合意文書を取り交わした。その後12月5日には、第1回債権者集会が開催され、5億6,000万円ほどある売掛債権を回収して、労働債権に充てることが認められた。しかし、その配分を巡っては、全統一労働組合ハイム化学分会組合員の労働債権はほとんどないとする一方で、JEC組合員のそれは満額を保障するとの回答であった。これに対し、全統一労働組合ハイム化学分会組合員6名は、旧ハイム化学と旧ハイムは一体であること等の意見を表明した。

　翌2008年3月には、第2回債権者集会が開催され、全統一労働組合ハイム化学分会組合員にも労働債権を満額支払うことで決着した。この集会をもって、債権者集会は結審となった。もっとも、旧ハイム化学は製造会社であったため、旧ハイムに対する売掛債権しかなかった。したがって、全統一労働組合ハイム化学分会組合員への配分は、その売掛債権に対してのものということになった。そして5月には、全統一労働組合ハイム化学分会債権者全体集会において労働債権の配分を決定し、配当通知を行った。また、全統一労働組合、JECを中心に、一部の代理店、地域の支援者からの出資金で、2,250万円の増資が実現した。一連の債権問題について、大場氏は次のように述べている。

　　倒産する会社じゃなかったんです。管財人の先生から、債権がごろごろしていると言われました。それを回収していなかったんですからね。代理店の方も、すぐに支払わなくても大丈夫だろうっていうことで、溜まっていったんだと思います。それで、複数の銀行から無謀な短期借入をやって、結局、計算できなくなったんですね。**(8)**

　最終的には、5,000万円ほどの資金が不足し、破産しているのだから、いかに財務管理ができていなかったかがうかがえよう。

債権問題が解決したのと時を同じくして、本社・工場の土地・建物について、みずほ銀行より競売申し立てがなされた。これを受けて、6月には、競売第1回臨場（執行官立入調査）が行われた。これに対し、全統一労働組合、JEC、松戸地区労、市民自治をめざす1000人の会（松戸1000人会）などから約60名が駆けつけ、抗議行動を展開した。また8月には、競売第2回臨場が行われた。これに対しても、全統一労働組合、JEC、松戸地区労、松戸1000人会などから約30名が駆けつけ、抗議行動を展開した。

この間に、鳥井氏の紹介で、前出の一水社不動産部の原田隆二氏から、本社・工場の土地・建物を買い取り、ハイム化粧品に貸与するとの協力の申し出を受けた。しかし10月になると、原田氏は、9月に発生したリーマン・ショックを受け、買い取りを延期することとなった。競売問題が暗礁に乗り上げているなか、自ら経営基盤を強化しようと、翌2009年3月には、拡大役員メンバーで2,000万円を出資し、そのうち1,000万円を資本金に組み入れた。原田氏はその後窮地を脱し、4月末には競売問題について詰めの協議を行った。その結果、ハイム化粧品がみずほ銀行から1億3,700万円で本社・工場の土地・建物を買い取り、その資金を原田氏から借り入れることとなった。このような形にしたのは、いずれハイム化粧品が原田氏から買い取り、名義変更する際に、費用がかかるのを避けるためである。

その後7月には、社内で全体集会を開催し、7月末支給の一時金、8月からの賃上げについて論議している。また、創業時メンバー会議を開催し、各人に対し功労金40万円の支給を決めている。そのうち、それぞれ20万円は資本金へ回すこととなった。そして9月には、持株会を設立した。なお、本社・工場の土地・建物を買い取るために原田氏から借り入れた資金は、それから3年後に、銀行からの融資で返済している。それにより、実質的にも本社・工場の土地・建物を所有するに至っている。

設立後、銀行から融資が受けられなかったことから、商品を生産するため少人数私募債を発行し、全統一労働組合、JECの協力で2,350万円の資金を調達したこともあったが、競売問題が解決したのを契機に、銀行との関係を改善すべく、動き出した。羽田氏が知人から、地域のある有力者を紹介され、同氏の仲介で銀行からの融資が実現した。同氏は地元の建設会社で社長を務め、また、いろいろな会社の支援、救済等にも尽力していたこともあって、銀行とも懇意であった。

本社・工場の土地・建物を買い取るための融資についても、同氏が銀行に働きかけている。同氏はその後、ハイム化粧品の相談役・社長補佐（非常勤）となり、今に至っている。

（3）営業活動

　営業活動は、新会社の設立とともに開始している。営業担当者は誰も残らなかったこともあり、未経験者ばかりでの営業となっていたが、羽田氏、大場氏、中村氏、同じく発起人で当時取締役を務めていた堀江妙子氏が中心となり、都内の百貨店、首都圏、地方の生協等を訪問した。そして9月初旬には、全統一労働組合本部名義で管財人より旧ハイムの在庫商品の一部を買い取り、訪問したいくつかの生協等への販売を開始した。10月中旬には、管財人から在庫商品をすべて買い取り、販売を続けていった。当時の状況について、羽田氏は以下のように語っている。

　　販売先が見つからなくて。それで、以前取引のあったいろんな生協さんにお願いに行ったんですよ。なんとかまた取引を再開させてくださいって。でも、倒産してしまうと、突破口がなかなか開けなくて。それで、鳥井さんをはじめ、さまざまな伝手を使って、いろんな生協さんになんとかまた取引してくれませんかって再三お願いに行きました。それでようやく、取り扱っていただけるところがいくつか出てきて。そうした中で、なんとか基盤ができてきたという感じです。(9)

　同時に、旧会社代理店、個人顧客に対しても販売を開始した。個人顧客からは、電話、手紙等で、「頑張ってください」、「創業時からずっと使っている」、「ハイムの化粧品がなくなるのは、薬がなくなるのと一緒なんですよ」等、多くの応援のメッセージが寄せられた。電話では、「私のハイム」といった言い方をする顧客も少なくなかったという。またなかには、「手伝いに行きます」、「出資します」、「寄付します」といった申し出まであったという。当時作成されたハイム化粧品の内部資料には、「根強いハイム化粧品愛好者の存在に我々自身が驚くと共に、再建の必要性やその責任を改めて自覚しました」と綴られている (10)。顧客

からの応援のメッセージは、今も社内に大切に保管されている。

　その一方で、旧会社倒産後、インターネットの2チャンネルに嫌がらせの書き込みがなされたりと、風評被害にも見舞われた。また、以前の取引先のなかには、倒産後すぐに他の化粧品会社と取引をはじめており、ハイム化粧品との取引再開に難色を示すところもあった。旧会社代理店の多くも離反していった。管財人からある程度強引に売掛債権を回収されたことなどもあり、ハイム化粧品に対し不満を抱いているところが少なくなかったようである。また倒産後、他社で職を得た旧ハイムの営業担当者が、そこで別ブランドでの化粧品販売を展開した。旧会社代理店のおよそ3分の2がそちらに流れた。実はその前に、その会社はハイム化粧品との事業提携の動きも見せたが、実現には至らず、2008年1月末から、他社で委託生産した化粧品を別ブランドで販売し始めたという経緯がある。

　こうしたダメージを受けながらも、在庫商品の販売で急場を凌いでいたが、同年3月には他社工場で、4月には自社工場で製造を再開し、5月からは、先に紹介した、都内に本部を置くある生協で支援販売が行われた。同生協は、ハイム化粧品がまだ本社・工場の土地・建物の競売問題を解決できていなかったため、本格的な取引の再開には応じないでいたが、ここでは特別セールということで支援している。「ここで支援してくれたのは大きかったです」と中村氏も振り返っているように (11)、これによりハイム化粧品は売上を伸ばし、7月末の決算では大幅な黒字となっている。10月には、全日本自治団体労働組合（自治労）本部がハイム化粧品販売協力要請文を全国配布した。これに対し、関係者からのクレームもあったというが、他の労働組合から支援があったというのは、注目に値しよう。

　そして、競売問題が解決した後の2009年6月には、同生協との本格的な取引に漕ぎ着けた。初回の出荷額はおそよ3,500万円にのぼった。まだ経験が浅く、玄人のような営業ではなかったのかもしれないが (12)、その誠意が通じたのだろう。同生協という大口の販路を確保できたことで、ハイム化粧品はなんとか軌道に乗り始めている。

（4）労働者自主生産への決意

　ハイム化粧品では設立当初、羽田氏から、ハイム（独 Heim）が、家、我が家、家庭、

故郷を意味しているように、一日でも早く、働く仲間が安心して生活を託せる会社にしていきたいとの決意がなされた。同時に、顧客に喜んでもらうことが何よりも大切であるとのことで、成分公開（安心の全成分、配合目的、配合％まで表示）、情報公開（安心の製造年月の表示）、天然原料（天然原料由来成分の効果を活かせる処方研究）、適正価格（無駄なコストを省き、誠実な価格設定）、製販一体（研究開発から販売まで一貫した製品づくり）からなる「5つの約束」の方針が出された (13)。当時の内部資料には、以下のような記述がある。

　私たちは、倒産以降の再建に向けた活動の中で、協働していくことをしっかり上位者がいなくても可能なことを身に着けてきました。そのことは、旧会社では教えてくれなかった大きな成果です。又、同じ体験をしたものばかりではなく、遅れて仲間に加わった人たちを包み込める体験を感じています。旧会社での仕事や人間関係から「どれだけ、遠くにいける」のかを、常に振り返りながら「旧会社を総括し、こんなことから会社の運営」を行います。(14)

　また当時、会社として労働者自主生産を行うにあたって、仕事上での相互尊重、助け合いの必要性を唱えており、批判も含め、積極的で建設的な意見を出し、討議すること、そして、いったん決まったことは、意見の違いを乗り越え、協力していくことの大切さについて確かめ合っている。実際問題上、組織構造としては、財務・経理・総務を担当する管理チーム、営業を担当する営業チーム、生産計画・購買・生産指導・品管・開発を担当する生産・開発チーム、受注・物流（梱包、発送）を担当する受注・出荷チームに分かれていたが、少人数であり、兼務が多いこともあって、チームの垣根を越え、各人が助け合いながら業務を遂行する必要性に迫られてもいた。

　2008年9月には、前出のケーテイーシーの武田氏による「自主生産ネットワーク」についての講演も開催した。12月には、第1回組合総会を開催し、それまでの総括と今後の事業運営について全体で議論している。それにより、労働者自主生産の意義と課題について一定の整理ができたとしている。総会閉会後は引き続き、支援者との感謝の集いを開催し、約80名が参加している。

　しかし、こうして労働者自主生産を行い、その意義を確かめ合っていても、必

ずしもそれが十分に労働者へと伝わっていたわけではなかった。中村氏が2009年8月に作成した個人資料にも、「商売的には一般企業的発想が中心となりやすい」、「自分たちがやっていることが労働者による自主管理・自主生産であるという認識を持っていない」、「指導部（役員・相談役）のなかでの議論でも、EBO（労働者出資会社）という位置づけを持って出発したが、『自主生産』という言葉と内容、組合との関係が整理できず、曖昧なまま今日まできてしまっている」などといった記述が残されている (15)。

そこで、会議、集会等のなかで、しばしば、なぜ労働者自主生産の道を選んだのか、労働者自主生産の意義とは何かを皆で語り、確かめ合うよう努めていった。労働者自主生産のもとで、民主的に運営していくための仕組みについても、組織図を示しながら、理解を促している (図5-1参照)。

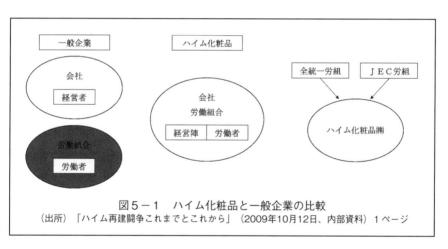

図5-1　ハイム化粧品と一般企業の比較
（出所）「ハイム再建闘争これまでとこれから」（2009年10月12日、内部資料）1ページ

当時の内部資料のなかでは、全統一労働組合、JEC、松戸地区労等の支援に対する感謝の気持ちと、お返しをしていきたいとの意向も示されている。商品提供を通じてはもとより、それ以外のことでも、広く地域貢献、社会貢献をしていくことも謳われている。労働組合だからできることとして、市民運動への参加意欲も示されている (16)。

第3節　現在の組織運営

（1）経営状況と組織体制

　その後、必ずしも順調とはいえないが、皆で力を合わせ、今日に至っている。第8期、2015年度は売上高 415,776,433 円、経常利益 23,467,455 円である。対前期比では、売上高がマイナス 36,295,513 円、経常利益がプラス 6,598,635 円となっている。資本金は 13,300,000 円である。

　現在の社員は、取締役、執行役員を含め、35名、内、女性が 18名である。パートタイマーは7名であり、すべて女性である。この他に、非常勤役員、相談役、販売員、業務委託といった非常勤が6名いる。職務範囲の変更等により、パートタイマーから社員に登用されることもある。社員の平均年齢は約 45歳である。年代別では 40代が最も多い。新会社設立時のメンバーで現在、社員で残っているのは、取締役を含め、8名である。他にも、争議の途中あるいは終結後に転職等で退職し、後に復帰した社員が5名いる。他はすべて中途採用である。

　組織構造は、取締役が、代表取締役の羽田氏、専務取締役の大場氏（開発部長兼任）、常務取締役の中村氏（管理部長兼任）の計3名、監査役が1名（非常勤）、相談役兼社長補佐が1名（非常勤）である。執行役員は、常務執行役員（経営企画部長および営業部長兼任）、執行役員（生産部長兼任）の2名である。

　部門は、管理部、営業部、生産部、開発部がある。それぞれの部の構成、役職、人数は以下の通りである。管理部の下には管理課とロジスティック課があり、管理課長1名、ロジスティック課長1名がいる。管理部は計6名で構成されている。営業部の下には営業課があり、ラインの営業課長1名と、その下に営業（外勤）課長1名、営業（内勤）担当課長1名がいる。他に、営業部担当部長1名、営業部中四国担当部長1名（非常勤業務委託）、また、クリエイティブ・ディレクションに3名がいる。営業部は計14名で構成されている。生産部の下には製造課があり、製造課長が1名いる。他に、製造担当テクニカルマスター1名、生産管理担当専門部長1名がいる。生産部は計14名で構成されている。開発部の下には商品開発課と品質保証課があり、商品開発課長1名、品質保証課長1名がいる。開発部は計4名で構成されている。加えて、ハイム化粧品は完全子会社を設立し、

同子会社を通じて理美容業者向けの販売を行っている。

　部課長への昇進は、上位の役職者たちが協議して決めている。設立直後は人数も少なかったので、ほとんどが役職者となっている。中途採用者については従来、基本的に役職なしで採用し、その後、昇進が図られている。基本的に年齢が重視される。ただし、常務執行役員は鳥井氏からの紹介により異業種から経営経験者をヘッド・ハンティングで採用している。そして、その手腕によりさまざまな改革が進んでいる。それについて、大場氏は次のように語っている。

　　お陰で、だいぶ体制を変えることができました。それまで仲良しグループでやっていたのを、きちっと手綱を締めて。胃が痛くなるような思いをすることもあります。(17)

　ハイム化粧品は、生協の他に、一般市場でも販売を伸ばしたいと、旧会社の時から比較的強みのあった北海道と九州に着目し、それぞれに営業所と営業担当者を置いていたが、経費がかかりすぎていた。そこで、両営業所の閉鎖および非常勤の担当者との業務委託契約の解消を会社に迫り、その処理等も行った。それにより、会社全体として売上は減少したが、それ以上に経費を削減することができている。

（２）賃金体系と労働条件

　賃金は、基本給については以前は同額であったが、2015 年に年功給（年齢給）に変更している。2016 年 5 月にも変更がなされ、現在の月給ベースでの基本給は、18 歳〜 19 歳が 160 千円、20 歳〜 21 歳が 180 千円、22 歳〜 23 歳が 205 千円、24 歳〜 39 歳が 220 千円、40 歳以上が 240 千円となっている。

　24 歳まで小刻みに昇給するのは、高卒、高専卒・短大卒、大卒、大学院卒の新卒採用の開始に備え、初任給をそれぞれの新卒平均に近づけているからである。一方、24 歳を過ぎると、39 歳まで昇給がない。40 歳になると昇給があるが、差は 20 千円である。しかも、それ以降は昇給がない。

　基本給の他にはまず、役職手当がある。前述のように、昇進においては基本的に年齢が重視されるため、役職手当は生活給的な要素が強いということにもなる。

実際、そうした目的もあると、中村氏は述べている (18)。この他に家族手当があり、社員の生活に対する配慮がなされている。賞与の支給は会社の業績次第である。ここ数年は支給できていない。退職金制度はない。また、社内で1人20万円までの低金利での貸付制度を設けている。これまでに3名、現在は1名が利用しているという。

勤務時間は9時〜17時30分(実働7.5時間、休憩1時間)である。これを超過すると、時間外勤務手当がきちんと支給される。そのため、残業時間の長短によって、結構な差が生じている。残業時間は、部課によって、また各人の職務によって異なる。しかも、各人の仕事の進め方については基本的に、上司が厳しくマネジメントするのではなく、それぞれに任せている部分が少なくない。そのため、残業時間、時間外勤務手当については、社員の間で不公平感もあるという。賃金については、これまで何度か社員からの問題提起があり、その都度、場を設けて、皆で議論している。手当はこれらの他に、外勤手当がある。

取締役を含め、全体として、賃金は低いといえる。先に見たように、利益が少なく、また安定していないため、賃金を上げたくても上げられない状況にある。賃金が低いことは、採用活動でもネックになっているという。

査定制度はない。労働者自主生産へのこだわりから、あえて設けていないという。査定は上司と部下の間に上下関係、支配関係を生み出す。それは労働者自主生産の精神に反するというのである。

週休2日制である。祝日は休日となる。休暇は、年末年始・フレックス休暇、有給休暇 (半休制度有)、慶弔休暇、産前・産後休暇、育児休暇がある。他に、社会保険加入、交通費実費支給がある。

(3) 意思決定

意思決定は基本的に会議でなされている。会社全体の基本的な意思決定は、経営会議でなされている。経営会議は原則として、隔週で月曜日の朝7時〜9時で開催され、取締役と執行役員が参加する。代表取締役以外は皆、それぞれの部の部長を兼任していることから、部長会議として位置づけられてもいる。

他に、月に1回、各部門の部長と課長、それに経営会議のメンバーが参加する幹部会が開催されている。幹部会は、各部門間の連絡会としての性格を有する。

部長がすべて経営会議のメンバーであり、そこに課長が加わる形であることから、実質的には課長会議として位置づけられてもいる。

　部門別では、それぞれの部門のメンバー全員が参加する個別会議がある。例えば、営業部では営業会議である。営業会議以外は、定期的にではなく、何か問題が生じた際などに、臨時で開催される。管理部では、毎朝、朝礼が行われ、その日の業務等にまつわる伝達、確認がなされている。

　商品企画に関しては、営業部と開発部のメンバーが参加する商品会議がある。商品会議では、それぞれが企画案を提出する。議論を重ね、まとめられた商品企画は、最終的には経営会議で検討される。

　採用問題、労務問題等の重要事項についての最終的な意思決定は、基本的に全体会議でなされている。全体会議は、常勤社員、パートタイマーの全員が参加する。定期的にではなく、必要に応じて臨時で開催される。最終的な意思決定といっても、あらかじめ経営会議をはじめとする他の会議で決定されたことの事後承認、事後報告となるケースも少なくない。こうした状況について、大場氏は、「自主生産の理想的な流れでは今はちょっと動いていないですね」と述べている [19]。その主な理由は、そもそも全体会議で議論しようとしても、あまり上手く行かないことにあるとして、中村氏は次のように続けている。

　　まだ議論の仕方がね。上手くかみ合った議論は、なかなかできなくて。できるように我々がしてあげられていないというのもあるんですけど。皆、何を言っても、なかなか返ってきませんし。ですので、どちらかというと、一方的な説明で終わってしまうんです。[20]

　会社としての会議の他に、労働組合としての会議、集会等がある。旧会社、倒産争議の経緯もあり、取締役を含め、営業部以外の部門の社員は全統一労働組合の組合員となっているが、営業部の社員はJECの組合員となっている。

　ただし、労働組合の会議はあまりしっかりとはやられていない。労働組合からの要求もほとんど上がってこないという。会社の状況を理解してのことでもあろうが、それでは労働組合の存在意義がないとして、中村氏はこう続けている。

労働組合として会社に言ってくれた方がいいという部分もあります。皆それぞれ、生活が厳しいとか、いろいろあるかもしれませんし。そういう声を拾い上げていくのが労働組合の役割なのですから、組合の幹部はあまり物分かりがよくなっちゃいけないんじゃないかと思うんです。労働組合から要求があれば、話し合える部分もあるはずです。(21)

労働組合が会社に直接要求することはほとんどないが、個々の組合員が全統一労働組合の本部に、具体的には鳥井氏に相談し（営業部の社員であれば、JECの本部に、具体的には片桐氏に相談し）、本部から取締役に状況の確認、説明の要求、場合によっては、クレーム、叱責がなされることは、これまで何度かあったという。実際に相談がなくとも、そうしたルートがあるということが、会社への監視機能を果たしているといえよう。

特に労務問題については、取締役が労働組合の幹部を招集して、会議を行うこともある。そこで、ある程度コンセンサスを取った上で、経営会議、全体会議にかけることもある。ただしこうした行為が、全体会議の形骸化の一因になっているとも推察できる。

これらとは別に、年に1回、常勤社員、パートタイマー、非常勤の全員が参加する全体総会（全体会）が開催されている。ここでは、来期方針の提示とその承認が主であるが、現行役員の継続の可否について無記名投票がなされる。労働者自主生産開始当初はほぼ満場一致で可決されていたが、近年は反対票が増えているという。全員が一人一票でそれぞれ自由に意思表示ができるのは、労働者自主生産ならではである。ただし、現行役員は重い責任を担っている。特に取締役は1,000万円以上の出資を行っている。「反対票を投じた者には、こうした出資を引き受ける気構えはありません」(22) と、大場氏は述べている。その一方で、賃上げといったような、本来、労働組合が行う類いの要求は少なくなっているという。この点は、会社の状況を理解してのことなのだろう。「自由といっても限界があります」(23) と大場氏が言うように、労働者自主生産を行っているとはいえ、資本主義的競争のもとにあっては、それに則した思考になってしまう場合が多々あるのだろう。

全体総会においては、このように全員がある程度自由に意思表示ができてい

るが、その前段階の討議については、先に示した「まだ議論の仕方がね」、との中村氏の言葉にあるように、あまり活発に行えていないようである。ただし、経営方針や社長のリーダーシップが間違った方向へ進んでいるなどといった不安を感じた時は、前述のように、社員は自由に自らが所属する労働組合の本部に相談している。そして、取締役は本部から状況の確認、説明の要求を迫られている。場合によっては、本部と調整し、方針等を修正することもあるという。全体会議、全体総会はともかく、その以外のそれぞれの会議では概して、皆で熱い討議を行っている。もちろん、それに基づいた熟慮の選択を行ってもいるという。

（4）マネジメントとリーダーシップ

　ハイム化粧品では、先に見たように、役職を設けているが、基本的に社員間に上下関係、支配関係は存在しない。したがって、マネジメント、リーダーシップも、その上に成り立っている。マネジメントは基本的に、個人を尊重し、各人の仕事の進め方についてはそれぞれに任せている部分が少なくない。例えば営業部では、会社としての年間の販売方針、売上計画、生産計画等に基づき、部としての年間計画、半年計画、単月計画を立てている。それを各担当者レベルで検証した後、実行に移している。その後は基本的に、各担当者が自分のやり方でそれぞれの仕事を進めている。ノルマは課されない。計画の実行過程で、実績値に照らしての調整は図られている。

　リーダーシップも、各人の個性が反映されており、したがってそれぞれ違いはあるものの、個人を尊重し、皆で学び合い、助け合いながら、共に歩んで行くことを基本にしている。羽田氏は自らのリーダーシップについて、これまでを振り返りながら、以下のように語っている。

　　僕自身がもともと、中村さんから労働組合の分会長を引き継いでやっていて、その時は、会社にいろいろと言わなくてはいけないというふうに思っていたんですよ。こんなことができていないというところが、僕のなかにはあって。それを思ってはいたんですけど、いろいろと言う前に、会社が倒産してしまって。

　　けれども、社長になったら、組合の分会長をしていた時に思っていたことが、

自分もなかなかできていないんですね。しなければいけないんだけれども、できていないというところがあったりして。そういう意味では、もともと組合の考え方があって、それで、いろいろ勉強して、社長としての考え方ができたのかもしれません。

　ただ、社長のあるべき姿というのがあまりよく分かっていなくて。それもあって、また性格なのかもしれませんが、上から指示するというのがあまりできなくて、皆、仲良くみたいなことになってしまっています。**(24)**

　羽田氏のこうしたリーダーシップもあって、部門間でのいがみ合い、責任の押しつけ合いもほとんどない。コミュニケーションも取れており、関係も良好だという。個人間においても、総じて良好な関係が維持できているという。ただし、公平、平等は良いが、指揮・命令とその遵守といったところで、組織として弱い部分があると、中村氏は不安を抱いている **(25)**。もっとも、羽田氏は放任主義というわけではない。自らのリーダーシップについて、こう続けている。

　やはり何かしらの方向性は示すようにはしています。指示を出す際も、やってと言うだけではなく、このためにはこういうことが必要なのでやってくださいと言うようにしています。また、指示を出すだけで終わらずに、一緒にやっていって、できるようになったら、頑張ってよ、みたいな感じで任せるよう心掛けています。一緒にやりつつ、育てていくというのでしょうか。

　もちろん、自分にも分からないこと、できないこともいっぱいあります。分からないこと、できないことがあれば、任せるしかありません。ただ、任せるにしても、やっていることが分からくてはいけないので、教えてもらい、自分もやってみて、それで、だいたい分かってきたら、こういうふうにした方がいいという話までするように心掛けています。

　そうして、だんだんと皆が一人立ちしていって、今度はその人たちが中心になって、この会社を運営していけるようになればいいなというふうに思っています。**(26)**

　ハイム化粧品では、個々の人材においては、それぞれ成長がうかがえるという。

今後は、成長のスピードを上げていくことが課題だとしている。また、成長しているといっても、他社の同年代、同役職の者と比較すると、どの程度なのかが、本人としても会社としてもあまり把握できていないという。そのため今後は、外部研修の受講を含めた人材育成体系の整備も課題であると、羽田氏は語っている (27)。

社員は、全統一労働組合、自主生産ネットワークの会議、集会、イベント等を通じても、多くの学びの機会を得ている。社外の人々との交友関係、協力関係も広がっている。大場氏は、全統一労働組合が人間形成の場にもなってきたと言う (28)。中村氏も、鳥井氏、片桐氏の姿勢から多くを学んだとして、倒産争議の頃を振り返りながら、次のように続けている。

　やっぱり、鳥井さんの存在は大きいですね。それに、JEC の片桐さんも。鳥井さんは、どんなことがあろうと、この会社からお前らが一番最後に出ていくんじゃないって。この会社を一番最後に出ていくのは俺たちだって言ってくれたんです。それで、絶対にあの二人は逃げないと思いました。経営をはじめてやる僕らにとっては、それが一番の支えになっていた気がします。
(29)

（5）労働者自主生産へのこだわり

労働者自主生産は、社員全員が出資し、株主となるのが原則である。ハイム化粧品では設立時、発起人の5人全員は出資しているが、その他の社員は各人の経済状態等により、出資していない。その後、部長職にある者は出資している。ただし、会社を辞める際は、それぞれが所有する株式を出資時と同額で会社あるいは他の出資者が買い取るというルールになっている。そのため、これまで辞めた者の株式については、ルールに従って、出資時と同額で会社あるいは他の出資者が買い取っている。

これではあまり意味がないということもあり、2015 年 12 月に、株主を羽田氏、大場氏、中村氏の取締役3名に集約している。この時、他の社員および労働組合が保有する株式はすべて、出資時と同額で買い取っている。出資をして、株式を所有していても、配当もなく、金利も付かない。高値で売却して利益を得ることもできない。会社が倒産すれば、出資額は戻ってこない。労働者自主生産の意義

を十分に理解していなければ、負担になるだけである。

　株主を取締役に集約したのには、対外的な側面もあるという。一般的に、中小企業の場合、株主が多いと、意思決定のスピードが遅くなり、経営に悪影響が及ぶと、銀行等は判断する傾向にある。まして、労働者自主生産を行っており、しかも、社員全員が株主であるとなれば、なお更である。労働組合が経営する会社だと、色眼鏡で見られることも少なくないという。実際、ハイム化粧品も設立当初、それで苦労している。相談役兼社長補佐からも、実行するかはともかく、意思決定のスピードを速め、経営基盤を強化すべく、株主を取締役に集約した方が対外的にはよいとの助言を受けている。このあたりの苦労について、羽田氏は以下のように語っている。

　　自主生産と株式会社のそれぞれの利点を得るよう、上手くやっていかないといけないと思っています。あまりにも、組合、組合というふうになってしまっても。倒産時に、そういうことが2ちゃんねるで流れたんですよ。組合の会社だって。皆が組合をよく見ていればいいですけど、世間全体からすると、よく見ない人もけっこういますし。会社ですから、自分たちはこうだということだけではなかなかいかなくて。外から見られているところも利用しながら、上手く会社を運営しなければならないとなると、やはり、形としては株式会社が一番いいやり方だと思うんです。(30)

　加えて、倒産争議終結後に入社した社員は概して、労働者自主生産の意義を十分に理解していなかったり、組合員であるとの自覚が足りないという。これらのことも踏まえて、大場氏は、「自主生産から脱皮しつつあります」と語っている(31)。

　「皆で頑張ろうという精神は立ち上げ時はありました」(32)、と大場氏は述懐している。当時、それを示す姿勢のひとつとして、役員の報酬を低く設定してもいる。実際、時間外勤務手当や休日出勤手当を含めると、役員より高い賃金を取得していた社員も少なからずいた（こうした状況が2014年まで続いたが、その後、役職手当を若干増額したことで、ほぼなくなっているという）。それでも、「『役員は賃金を固定で働いているのだ！』といった姿勢を見せたかった」(33)、と大場氏は語っている。こうした役員の姿勢を見て、時間外勤務手当を申請しない社員も2名ほど

いたが、子供の学費が重く圧しかかり、より賃金の高い他社へ移っていったという。

しかしそれでも、労働者自主生産へのこだわりを捨て去ってはいない。株式を集中させたからといって、トップ・ダウンの経営スタイルに変えようというのではない。前述のように、マネジメント、リーダーシップは極めて民主的である。賃金に大きな差もない。査定制度も設けていない。取締役も依然として組合員である。羽田氏は、自らが抱く労働者自主生産へのこだわりについて、こう語っている。

形は株式会社ですけれども、株式会社イコール上意下達ではありません。実際の運営では、下から吸い上げるですとか、ちゃんとフォローするといった、自主生産のやり方というのをやっていくように心掛けています。効率も重視していますが、ただ、人と人との繋がりですとか、気持ちの部分というのも大切にしています。

それぞれの人が、言われたからやるというのではなく、ちゃんと自分の中で、この会社にとって一番いいことは何なのかを考えてやっていくというのが、本当の自主生産なのだと思っています。ですので、そうした気持ちのところを、ちゃんとマネジメントしていくというか、育てていくことも、自主生産にとって大切な部分だと思っています。**(34)**

（6）対抗的ヘゲモニーとしての特質

ハイム化粧品も労働者自主生産を行っており、そのことで対抗的ヘゲモニーたりえている。賃金、労働条件を見ると、自己搾取があると言えるかどうかは微妙なところだが、それに関わりなく、何とか労働者は自己を労働力と人格に分裂させないよう、不十分であるにせよ、以上見てきたような形で組織を運営している。それで実際、労働力と人格の分裂を防ぎきれているわけではない。だが少なくとも、個人差はかなりあるものの、ある程度、たとえ僅かでも、自分たちは経営者でもある、自分たちの会社は労働者自主生産企業なのだ、自分たちはここで労働者自主生産を行っているのだというアイデンティティは何とか持ち合わせている。

旧会社存続時には最後まで旧経営陣と決定的な対立には至らなかったが、倒産後に職場占拠を含む争議を展開するなかで、新会社を設立し、労働者自主生産を開始していることからすると、対抗的ヘゲモニーとして柔軟性を有しているといえる。また、皆で助け合ってはいるものの、現在は代表取締役を含む取締役3名のみによる出資であり、全社員で討議し、意思決定する機会が少なくなっていること、そして個々人によって労働者自主生産へのアイデンティティにかなり差があることからすると、対抗的ヘゲモニーとして強固な範囲が限られているといえる。

労働者自主生産開始時のメンバーよりも、その後に入社した社員の方が多くなっており、両者の間で労働者自主生産に対する意識のギャップがあることは否めない。会議、集会、イベント、日常の雑談等において、古くからいる社員が自らの体験、想い等、労働者自主生産について語るなどして、そのギャップを縮小する努力もなされているが、社員数が多いこともあり、その成果は限定的であるといえる。

ハイム化粧品は、化粧品製造業として資本主義的競争の圧力下にあるため、対抗的ヘゲモニーたりうるのが困難な環境にある。先に見たように、2009年8月時点ですでに、「商売的には一般企業的発想が中心となりやすい」との、中村氏の個人的な記述もある。業績も必ずしも順調とはいえない。事例として取り上げている3社のなかでは、人数が最も多い。そのなかにあってなお、皆で努力することで、なんとか労働者自主生産を維持し、対抗的ヘゲモニーたりえているのである。

小括

以上、事例としてハイム化粧品を取り上げ、その組織運営を中心に考察してきた。そこから明らかになったことを以下でまとめておきたい。

ハイム化粧品では、旧会社が倒産したのを受け、組合員が本社・工場を占拠し、引き続きそこで雇用を確保していこうと、協力して新会社を設立し、労働者自主生産を開始している。同じある特定の主義・主張を持つに至ったからというわけではない。その過程においては、全統一労働組合およびJECから多大な支援を得ている。

現在の組織体制としては、株式はすべて取締役の3名で所有している。社員は、

取締役、執行役員を含め、35名である。他に、パートタイマーが7名いる。また、非常勤役員、相談役、販売員、業務委託といった非常勤が6名いる。部門は、管理部、営業部、生産部、開発部がある。完全子会社を有している。部課長への昇進については、上位の役職者たちが協議して決めている。基本的に年齢が重視されている。設立直後は人数も少なかったので、ほとんどが役職者となっている。

　賃金は年功給（年齢給）である。昇給は24歳まで小刻みにあるが、それ以降は40歳の時に一度あるだけである。査定制度はない。役職手当、家族手当、外勤手当はある。賞与の支給は会社の業績次第であるが、ここ数年は支給できていない。退職金制度もない。残業については時間外勤務手当がきちんと支給されている。週休2日制である。休暇は、年末年始・フレックス休暇、有給休暇（半休制度有）、慶弔休暇、産前・産後休暇、育児休暇がある。

　意思決定は基本的に会議でなされている。会社全体の基本的な意思決定は、取締役と執行役員が参加する経営会議でなされている。その他に、経営会議のメンバーに各部門の部長と課長を加えた幹部会、部門ごとの個別会議、営業部と開発部のメンバーが参加する商品会議、それから、常勤社員、パートタイマーの全員が参加する全体会議、労働組合としての会議、集会等、さらに年に1回、全体総会（全体会）が開催されている。全体会議、全体総会では、あまり活発な討議になっていないが、その以外のそれぞれの会議では概して、皆で熱い討議と熟慮された選択を行っている。ただし、各自、担当の仕事については、それぞれ自らの判断で行うのが基本である。裁量権は大きいといえる。

　基本的に社員間に上下関係、支配関係は存在しない。したがって、マネジメント、リーダーシップも、その上に成り立っている。マネジメントは基本的に、個人を尊重し、各人の仕事の進め方についてはそれぞれに任せている部分が少なくない。リーダーシップも、各人の個性が反映されており、そのためそれぞれ違いはあるものの、個人を尊重し、皆で学び合い、助け合いながら、共に歩んで行くことを基本にしている。部門間でのコミュニケーションも取れており、関係も良好である。個人間においても、総じて良好な関係が維持できている。

　労働者自主生産と株式会社のそれぞれの利点を得るよう努めている。また、言われたからでなく、各社員が自分のなかで自社にとって一番いいことは何なのか

を考えてやっていくというのが、本当の労働者自主生産であるという。そのため、そうした気持ちをマネジメントし、育てていくことも、労働者自主生産にとっては重要であるという。

　旧会社、倒産争議での経緯もあり、取締役を含め、営業部以外の部門の社員は全統一労働組合の組合員となっているが、営業部の社員はJECの組合員となっている。労働組合が会社に直接要求することはほとんどないが、個々の組合員が労働組合の本部に相談し、本部から取締役に状況の確認、説明の要求、場合によっては、クレーム、叱責がなされることは、これまで何度かあったという。特に労務問題については、取締役が労働組合の幹部を招集して、会議を行うこともある。労働組合としての会議も行っているが、あまりしっかりとはやられていないという。社員は、経営研究会、自主生産の日等、全統一労働組合、自主生産ネットワークの会議、集会、イベント、レクリエーション等を通じても、多くの学びの機会を得ている。社外の人々との交友関係、協力関係も広がっている。

　ハイム化粧品は、柔軟な対抗的ヘゲモニーを形成しえている。ただし、対抗的ヘゲモニーとして強固な範囲は限られているといえる。労働者自主生産開始時のメンバーよりも、その後に入社した社員の方が多くなっており、両者の間で労働者自主生産に対する意識のギャップがあることは否めない。そのギャップを縮小する努力もなされているが、社員数が多いこともあり、その成果は限定的であるといえる。またハイム化粧品は、化粧品製造業として資本主義的競争の圧力下にあるため、対抗的ヘゲモニーたりうるのが困難な環境にある。業績も必ずしも順調とはいえない。

注

（1）本事例は主に、ハイム化粧品の羽田博氏、大場勝氏、中村一弘氏に対し、2016 年 5 月 27 日に全員同席のもとで行った聴き取りと、その時提示された資料に基づいている。したがって、基本的にその時点での内容となっている。なおその後、補足的な聞き取り、確認等は行っている。

（2）鳥井一平氏からの聴き取りによる。

（3）大場氏からの聴き取りによる。

（4）羽田氏からの聴き取りによる。

（5）大場氏からの聴き取りによる。

（6）羽田氏からの聴き取りによる。

（7）中村氏からの聴き取りによる。

（8）大場氏からの聴き取りによる。

（9）羽田氏からの聴き取りによる。

（10）「ハイム化粧品株式会社―ハイム化粧品の灯火を守りハイム化粧品を再建するために」（2008 年 2 月、内部資料）12 ページ。

（11）中村氏からの聴き取りによる。

（12）大場氏からの聴き取りによる。

（13）「ハイム化粧品株式会社―ハイム化粧品の灯火を守りハイム化粧品を再建するために」（2008 年 2 月、内部資料）6 ページ。その後、こだわり処方（基礎化粧品は合成着色料無添加）と設備管理（逆浸透膜とイオン交換純粋装置で処理済みの水を使用）が追加され、「7 つの約束」となり、今日に至っている。

（14）「ハイム化粧品㈱―破産を乗り越えて もっとハイムらしいハイムを作ります」（2007 年 11 月、内部資料）2 ページ。

（15）「ハイム再建闘争総括（中村メモ）」（2009 年 8 月 21 日、中村氏個人資料）2 ～ 3 ページ。

（16）「ハイム再建闘争これまでとこれから」（2009 年 10 月 12 日、内部資料）2 ページ。

（17）大場氏からの聴き取りによる。

（18）中村氏からの聴き取りによる。

（19）大場氏からの聴き取りによる。

（20）中村氏からの聴き取りによる。

（21）同上。

（22）大場氏からの聴き取りによる。

（23）同上。

（24）羽田氏からの聴き取りによる。

（25）中村氏からの聴き取りによる。

（26）羽田氏からの聴き取りによる。
（27）同上。
（28）大場氏からの聴き取りによる。
（29）中村氏からの聴き取りによる。
（30）羽田氏からの聴き取りによる。
（31）大場氏からの聴き取りによる。
（32）同上。
（33）同上。
（34）羽田氏からの聴き取りによる。

第**6**章
労働組合の役割

はじめに

　本章は、第３章から第５章までで取り上げた３社を労働者自主生産へと導き、支援してきた全統一労働組合を具体的に考察している。同労働組合は、個人加盟の労働組合であり、東京都台東区上野に事務所を構えている。規模は大きくないが、他の労働組合、NGO、NPO等とも連携しながら、さまざまな労働問題の解決にあたっている (1)。これらの特性がそれぞれ各社の労働者自主生産を支援する上でどのように作用しているかを考察することが、本章の目的である。

　取り上げた３社については組織運営の考察を中心としていることから、本事例では、主にそれとの関連で、労働組合としての特徴、各フェーズでの支援、ネットワーク、労働者自主生産へのこだわり等を分析対象としている。またそこから、第１部の考察を基にして、対抗的ヘゲモニーとしての特質を検出している。

第１節　個人加盟の労働組合

（１）労働組合の理念

　全統一労働組合は、個人加盟の労働組合であり、業種、職種、雇用形態、役職などに関わらず誰でも加入することができる。実際、さまざまな組合員がおり、互いの違いを尊重しながら、助け合っている。1970年に結成されて以降、何度か分裂しているが、1983年の分裂を最後に、今日に至っている。第２章で取り上げた遠藤の分類に照らせば (2)、経緯としては一般組合転化型であるが、かつて東京東部地域を拠点としていたこともあり、現在も地域組織援助型としての性格が強い。

　鳥井一平氏は、1980年以降の組合員であるが、1989年にそれまで勤めていた

会社を辞め、組合専従となっている。以来、精力的に活動を続け、数々の労働問題を解決に導いている。また、1992年より全統一労働組合つくりかえ運動を推進し、組合として次の3つのキーワードを掲げるに至っている。

① Everybody is Different.（互いの違いを尊重しよう）
② United We Stand.（ひとりじゃない）
③ Positive Approach.（できることから始めよう）

"Everybody is Different"は、鳥井氏が天明佳臣氏（全国労働安全衛生センター連絡会議、港町診療所）から教わった言葉だという。"United We Stand"はアメリカの労働組合のスローガンである。"Positive Approach"は鳥井氏がずっと唱えてきた言葉で、「できることから始めよう」という意味を付与しているとのことである (3)。

（2）労働組合の特徴

全統一労働組合は個人加盟の労働組合であり、企業内労働組合とは異なる。したがって労使関係は、全統一労働組合（そのなかで、組合員が所属する会社単位で設立される分会）と、それぞれの組合員が所属する会社との間で発生する。そのため、団体交渉などは全統一労働組合（分会を含む）とそれぞれの会社との間で行う形になる。もし組合員が一人でもいるならば、会社は全統一労働組合と交渉しなければならない(図6－1参照)。

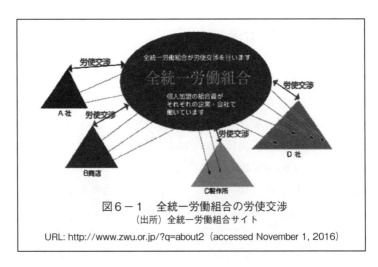

図6－1　全統一労働組合の労使交渉
（出所）全統一労働組合サイト
URL: http://www.zwu.or.jp/?q=about2（accessed November 1, 2016）

労使交渉においては、組合員が少ないと、不利になりがちである。中小零細企業の場合、企業内労働組合では、労働者自体が少ないため、たとえ大多数が加入しているにしても、その力には限界がある。これに対し、個人加盟の労働組合である全統一労働組合では、会社を異にする多くの組合員がいるため、その数を力に転化しえている。組合員は自社だけでなく、他の組合員が所属する会社の争議であっても、応援に駆けつけている。こうした助け合いが、大きな力を生み出している。所属する会社は違っても、組合員が多くなれば、それだけ労働組合の財政が潤い、活動資金にあてることができる。それもまた、大きな力となっている。

全統一労働組合はファンド機能も有している。それほど多額ではないが、組合員に対し事業の運転資金として無利子で貸し付けている。全統一労働組合は共済組合も有している。組合員はすべて一斉積み立てを行っており、かつ、全統一共済に加入している。労働金庫からの個人借入も、全統一労働組合が保証するので、無担保融資を受けることができる。全統一労働組合は、イベント、レクリエーションにも力を入れている。毎年、餅つき、スキーキャンプ、いちご狩り、メーデー、サマーキャンプ、ボランティア活動などを行っている。それぞれ会社の異なる組合員が集い、交友を深めてもいる。家族連れでの参加も多い。

第2節　倒産前後の支援

（1）3つの支援策

全統一労働組合として本格的に倒産争議、労働者自主生産を支援したのは、1995年12月に倒産した有限会社谷口工作所が最初である。同社の労働者は倒産後、工場を占拠し、競売反対闘争を展開しながら、労働者自主生産を行った。そして1998年1月、有限会社トーワ技研を設立し、今日に至るまで労働者自主生産を続けている。

全統一労働組合はその後、数多くの倒産争議、労働者自主生産を支援してきた。企業だけでなく、病院の倒産争議を支援したこともある (4)。支援した労働者はほとんどの場合、自社の経営危機に直面して、あるいは、倒産の直前、直後といった抜き差しならない状態に陥ってはじめて、全統一労働組合に助けを求めて、加入している。労働組合に相談に訪れ、窮状を訴える労働者に対して、鳥井氏はた

いてい、①仕事の継続、②労働債権の確保、③（合法的手段による）会社への仕返し、といった3つの方策を提示しているという。その上で、いずれにしても職場を占拠する必要があるため、まずはそれを実行してから、どの方策をとるか検討してもよいと伝えてもいる。とにかく、倒産だという時に、すぐにどれだけ動けるかが一番のポイントになると述べている (5)。

（2）倒産争議

基本的に、全統一労働組合としては常に、労働者自主生産、自主再建までを見据えて、倒産争議を展開している。したがって、それが実現可能となるよう、倒産前に労使との間で諸々の協定書を取り交わすよう努めている。倒産後には、まず職場を占拠することで、労働債権の確保を目指すとともに、労働者自主生産、自主再建を進めていくのである。

倒産争議においては、法的な手続きを進め、そのなかで対抗手段を取ることになる。職場占拠もそのひとつである。また、破産管財人との交渉も重要となる。全統一労働組合では、労働債権の確保、そして、労働者自主生産、自主再建の実現に向けて、顧問弁護士等とも連携しながら、破産管財人との交渉を進めるよう努めている。例えば、在庫商品については、そこで働いていた組合員の方が、その価値、売り方ともに熟知しており、より高値で売却することができるので、労働組合に任せてほしいと、管財人と交渉している。

多くの場合、労働組合が処分を託されれば、職場を使用しなければならなくなり、そこの占拠を継続できるようになる。そうなれば競売が滞り、そこを労働組合がより安値で優先的に買い取ることが可能になる。もちろん、売却で得た資金については、管財人に報告し、破産財団となるが、その額が増せば、より多くの労働債権が確保できるだろう。確保できる労働債権が多くなれば、そこを買い取るのに回せる資金も増額できるはずである。このようにして、労働者自主生産、自主再建を手繰り寄せていくのである。

自主再建まで見据えている場合は通常、再建委員会を設置している。再建委員会のメンバーは、当事者である組合員の他、全統一労働組合本部の役員、それに、地区の労働組合や中小労組政策ネットワーク（中小ネット）の役員などで構成される。自主再建される新会社は、再建委員会が母体となって設立されることに

なる。再建委員会はその資金を集める手段でもある。例えば第3章で見たように、光輪モータースの倒産に際しては、光輪モータース再建委員会を設置し、そこを通じて、労働債権確保、在庫処分セール等を行っている。ちなみに、倒産した会社名を冠するのは、継続性を示せるので、対外的に都合がよいからだという。また、在庫処分セール等を行う場合などは、販売から得た資金は一旦、破産財団となり、販売にあたった組合員はそこから手当を支給される。しかも、この活動はあくまで組合活動として位置づけられるため、雇用保険の失業給付を受けることが可能であり、実際に受けてもいる。もちろん、再建委員会を設置している場合でも、こうした活動を行うには、先に述べたように、事前に管財人の了承が必要である。破産財団のうち労働債権として組合員が確保できた分については、再建委員会が預かる。そして、そのうち新会社設立に参加しない組合員の分については、それぞれに配分し、設立に参加する組合員の分については、新会社設立に際し、それを新会社へ出資金として貸すという形で利用することとなる。もちろん、貸しているからにはいずれ返済する（それにより再建委員会から各組合員に返却される）必要があるが、その時期と方法については、再建委員会がその時々の会社の財務状況等を鑑み、決めている。前述のように、ビッグビート、ハイム化粧品においても、異なる部分はあるが、大筋はこうしたプロセスがとられている。

第3節　再建後の支援

（1）組織運営

　全統一労働組合は、倒産争議が終結し、組合員が新会社を設立するなどして、労働者自主生産を継続ないし開始するに至った後も、別の形で支援を行っている。労働者自主生産を行う上で、鳥井氏はボール型組織とピラミッド型組織が融合した企業を目指しているとして **（図6-2参照）**、以下のように語っている。

　　ボール型の企業運営というかですね。誰が代表者になってもおかしくないような企業にしたいんですけど、それもなかなか難しいですね。ですから、上意下達のピラミッド型のなかに、どうやってボール型を持ち込むかということで試行錯誤しています。

民主主義を守るためには、やっぱり、皆が対等に議論していけるような場面をどこにどうやってつくっていくのかということも大切です。それを実現し、チェックしていく上で、労働組合っていうのは、よく考えられた仕組みだと思いますね。ただ、自主生産のなかで、労使交渉、団体交渉をどういうふうな形式で行うか、その用意もしておかなければなりません。**(6)**

鳥井氏は、ボール型組織とピラミッド型組織が融合した企業について、すでに労働者自主生産へ支援を始めた頃から、そのイメージ図を提示しつづけてきたが、それは第1章で掲載した、Co-operatives UK 労働者協同組合協議会が示している図と類似している。ボール型を維持しながら、組織が大きくなるのにともない、階層化するという点も同様である。鳥井氏によれば、ボール型組織とは、誰が代表者になってもよい、代わることができるような組織である**(7)**。誰かが社長、そして組織が大きければ、部長、課長等にそれぞれなることで、階層的なピラミッド型組織となる。しかし、その基本はあくまでもボール型組織にある。これがボール型組織とピラミッド型組織の融合の意味である。

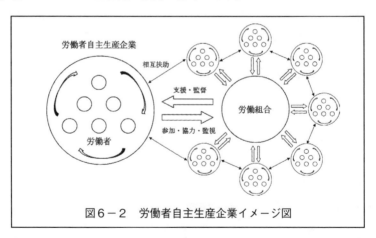

図6-2　労働者自主生産企業イメージ図

鳥井氏は、そのためそこでは、現に役職に就いている者だけでなく、誰もが常日頃から、リーダーシップを確立していなければならないと言う。リーダーシップは必ずしも役職に付随するものではなく、別に確立できるものであるし、また、そうでなければならないとしている。もちろんそれにより、役職者が責任を果た

さず、結局は集団的無責任体制に陥るようなことはあってはならない。皆がそれぞれの責任をまっとうするのである (8)。

また鳥井氏は、ボール型組織を維持するためには、外部からのチェック機能が必要であると言う。これは特に新しいことを言っているわけではなく、民主主義の仕組みというのは本来こうしたものであるとも述べている (9)。一般の日本企業はたいてい、ピラミッド型組織を基本としており、しかも実質的には、外部からのチェック機能を著しく欠いている。これでは、民主主義を実現するのは難しいはずである。貴族主義、専制主義に陥るのも無理はない。

これに対し、個人加盟の労働組合は外部のチェック機能としての役割を担いうると、鳥井氏は言う。企業内労働組合ではなく、個人加盟の労働組合であるからこそ、それが可能なのである (10)。外部のチェック機能としての役割を担う労働組合には、ある程度の権力を持たせる必要があるとも、鳥井氏は述べている。それはあくまでも企業の外に位置する権力としてである。でなければ、チェック機能を十分に果たせない (11)。外部にチェック機能が存在し、それを個人加盟の労働組合が担うというのは、Co-operatives UK 労働者協同組合協議会が考えている労働者協同組合のあり方と大きく異なる点である。

全統一労働組合の場合、労働組合およびその本部の専従者に対してもチェック機能が働いている。全統一労働組合では、公認会計士が入って外部監査を行っている。また、伝票を全部チェックするなど、内部監査は外部監査よりも厳しいものになっている。活動内容の詳細については、その会計項目も含めて、年に1度開催される、原則として全組合員参加の定期大会において、組合本部の専従者が報告し、参加者からの質問、意見などにも丁寧に応じている。その他の場においても、組合員は専従者に対し、はっきりと意見を述べている。組合員には労働組合を脱退する自由があり、しかも、企業内労働組合でないため、脱退が比較的容易であることも、ある意味、チェック機能を果たしているといえよう。労働組合および専従者が組合員の利益に反するようなことをすれば、組合員は脱退しかねない。このことが常に、労働組合および専従者を律することにもなっている。

全統一労働組合および自主生産ネットワークでは、以上の、ボール型組織とピラミッド型組織の融合、そしてそれを外部からチェックする労働組合という仕組みを実現しうる組織体制として具体的に、執行グループに加え、立案・検討・

監査グループと全体会（総会）を設けることを提唱し、そのイメージ図を示している **(図6-3参照)**。執行グループは、業務指揮命令系統を有し、業務を執行する。ここでは、労働者自主生産を行う上で、ピラミッド型組織のなかにいかにしてボール型組織を融合させるかが重要となろう。また、社長の上に役員会を配置することで、合議制を担保している。

立案・検討・監査グループは、執行グループの役員会メンバー、自主生産ネットワーク（事務局、加盟事業体）、労働組合関係者から構成される経営委員会を設置する。役員会は経営委員会に対し諮問を行い、経営委員会は役員会に対し勧告・提案を行う。経営委員会に労働組合関係者がおり、役員会メンバーと一緒に執行グループに対し立案・検討・監査を行うことで、労働者自主生産を担保している。

全体会は社員（組合員でもある）全員で構成され、最低1年に1回開催される。執行グループは全体会に対し報告・提案を行い、全体会は執行グループに対しその決定を行う。また、全体会は立案・検討・監査グループに対し諮問（通報）を行い、立案・検討・監査グループは全体会に対し報告を行う。全体会における協議事項としては、事業活動報告、事業活動方針、収支等財務報告、給与・報酬の決定、役員選任（承認）、一般人事承認、経営委員会委員選任（承認）、再建委員会財務報告などがある。これらを全社員で行うことも、労働者自主生産にとって不可欠である。

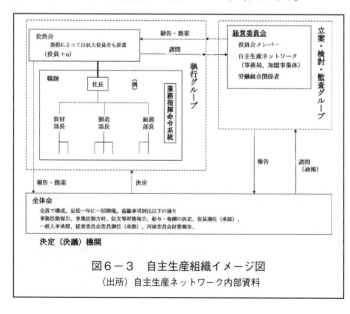

図6-3　自主生産組織イメージ図
（出所）自主生産ネットワーク内部資料

以上はモデル・ケースであるが、実際に自主生産ネットワークに加盟する12社では、それに近い体制がとられている。経営委員会については、その名称を用いていなかったり、ほとんど開催しなくなっている会社もあるが、たいてい何らかの形で実質的には存在しているといえる。全統一労働組合および自主生産ネットワークとしては、監査機能の一環として、組合員からの直接の相談、通報、告発等を受け付け、その解決にあたってもいる。立案・検討機能については、詳しくは後述するが、ほぼ毎月、自主生産ネットワークで開催している経営研究会においても担われている。ただ全体会については、毎年継続的に開催しているのは5社程度である。そうしたなかにあっても、全統一労働組合としては、各社が無理のない形で労働者自主生産を行えるよう、できるかぎり支援している。

　全統一労働組合は、自ら深く関与する自主生産ネットワークとの連携も密に図っている。自主生産ネットワークに加盟する12社のうちの8社が、全統一労働組合が分会を持つ会社である。トーワ技研をはじめ、これまで見てきた、ビッグビート、城北食品、ハイム化粧品も自主生産ネットワークに加盟している。

　自主生産ネットワークでは、ほぼ月に1回、経営研究会を開催している。経営研究会では、各社の近況等について情報交換を行い、参加者がそれぞれの課題およびその対策等を議論している。各社から1、2名、それから、鳥井氏、事務局を務める吉沢公良氏が参加している (12)。ただ最近は、地理的な事情もあり、継続的に参加している会社は、本書で取り上げている3社を含め、4社ほどとなっている。自主生産ネットワークではまた、年に1回、「自主生産の日」を開催し、講演会、ビデオ上映会、抽選会、懇親会を行っている。抽選会では、各社が自社の商品などを持ち寄って、景品として提供している。自主生産ネットワークに加盟する会社の組合員なら、誰でも参加できる。家族連れでの参加も多い。自主生産ネットワークはさらに、全統一労働組合と同様、ファンド機能を有している。それほど多額ではないが、加盟する会社に対し運転資金として無利子で貸し付けている。ただ最近は、自主生産ネットワーク、全統一労働組合のどちらのファンドも、一部の返済が予定通りに進んでおらず、また、かつてのように寄付等が集まらないことなどで、資金が枯渇気味であるという (13)。

（2）公共空間度

　鳥井氏によれば、労働者自主生産を継続していくためには、「公共空間度」が高い状態を維持していなければならないという (14)。公共空間については、序章および第8章で詳述しているが、本書での定義を簡単に示せば、それは広い意味での政治的領域であり、そこでは言葉による自由な（集団的）討議が行われている。公共空間度というのは鳥井氏の造語だが、おおよそ公共空間の度合いといった意味で使用している。労働者自主生産は、労働者自身が主体となり、助け合って行かなければ機能しない。公共空間は、熱い討議と熟慮された選択を通じて、各人の活力、主体性、相互扶助精神を高める場ともなる。例えば第4章で見たように、城北食品では、労働者自主生産を開始してからしばらくの間は、社員間で上手く連携が図れずにいたが、会議を重ねるうちに、皆で議論し、決めていけるように、また、そこで決まったことを尊重し、協力していけるようになっていった。

　公共空間度は、職場を占拠している時に、最高潮に達しているという。その様相について、鳥井氏は以下のように述べている。

　　　占拠闘争ってなかなか面白いですよ。各職場から組合員が皆、行って、寝泊りするから。泊まり込むと、皆、そこで一杯やって、いろんな話をして。職場をこうしようとか、ああしようとか、果ては、人生観とか、人生談義になったりと、盛り上がるもんね。ですから、職場占拠をしていると、公共空間度がぐんぐん上がっていくわけですよ。(15)

　鳥井氏は「突き抜ける」という言葉を使うことがある。次はこうしようじゃないか、ああしようじゃないかと、皆で議論しながら決めることで、労使関係を突き抜けていく、それにより会社のなかに入っていく、そういう瞬間があると言う。それは、闘争など困難な状況を突き抜けた時に、「ふわっと公共空間になるという、その感覚なんです」とも述べている (図6-4参照)。ただし、それが到達点というわけではなく、またそこが何か理想の世界というわけでもなく、しかもあくまで瞬間にすぎないとしている (16)。

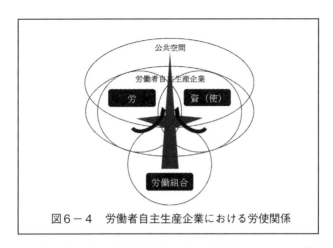

図6-4　労働者自主生産企業における労使関係

　実際、職場占拠が終わり、労働者自主生産が常態化すると、公共空間度は次第に低下していく。それは、労働者の活力、主体性、相互扶助精神の低下をも意味しており、労働者自主生産にも悪影響を及ぼさずにはおかない。労働者自主生産を維持していくためには、公共空間度を高める工夫が必要なのである**(図6-5参照)**。前述した、経営委員会、全体会、経営研究会、自主生産の日などを開催しているのは、その一環でもある。したがってそれぞれにおいては、現場の労働者に発言の機会を多く与え、討論をより活発にする工夫も施している。これらの他にも、全統一労働組合および自主生産ネットワークとして、各社において、会議等、皆で討議する場をしっかりと確保するよう勧めてもいる。

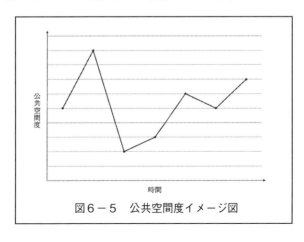

図6-5　公共空間度イメージ図

ただしそこでは、ただ皆で討議するだけでは不十分であるとして、鳥井氏は次のように続けている。

　議論したことが結果につながるかどうかというところだと思うんですよね。つまり、自由な討議とともに熟慮の選択をして結果を出すということです。自主生産の場合には比較的、労働者自身がそのことを実感できるということだろうと思います。それが意識的にやられていくというか、皆で選択したことを実践していくということだと思います。(17)

　もっとも、自由な討議と熟慮の選択といっても、実際には資本主義的な思考に則っていることが多いという。例えば、病気で長期間欠勤している社員に対する処遇についてである。なかには、辞めてもらうしかないとの意見も出てくるという。しかし、皆で討議を深めていくうちに、「それでいいのか」、「回復するまで待とう」、「そもそもこの企業は」、といった意見も出てきたりして、たいていは、何とか助け合っていこうとのことで話しがまとまるという。このことに関して、鳥井氏は以下のように述べている。

　自主生産の場合、一般の企業と違って、私たちの企業はどういう企業なのか、この企業をどうやって始めたのかということに立ち返れるというか、そういうことが言えるということです。一般の企業だと、それはオーナーや経営者が始めたんでしょ、となりますが、それとは違って、自主生産は倒産等を経て、自分たちの企業としてつくりあげてきた。つい忘れちゃいますけど、そこが決定的に違いますよね。(18)

　もちろん、必ずということではないが、労働者自主生産においては、皆での熱い討議が過去の記憶を蘇らせ、相互扶助を促進していくことにつながっている。そしてそれは、労働者自主生産へのアイデンティティを強化することにつながっている。鳥井氏が言うように、このことは一般の企業には見られない、労働者自主生産ならではの特徴であるといえるだろう。

　公共空間度を高めるためにはまた、イベント、レクリエーションも重要だと、

鳥井氏は言う (19)。先にあげたような、多くのイベント、レクリエーションを実施しているのは、そのためでもある。例えば、メーデーへの参加は、労働者としての自覚を高めることにもなるだろう。ボランティア活動は、人と人との触れ合い、相互扶助の大切さを再認識することにもなるだろう。キャンプなどのレクリエーションは、生活の楽しみとなるとともに、交友関係を築き、深めることにもなるだろう。これらは実際、労働者の活力、主体性、相互扶助精神の向上にもつながり、労働者自主生産を活性化することにもなっている。

第4節　ネットワークの活用

（1）組織的ネットワーク

　自主生産ネットワークはもともと、「労働者の権利と倒産研究会」の自主生産グループとしてスタートしている。労働者の権利と倒産研究会は、バブル経済崩壊後の相次ぐ倒産を受けて、また、民事再生法など、当時、制定・改正された会社再建に関する法律に対処するために、複数の労働組合で結成した研究会である。その成果は、参加していた各労働組合の実践において活かされていっただけでなく、『倒産なんかに負けないぞ―労働者のための実践マニュアル』および『倒産・失業 NO！―労働組合実践マニュアル』の発行にもつながり (20)、広く労働者への啓蒙にも役立っている。

　労働者の権利と倒産研究会は、1999 年 12 月に、11 の労働組合からなる中小労組政策ネットワークを結成し、その際に、自主生産グループも自主生産ネットワークとして再スタートしている。全統一労働組合も中小労組政策ネットワークに加盟している。鳥井氏は現在、全統一労働組合では第一線を退いているが、中小労組政策ネットワークでは事務局長を務めている。

　全統一労働組合は、外国人労働者の加入を認めており、外国人労働者分会を設置している。外国人労働者への支援に関しては、「移住者と連帯する全国ネットワーク（移住連）」とも連携を図っている。移住連は、全国の各地域・各領域の約 90 団体と、研究者を中心に約 300 人の個人から構成されている。日本在住の移住者を支援する全国的な組織である。1997 年に発足し、2015 年 10 月には NPO となっている。鳥井氏は現在、代表理事を務めている。

移住連には、外国人技能実習生権利ネットワーク（旧・外国人研修生権利ネットワーク）というサブネットワークがある。外国人技能実習生権利ネットワークは主に、日本の受け入れ先で不当に扱われている外国人技能実習生を、全統一労働組合などと連携しながら支援している。例えば第３章で触れたように、光輪モータースの職場占拠時には、そこに組合が保護した外国人研修生（現・外国人技能実習生）を寝泊りさせている。アメリカ国務省は、こうした外国人への支援活動を評価し、2013年に鳥井氏を「人身売買と闘うヒーロー（Trafficking in Persons Report Heroes）」として表彰している。

（２）個人的ネットワーク

鳥井氏は個人的なつながりも多く持っている。そのつながりは、労働者自主生産の支援においても活かされている。例えば先に述べたように、城北食品の経営危機に際しては、ケーティーシーの武田和治氏に総務部長への就任を依頼し、洋水の藤村早百合氏に会社の土地・建物、さらには会社自体の買い取りを持ち掛けている。城北食品の土地・建物の買い取りについては当初、一水社不動産部の原田隆二氏にも持ち掛けている。原田氏には、全統一労働組合光輪モータース分会を支援すべく、競売物件の落札を、また、ハイム化粧品を支援すべく、本社・工場の買い取り等を依頼してもいる。こうした個人的なつながりについて、鳥井氏は次のように語っている。

　必ずしも個人としてというんじゃないですけれど。結果的に、ずっと横のつながりを持ってきているのは、私みたいなのしか残っていないですからね。
　どこかでトラブルが起きれば、そこの地域の人に電話を入れて、お願いします、って頼む。そうすると、ああ、そうか、って言って、動いてくれる。ツーと言えば、カーと答えてくれる関係というのでしょうか。もちろん、逆のケースもあります。
　報酬のやりとりがあるわけでは、まったくないですからね。労働組合とか、そういう運動から生まれた団結なのでしょうね。
　自主生産においても、倒産の直後には、こうした関係があるんですよ。皆、意識していませんが。それがだんだん元へと戻っていくわけです。(21)

個人的なつながりのなかでも、助け合いがなされている。報酬のやりとりもなく、である。こうした相互扶助を維持していくのは、容易いことではない。鳥井氏もそのことを十分意識しながら、相互扶助に努めている [22]。

第5節　労働者自主生産へのこだわり

（1）社会と企業

　これまで述べてきたように、全統一労働組合では、労働者自主生産、自主再建までを見据えて、倒産争議を展開している。これらについては、今日までの実際の活動および研究会などを通じて、ノウハウを蓄積している。支援体制、ネットワークも有している。労働者自主生産へのこだわりについて、鳥井氏は以下のように語っている。

　　やはり、次の社会をどうしていくのかという時に、企業をどうするのかというのは、非常に大きな課題となります。どういう国の体制になるにしても、企業というのは必要となるはずです。そうすると逆に、企業の運営をどうしていくのかというのは、社会全体の運営をどうしていくのかという問題にもなると思うんです。
　　このことと労働組合とは無縁ではありません。企業の運営というのは常に、労働者側にとっても課題となります。そのなかで、企業の運営をどういうふうに民主的にするか、フィクションである労働力を労働者自らのものにするか、ということに取り組んでいるんです。[23]

　もっとも、労働者自主生産を行っていても、皆が経営者であり、かつ皆が労働者であるというふうには、なかなかいかないという。そうした負担を回避したいという労働者も存在する。だからこそ、労働組合が果たす役割があるとして、鳥井氏は次のように続けている。

　　自主生産をやっていても、皆が経営者であり、かつ皆が労働者というのは、ちょっと嘘っぽいと思うんです。労働者一人ひとりが経営者でもあると言って

も、実際はそうはなりません。経営者だと言われても、そんなことできないよ、っていう人もいるわけです。皆で自社株を持とうと言っても、そんな株なんかいらないよ、っていう人もいるわけです。

　ですから、自主生産をやっていても、労使関係もあります、役割分担もあります、株も持っていません、って言いきって、しかしそのなかでも、皆が意見を言えるように運営する。そのためには、労働組合という外部の権力との有機的な結合を保っていなければならないと思っているんです。**(24)**

　労働者自主生産においても、労働組合が存在することで、労働者は、経営者とまではいかないにしても、組合員としての自覚を持つことはできるだろう。そして、皆が同じ組合員であるとの自覚は、平等感、一体感、相互扶助精神を育み、前述の、経営委員会、全体会等を機能させることにもつながるだろう。それが労働者自主生産を支えうるのである。

　もちろん、労働者が組合員としての自覚を持っているからといって、必ずしも労働者自主生産をうまく行えるとはかぎらない。そもそも、労働者自主生産といっても、勤めていた会社が倒産し、成り行きで行うに至った場合がほとんどである。したがって、労働者の多くはもともと、労働者自主生産に対する政治的な理想を持っていたわけではない。このことは、自主生産ネットワークに加盟する各社の労働者にも当てはまると、鳥井氏は言う **(25)**。

　鳥井氏が知るかぎりでは、少なくとも、全統一労働組合、自主生産ネットワークがかかわるかぎりでは、ここが1994年以前の労働者自主生産と大きく異なる点であるという **(26)**。1994年以前のほとんどの労働者自主生産は、いわゆる活動家によって主導されていた。活動家は労働者自主生産を社会変革の先駆けとして位置づけ、その高邁な理想を自らの手で実現させようとしていた。しかし、その思い入れの強さが短期的には功を奏しても、次第に対立を生む要因となり、多くの場合、労働者自主生産を長期的な成功に導くことができなかった。

　これに対し、1995年以降のほとんどの労働者自主生産は、活動家でなく、一般の労働者によって主導されている。確かに、それで苦労することもあるが、思想的な対立は少ないと鳥井氏は言う。だからといって、1994年以前の労働者自主生産を否定しているわけではない。そこで勝ち取ってきた法的な問題、社会的

ステータスは大きな成果である。全統一労働組合ならびに自主生産ネットワークでは、その成果をもとにして、労働者自主生産を支援しているという (27)。

　鳥井氏は 1994 年以前と 1995 年以降で明確に線を引いているが、客観的にそれをもって時代を区分することはできない。一方、先に示したように、石川によれば、1990 年代後半以降、部分的にではあるが、再び倒産反対争議が発生しはじめ、自主生産闘争にまで発展する傾向が見られるようになるという。それを可能にしているのは、駆け込んでくる現場労働者を受け入れ、倒産反対争議を有効に展開し得る、個人自由加盟の一般労働組合、地域ユニオンであるという。一般の労働者が個人加盟の労働組合へ駆け込み、その支援を受けて倒産反対争議を展開するという形態は、石川が調査した事例の他、「労働者の権利と倒産研究会」が取り上げている、1990 年代後半以降の約 10 事例のほぼすべてにおいても見られる。また、そのうちの多くが同時に自主生産闘争を展開している (28)。確かに、序章で紹介したエフ社の事例では、その設立（1983 年 4 月）と前後して、エクス・アール社（仮名）との間で倒産反対争議および自主生産闘争を繰り広げていた同社の企業内組合が、1982 年に Y 地方争議団共闘（仮名）、翌 83 年 5 月に全ゼット労働組合（仮名）に加盟している。それにより、エクス・アール労働組合は全ゼット労働組合エクス・アール分会（仮名）と改称している (29)。ただし当時としては、この形態が主流であったとまでは言えないだろう。倒産反対争議および自主生産闘争における、一般の労働者による主導とそれを支える個人加盟の労働組合という形態は、やはり 1990 年代後半以降の傾向であると言ってよいのではないかと思われる。

（2）主体性の尊重

　労働者自主生産への支援といっても、できるだけ主体性を尊重し、労働者自身に任せている。そのこともあり、先に示したような体制、運営が十分にとれていなかったり、思わぬ方向へ進むということもある。例えば、自主生産ネットワークに加盟する、ある会社では以前、社長が会社の資金を着服しているのではないかと、そこの社員から鳥井氏へ内部告発があった。鳥井氏は早速、経理に強い前出の武田氏に協力を要請し、二人で会社に乗り込んだ。帳簿等を精査した結果、着服が明らかとなった。社長も着服を認め、返済にも応じたので、解任というこ

とで事態を収拾している (30)。ここからも、鳥井氏が先に述べた「外部の権力との有機的な結合」の有効性がうかがえよう。

　全統一労働組合が支援しても、倒産争議までで、労働者自主生産には至らないケースもある。それは、労働者が労働債権確保を主眼とし、労働者自主生産にはあまり乗り気でない場合がほとんどである。鳥井氏の知るかぎりでは、2011 年頃からは、労働者自主生産はおろか、倒産争議もほとんど行われなくなっている (31)。鳥井氏によれば、それだけ、会社による倒産のさせ方、整理の仕方が巧妙になっており、労働組合が職場を占拠する間もなくなっているという。そもそも、占拠するもの自体もなくなっているという (32)。その他の要因としては、過去における労働者自主生産の低迷期と同様、求人数が増え、再就職が比較的容易になっているということもあるだろう。

　労働者自主生産を行っていくには、大変な困難がともなう。それは、これまで見てきた、ビッグビート、城北食品、ハイム化粧品の事例からもうかがえるだろう。労働者自主生産は決して生温くはないとして、鳥井氏はこう続けている。

　　私たち自主生産ネットワークとしては基本的に、自主生産とは労働者一人ひとりが参加する事業運営だと考えています。自主生産という言葉を聞くと、生温いんじゃないかとかというふうに批判する人たちがいます。自主生産では、労働者一人ひとりが参加します。労働者が自由闊達に議論し、意見を尊重し合います。そのことが生温いというふうに聞こえてしまうのかもしれないですね。

　　でも、それは間違っています。自主生産は非常に厳しいものです。一般的な企業運営よりも厳しい。なぜかといえば、経営は経営者に任せておけばいい、社長がやるんでしょ、というわけにはいかないからです。

　　自由闊達に議論する場をつくっていくというのも、そんなに生温いことではないんです。それぞれが互いの立場を尊重するというのはすごく大変なんです。それぞれが自由な雰囲気を味わうためには、それぞれの努力というのがすごく必要なわけです。

　　これはある意味、民主主義、民主主義社会の基本です。民主主義というのは非常に努力を行うことによって、培われ、発展していくのだと思います。ちょっと油断すると、壊れてしまう。民主主義というのは壊れやすいんですね。

私たちの自主生産の取り組みも、今のこうした社会のなかでの、企業運営の一つの試みとしてあるのですが、労働者一人ひとりが参加するということで考えますと、なかなか大変なことなんです。それを生温いととらえている人たちは、理解が足りないと思うんです。**(33)**

（3）対抗的ヘゲモニーとしての特質

　第2章で見たように、〈従業員民主主義体制〉においては、労働組合の組織形態は一般的に企業内労働組合である。そして、企業内労働組合が、その企業の労働者の要求を実現させるべく、使用者との間で団体交渉を行う。これに対し、個人加盟の労働組合は、一企業、一企業グループの枠をこえて、業種、職種、雇用形態、役職などに関わらず、誰でも加入することができる。1990年代後半以降、労働者自主生産を支えてきたのは、個人加盟の労働組合である。労働者自主生産およびそれを支える個人加盟の労働組合は、〈従業員民主主義体制〉にあっては異質である。対抗的ヘゲモニーと位置づけることができるだろう。

　個人加盟の労働組合であり、労働者自主生産を支援している全統一労働組合も、そのことで対抗的ヘゲモニーたりえている。事例で取り上げている3社を含めた、労働争議、労働者自主生産の支援の仕方からすると、対抗的ヘゲモニーとして強硬さと柔軟さを併せ持っているといえる。また、これまで多くの争議、労働者自主生産を支援し、成果をあげてきたことからすると、対抗的ヘゲモニーとしてかなり強固かつ有力であるといえる。

　ただし、労働組合の規模は大きくなく、ファンドの資金は不足気味であるなど、強固かつ有力な対抗的ヘゲモニーといっても、単独では限界がある。また、労働組合としても、支援している労働者、企業とともに、資本主義的競争の圧力に晒されているため、対抗的ヘゲモニーたりうるのが困難な環境にある。実際、その困難さに直面してもいる。そのなかにあってなお、全統一労働組合は曲がりなりにも、多くの労働争議、労働者自主生産を支援しつづけ、対抗的ヘゲモニーたりえているのである。

小括

　以上、第3章から第5章までで取り上げた、ビッグビート、城北食品、ハイム化粧品の3社を労働者自主生産へと導き、支援してきた全統一労働組合について考察してきた。そこから明らかになったことを以下でまとめておきたい。

　全統一労働組合は、個人加盟の労働組合であり、業種、職種、雇用形態、役職などに関わらず誰でも加入することができる。実際、さまざまな組合員がおり、互いの違いを尊重しながら、助け合っている。ファンド機能、共済組合も有している。

　本格的に倒産争議、労働者自主生産の支援に乗り出したのは1995年以降であり、これまで、数多くの倒産争議、自主生産を支援してきた。倒産争議が終結し、組合員が新会社を設立するなどして、労働者自主生産を継続ないし開始するに至った後も、別の形で支援を行っている。支援といっても、できるだけ主体性を尊重し、労働者自身に任せている。倒産等を経て、自分たちの企業としてつくりあげてきたことを尊重している。

　労働者自主生産の運営においては、ボール型組織とピラミッド型組織が融合した企業を目指している。そのためそこでは、現に役職に就いている者だけでなく、誰もが常日頃から、リーダーシップを確立していなければならないという。また、ボール型組織を維持するためには、外部からのチェック機能が必要であり、個人加盟の労働組合はその機能としての役割を担いうるという。労働者自主生産を通じて、「企業の運営をどういうふうに民主的にするか、フィクションである労働力を労働者自らのものにするか、ということに取り組んでいる」と鳥井氏は語っている。

　全統一労働組合は、自ら深く関与する自主生産ネットワークとの連携も密に図っている。自主生産ネットワークに加盟する12社のうちの8社が、全統一労働組合が分会を持つ会社である。ビッグビート、城北食品、ハイム化粧品もその8社に含まれる。自主生産ネットワークでは、ほぼ月に1回、各社の近況等について情報交換を行い、参加者がそれぞれの課題およびその対策等を議論する、経営研究会を開催している。また、年に1回、自主生産の日を開催し、講演会、ビ

デオ上映会、抽選会、懇親会を行っている。ファンド機能も有している。全統一労働組合は、外部とさまざまなネットワークを有している。また、鳥井氏個人としても多くのつながりを持っている。そのつながりは、労働者自主生産の支援においても活かされている。

鳥井氏によれば、労働者自主生産を継続していくためには、公共空間度が高い状態を維持していなければならないという。労働者自主生産は、労働者自身が主体となり、助け合って行かなければ機能しない。公共空間は、熱い討議と熟慮された選択を通じて、各人の活力、主体性、相互扶助精神を高める場ともなる。経営研究会、自主生産の日などを開催しているのは、公共空間度を高める一環でもある。

全統一労働組合は、対抗的ヘゲモニーとして強硬さと柔軟さを併せ持っている。また、これまで多くの争議、労働者自主生産を支援し、成果をあげてきたことからすると、対抗的ヘゲモニーとしてかなり強固かつ有力であるといえる。ただし、労働組合の規模は大きくなく、ファンドの資金は不足気味であるなど、強固かつ有力な対抗的ヘゲモニーといっても、単独では限界がある。また、労働組合としても、支援している労働者、企業とともに、資本主義的競争の圧力に晒されているため、対抗的ヘゲモニーたりうるのが困難な環境にある。実際、その困難さに直面してもいる。

注

（1）本事例は主に、全統一労働組合の鳥井一平氏に対し、2016年7月7日および同年9月26日に行った聴き取りと、その時提示された資料に基づいている。したがって、基本的にその時点での内容となっている。なおその後、補足的な聞き取り、確認等は行っている。

（2）遠藤［2012］4～7ページ。

（3）鳥井［2010］46ページ。

（4）全統一労働組合は2007年、ある病院の倒産争議を支援している。同病院の全統一労働組合分会には約300人の組合員がおり、争議では職場占拠も行っている。最終的には、病院側が同組合員に対し総額約1億円の支払いに応じ、決着している。

（5）鳥井氏からの聴き取りによる。

（6）同上。

（7）同上。

（ 8 ）同上。

（ 9 ）同上。

（10）同上。

（11）同上。

（12）2016 年 3 月 10 日開催の経営研究会（第 146 回）より、筆者もほぼ毎回参加している。

（13）鳥井氏からの聴き取りによる。

（14）同上。

（15）同上。

（16）同上。

（17）同上。

（18）同上。

（19）同上。

（20）労働者の権利と倒産研究会編［1999a］、［1999b］。

（21）鳥井氏からの聴き取りによる。

（22）こうした関係はまさに互酬といっていいだろう。鳥井氏もそうであると認めている。
　　　互酬については、序章で述べており、また第 9 章でより詳しく論じているが、簡単に
　　　言えば、それは広い意味での贈与（と返礼）を通じた相互扶助による経済活動である。

（23）鳥井氏からの聴き取りによる。

（24）同上。

（25）同上。

（26）同上。

（27）同上。

（28）石川［2003］。労働者の権利と倒産研究会編［1999a］、［1999b］。

（29）小関［1998a］3 〜 5 ページ。

（30）鳥井氏からの聴き取りによる。

（31）同上。全統一労働組合が支援した直近の倒産争議は、2010 年に起きた、ある製油所
　　　においてである。この闘争では、職場占拠も行っている。ただ、同社の全統一労働組
　　　合分会の組合員たちは、労働者自主生産、自主再建まで行う意思がなかったため、倒
　　　産争議で一定の勝利を収めたことで活動を終えている。

（32）鳥井氏からの聴き取りによる。

（33）2016 年 6 月 11 日に開催された、第 15 回自主生産の日において、鳥井氏が行ったスピー
　　　チの一部である。なお、このイベントには筆者も参加している。

第7章 事例に見る労働者自主生産の特徴

はじめに

　本書で取り上げている3社は、いずれも労働者自主生産の最新の事例である。いずれの企業も今日においてもなお、労働者自主生産を行っている。また、それぞれ、規模、出資形態、業種、労働者自主生産開始の経緯等を異にしているため、最新の労働者自主生産として総括し、その特徴を検出することができると考える。

　本章は、第3章から第6章を振り返りながら、3社の事例を最新の労働者自主生産として総括し、労働組合加入の経緯、組織体制、賃金体系、労働条件、意思決定、マネジメント、リーダーシップ、労働者自主生産へのこだわり、労働組合との関係、対抗的ヘゲモニーとしての特質における、それぞれの特徴を検出している。またそれらを、第1章、第2章で述べた、これまでの労働者自主生産、労働者協同組合、欧米の労働者自主管理、加えて、外部の労働組合による統制の事例のそれぞれの特徴と比較検討している。なお、ここで外部の労働組合による統制の事例の特徴との比較検討を行っているのは、現在の労働者自主生産において外部の労働組合が果たしている役割について、その特徴をより明らかにできると考えるからである。

第1節　労働者自主生産の特徴

（1）労働組合加入の経緯

　事例の3社において、それぞれの労働者がどういった経緯で全統一労働組合に加入したかは、大きくは二通りある。前述のように、ビッグビートの設立メンバーが以前働いていた光輪モータースでは、過酷な労働環境に対して、当時の社員の

一部が抵抗し、改善を迫るために、全統一労働組合に加入している。その後加入した社員も同様である。職場占拠も、会社への対抗手段のひとつとして行っている。城北食品でも、前経営者のもとでの過酷な労働環境に対して、当時の社員の一部が抵抗し、改善を迫るために、全統一労働組合に加入している。その後加入した社員も同様である。一方、ハイム化粧品では、前身のハイムおよびハイム化学が経営危機に陥る前からすでに、ハイムの社員は JEC に、ハイム化学の社員は全統一労働組合に加入している。ただし、本格的に組合活動を展開しはじめたのは、経営危機に陥ってからである。3 社のそれぞれの組合員はもともと、同じある特定の主義・主張を持っていたわけではない。政治的な考え方に縛られず、それぞれ、会社に対抗するために、組合活動をしていたのである。

　労働者自主生産を始めたのも、同じある特定の主義・主張を持つに至ったからというわけではない。前述のように、ビッグビートでは、光輪モータースが倒産したのを受け、それまで職場を占拠していた組合員が、引き続きそこで雇用を確保していこうと、協力して新会社を設立したのが契機となっている。城北食品では、組合員が廃業、解雇に徹底して反対したことで、前経営者が会社を組合側に譲渡したのが契機となっている。ハイム化粧品では、旧会社が倒産したのを受け、組合員が本社・工場を占拠し、引き続きそこで雇用を確保していこうと、協力して新会社を設立したのが契機となっている。

　このように、3 社ともそれぞれ労働者自主生産を行うに至ったのは主に、経営危機や倒産に陥った旧会社との争議等を経て、職場・雇用を維持すべく、その事業を引き継ぐ形で、組合員が平等な立場で旧会社を引き継いだか新会社を設立したためであり、それもいわば、成り行きに負うところが少なくなかったといえるだろう。とはいえもちろん、労働者自主生産への希望や決意等を持っていなかったというわけではない。組合からの感化等もあり、個人差はあるものの、自分たちで会社をつくり、運営していきたいという想いも持ち合わせるようになっていた。現に、個人差はあるものの、ある程度、自分たちの会社は労働者自主生産企業なのだ、自分たちはここで労働者自主生産を行っているのだというアイデンティティも持ち合わせるようになっている。それは、先に紹介した、それぞれの組合員が抱く労働者自主生産へのこだわりからもうかがえよう。しかしそれで、同じある特定の主義・主張を持つに至ったというわけではない（例えば、皆が同じ

政党を支持しているというわけではない）。政治的な考え方に縛られず、また何らかの不満を抱えながらも、それぞれが自分たちで会社をつくり、運営していきたいという想いから、労働者自主生産を行っているのである。

第6章で見たように、鳥井一平氏によれば、このことは事例の3社にかぎらず、自主生産ネットワークに加盟する会社、さらには、1995年以降に労働者自主生産を開始した他の会社の労働者にも当てはまる傾向であるという。かつての活動家のように、高邁な政治的理想を持つが故の思想的な対立は少なく、その意味で、思想的には多様性とそれを認め合う寛容性を有しているといえるだろう。主体性の尊重は個性を伸ばしもする。それが組織に多様性をもたらすのである。全統一労働組合としても、主体性を尊重するとともに、第6章で見たように、3つのキーワードの1番目として"Everybody is Different"（互いの違いを尊重しよう）を掲げている。主体性の尊重と多様性の尊重は相矛盾するものではない。むしろ相乗効果をもたらすのだと、そしてそこにこそ、自由と民主主義が存在しうるのだととらえているのだろう。

（2）組織体制

組織体制は3社それぞれにおいて異なっている。前述のように、ビッグビートでは、株式はすべて代表取締役の石上隆弘氏が所有しているが、実質的には、ある程度、共同出資を行っているともいえる。代表取締役はいるが、他に取締役はいない。社員は、代表取締役を含め、5名である。他に、監査役（非常勤）が1名いる。営業は2店舗とウェブショップで行っている。部門制は採用していないが、店舗のフロアーおよびウェブショップのページごとに担当責任者を決めている。

城北食品では、株式はすべて洋水が所有している。代表取締役は洋水を経営する藤村早百合氏が務めている。社員は15名、代表取締役、監査役（非常勤）を含めると、17名である。他に、パートタイマーが1名いる。部門は大きく配送部門と事務部門に分かれている。それぞれ、部長とその下にマネージャーを置いている。本店の他に、台東支店を設けている。支店長は部長が兼務している。部長、マネージャーへの昇進は、他薦あるいは自薦の後、社員全員による選挙で決定されている。

ハイム化粧品では、2015年10月より、株式はすべて取締役の3名で所有して

いる。社員は、取締役、執行役員を含め、35名である。他に、パートタイマー
が7名いる。また、非常勤役員、相談役、販売員、業務委託といった非常勤が6
名いる。取締役には、代表取締役、専務取締役、常務取締役が、その下の執行役
員には、常務執行役員、執行役員がいる。部門は、管理部、営業部、生産部、開
発部がある。それぞれに、部長とその下に課長がいる。部門によっては、担当部長、
担当課長がいる。部長は専務取締役、常務取締役、常務執行役員、執行役員が兼
務している。完全子会社を有しているが、同社の代表取締役はハイム化粧品の代
表取締役が兼務している。部課長への昇進については、上位の役職者たちが協議
して決めている。基本的に年齢が重視されている。設立直後は人数も少なかった
ので、ほとんどが役職者となっている。

　以上から、社員数が多い会社ほど、階層化し、また部門が分化していることが
うかがえる。このあたりのことについては、一般の企業と大差はないだろう。た
だし、階層はあっても、昇進の決定は、代表取締役など特定の個人の独断ではな
く、社員全員による選挙あるいは上位の役職者たちの協議によってなされている。
選挙、協議においては、査定あるいはそれに代わりうる何らかの評価をベースに
しているということもない。そもそも査定制度がない。運営はどこも民主的に行
われているといえる。

（3）賃金体系と労働条件

　賃金体系と労働条件は3社において一定の共通性が見られる。前述のように、
ビッグビートでは、賃金は基本給については原則として全社員同額である。家族
手当はある。社長手当といったような役職手当はない。昇給、査定制度もない。
賞与もない。退職金制度もない。ただし、毎月、各社員がそれぞれ目標としてい
る売上を上回った時に、その個人に支給される、達成手当はある。時間外勤務手
当は申請していないようである。残業は夜遅くにまで及ぶことはほとんどない。
店舗の営業を年中無休で行っているため、休日は社員間で調整しながら、交代で
とっている。有給休暇はあるが、あまり消化できていない。

　城北食品では、賃金は基本給については原則として全社員同額である。役職手
当、配送手当、勤続手当、家族手当がある。勤続手当はそれほど多額ではないが、
ある程度、年功給的な役割を果たしているともいえる。昇給、査定制度はない。

手当とは別に、新規契約報奨金がある。賞与は業績次第であるが、ここ数年は毎年夏と冬の2回支給できている。基本的に全社員同額である。ただし直近では、社員全員が一人一票で、いくつかの指定された評価項目に基づいて、自分以外で評価が高いと考える役職なしの社員を上から順に3名選び、項目ごとに得票数の多い3名に対して、少額ではあるが、会社が報奨金を支給するといった試みも行っている。退職金制度もある。変形労働制を採用しているが、残業については時間外勤務手当が支給されている。週休2日制である。休暇は、年末年始休暇、有給休暇、慶弔休暇、産前・産後休暇、育児休暇がある。ほとんどの社員は、学校の夏季休暇に合わせて、かなり長期の有給休暇を取得している。

　ハイム化粧品では、賃金は、基本給については以前は全社員同額であったが、2015年に年功給（年齢給）に変更している。昇給は24歳まで小刻みにあるが、それ以降は40歳の時に一度あるだけである。査定制度はない。役職手当、家族手当、外勤手当はある。賞与の支給は会社の業績次第であるが、ここ数年は支給できていない。退職金制度もない。残業については時間外勤務手当がきちんと支給されている。週休2日制である。休暇は、年末年始・フレックス休暇、有給休暇（半休制度有）、慶弔休暇、産前・産後休暇、育児休暇がある。

　以上から、3社とも、賃金は基本給については全社員同額か、昇給があるにしても、年功給であり、しかも24歳以降は一度しかないといったように、おおかた平等主義がとられている（勤続手当がある会社では、それがある程度、年功給的な役割を果たしている）。査定制度もない。その一方で、働きや役職に応じて、手当、報奨金を設けている。賃金も平等、査定もないのでは、各人の貢献度に差がある場合、いわゆる悪平等となる恐れがある。働きや役職に応じて、手当、報奨金を設けているのは、基本的に平等主義を守りつつ、悪平等を回避しようとするものでもあり、社員のモチベーションを考えてのことでもある。賞与は、業績のよい会社は支給できている。退職金についても同様である。また、社員数が多い会社ほど、労働条件に関する制度が整備、適用されている。このように異なる部分はあるものの、賃金体系と労働条件においては、3社とも概して平等主義に基づいているといえよう。手当、賞与等を含め、賃金においては、それぞれ決して高いとはいえない。業績の厳しい会社はより低くなっている。賃金、労働条件の低い会社では、自己搾取が存在しているといえるだろう。

（4）意思決定

　意思決定は、3社において共通性もあるが、異なっている部分も多々ある。前述のように、ビッグビートでは、意思決定は基本的に全社員の合議でなされている。毎日、開店前と閉店後にミーティングを行っている。その他に、臨時でミーティングを開催することもある。概して皆で熱い討議と熟慮された選択を行っている。その一方で、自主性を重んじてもいる。店舗の各フロアーおよびウェブショップの各ページのそれぞれの担当責任者は、基本的に自らの判断でそれぞれの取り扱う商品の仕入から販売まで行っている。

　城北食品でも、意思決定は基本的に会議でなされている。会社全体の基本的な意思決定は、全体会議でなされている。全体会議は代表取締役と全社員が参加する。一人一票で全員一致が原則である。その他に、部長会議、配送会議、事務所会議、それから、労働組合の会議である分会会議、さらに年に1回、城北食品総会（全体会）が開催されている。それぞれの会議では概して、皆で熱い討議と熟慮された選択を行っている。ただし、各自、担当の仕事については、それぞれ自らの判断で行うのが基本である。

　ハイム化粧品でも、意思決定は基本的に会議でなされている。会社全体の基本的な意思決定は、取締役と執行役員が参加する経営会議でなされている。その他に、経営会議のメンバーに各部門の部長と課長を加えた幹部会、部門ごとの個別会議、営業部と開発部のメンバーが参加する商品会議がある。また、採用問題、労務問題等の重要事項についての最終的な意思決定は基本的に、常勤社員、パートタイマーの全員が参加する全体会議でなされている。年に1回開催される、全員参加の全体総会（全体会）においては、来期方針の提示とその承認が主であるが、現行役員の継続の可否について無記名投票がなされている。これらの他に、労働組合としての会議、集会等がある。全体会議、全体総会では、あまり活発な討議になっていないが、その以外のそれぞれの会議では概して、皆で熱い討議と熟慮された選択を行っている。ただし、各自、担当の仕事については、それぞれ自らの判断で行うのが基本である。裁量権は大きいといえる。

　以上から、3社とも、担当の仕事についての個人の裁量権は大きいが、意思決定は基本的に会議でなされていることがうかがえる。原則として一人一票である。

ただし、社員数が多い会社ほど、会議の種類が多くなっている。ハイム化粧品では、全体会議はあるものの、会社全体の基本的な意思決定はほとんど経営会議でなされている。これは、意思決定のスピード、人数的な限界を鑑みてのことでもあると考えられる。それでも、全員参加で会社の重要事項を決定する場として、全体会議、それから、全体総会は確保されている。3社とも概して、皆で熱い討議と熟慮された選択を行っている。ただしハイム化粧品では、大人数となる全体会議と全体総会では、あまり活発な討議になっていない。

（5）マネジメントとリーダーシップ

　マネジメントとリーダーシップは、3社において共通性が見られる。前述のように、ビッグビートでは、基本的に社員間に上下関係、支配関係は存在しない。したがって、マネジメント、リーダーシップも、その上に成り立っている。意思決定は基本的に会議でなされている。その一方で、仕入、販売については、各自の判断に委ねている。ただし、コミュニケーションを密にとり、情報共有するようにしている。特に販売状況については、皆で常にチェックし、ミーティングを開いて、反省点などを話し合うようにもしている。全社員が助け合って、会社を運営している。

　城北食品でも、基本的に社員間に上下関係、支配関係は存在しない。したがって、マネジメント、リーダーシップも、その上に成り立っている。意思決定は基本的に会議でなされている。配送部門では、各社員が自分のコースを持っているが、助け合いも行っている。各部門内、各部門間での仕事上のコミュニケーション、連携も図れている。仕入先、顧客などからのクレームについても、会議において皆で共有し、次の対策につなげている。

　ハイム化粧品でも、基本的に社員間に上下関係、支配関係は存在しない。したがって、マネジメント、リーダーシップも、その上に成り立っている。意思決定は基本的に会議でなされている。マネジメントは基本的に、個人を尊重し、各人の仕事の進め方についてはそれぞれに任せている部分が少なくない。リーダーシップも、各人の個性が反映されており、そのためそれぞれ違いはあるものの、個人を尊重し、皆で学び合い、助け合いながら、共に歩んで行くことを基本にしている。その姿勢は代表取締役の羽田博氏にも見られる。部門間でのいがみ合い、

責任の押し付け合いもほとんどない。コミュニケーションも取れており、関係も良好である。個人間においても、総じて良好な関係が維持できている。

以上から、3社とも、役職者が上下関係、支配関係のもとで、部下をマネジメントしているわけではない。リーダーシップについてはさらに、リーダーとフォロワーの双方向性も見てとれる。つまり、役職者がリーダーとして一義的にリーダーシップを発揮しているわけではない。役職のない社員も、フォロワーとしてリーダーシップを発揮している。こうしたリーダーシップは、第6章で見た、鳥井氏がボール型組織とピラミッド型組織の融合において必要としているリーダーシップである。それが少なくとも3社においては、個人差はあるものの、確立しえているといえる。しかもそこでは、役職者を含め、すべての社員が、個性を発揮し、主体的に仕事を進めているとともに、互いにコミュニケーションを密にとりながら、皆で学び合い、助け合っている。従来の考え、やり方にとらわれず、皆で近況を共有し、議論しながら、反省したり、次の対策を考案したりしている。会議はそのために欠かせない場ともなっている。

こうしたリーダーシップは、筆者が牛尾奈緒美、石川公彦と共同で提唱しているラーニング・リーダーシップと一致しているといえる。ラーニング・リーダーシップの特徴としては、個性の反映、成功体験からの脱却（状況適応）、中心と周縁の互換性、リーダーとフォロワーの双方向性、人材の多様性があげられる（表7-1参照）。そこでは、リーダー、フォロワーを問わず、多様な諸個人が、互いを下に見ることなく、むしろ尊重し合いながら、学び合い、助け合い、ともに歩んでいる(1)。

ここで、多様な諸個人が尊重し合うといっても、言いたいことも言わない、言うべきことも言えないといった状況に陥ってはならない。コンフリクトを恐れず、議論を闘わすことが肝心である。これは、個人差はあるものの、3社において実践できている。当たり障りのない議論ではない分、コンフリクトも生じるであろうが、逆に、そこから学ぶべきよい意見も出てくる可能性が高い。それにより、その相手を心底から尊重できるようになるということもあるだろう。ラーニング・リーダーシップは、こうしたプロセスを通じて、学び合い、助け合いを引き出すこともできるのである(2)。

成功体験からの脱却は、労働者自主生産を行っているからといって、そう容易

くできることではないが、少なくとも３社においては、会議等で皆で自由に議論し、意思決定する場を多く設けていることが、その可能性を高めることになっているともいえよう。また、少数派である労働者自主生産をあえて行っているということも、ある意味、成功体験からの脱却であるといえるだろう。中心と周縁の互換性は、鳥井氏が目指すボール型組織における特徴でもある。多様性の尊重も、全統一労働組合ではキーワードとしているほど重視している。

伝統的リーダーシップ のスタンス	ラーニング・リーダーシップ のスタンス
① マニュアル指向性 …硬直性	① 個性の反映 …柔軟性
② 成功体験への埋没性 …シングル・ループ学習	② 成功体験からの脱却（状況適応） …ダブル・ループ学習
③ 自己中心性 …自分は組織の中心であり、 　主役である	③ 中心と周縁の互換性 …自分は組織の中心であり、 　主役であることもあれば、 　組織の周縁であり、 　脇役であることもある
④ リーダーとフォロワーの 　一方通行性 ⅰ）リーダーはフォロワーから「報 　　告」・「連絡」・「相談」を受ける 　　（リーダーからフォロワーへは 　　業務連絡を通達する） ⅱ）フォロワーを教育・指導する	④ リーダーとフォロワーの 　双方向性 ⅰ）【インタラクティブ・コミュニケー 　　ション】 　　リーダーはフォロワーから報告・ 　　連絡・相談を受けるとともに、フォ 　　ロワーに報告・連絡（業務連絡の 　　通達以外も含む）・相談をすること 　　もある ⅱ）【インタラクティブ・ラーニング】 　　フォロワーに教えるだけでなく、 　　教わることもある
⑤ 人材の画一性 …ナンバーワン思考	⑤ 人材の多様性 …オンリーワン思考

表７－１　ラーニング・リーダーシップのスタンス

（出所）牛尾・石川・志村［2011］221ページ

　ラーニング・リーダーシップがいかに、自由、民主主義、個性、多様性、相互扶助の尊重の上に成り立っているかは、**表７－１**に示した、伝統的リーダーシップのスタンスと比較することで、より鮮明となる。ここからも、労働者自主生産

におけるリーダーシップとして相応しいことが見て取れる。いずれにしても、3社における個々人のリーダーシップからは、ラーニング・リーダーシップの特徴が、十分でなかったり、程度に差があったりするものの、共通してうかがえる。ラーニング・リーダーシップは、一般企業における優秀なリーダーとフォロワーの実際の行動から抽出した理論であるが、以上のように、労働者自主生産企業のリーダーとフォロワーにも見られるというのは、注目に値しよう。ボール型という、よりフラットな組織と適合的であるともいえるのだろう。

　労働者自主生産では、管理自体が成り立たないとする先行研究もあるが、事例の3社においてはそれを、十分にでないにしても、以上のようなラーニング・リーダーシップにより克服している。外部の権力として位置している全統一労働組合（ハイム化粧品では、加えて JEC）による支援・監督が、そのリーダーシップの推進に大きく寄与してもいる。

（6）労働者自主生産へのこだわり

　労働者自主生産へのこだわりは、3社においてというより、個々人によってさまざまであるが、それぞれ自分なりのこだわりを持っているという点では共通している。前述のように、ビッグビートでは、自分たちで好きなことをして、自分たちでつくっていくところが、労働者自主生産へのこだわりであるという。もちろん、それは自分たちの責任として、すべて戻ってくるが、そこは自分たちの会社ということで、当然であると受けとめている。会社からサラリーを貰っているような感覚ではないともいう。

　城北食品では、皆で意見を出し合って決めることが労働者自主生産へのこだわりであるという。また、利益を上げることよりも、仲良くすることの方に重点を置いているという。能力のあるなしにかかわらず、一緒にやっていきたいという気持ちがあれば、とにかく、皆でやっていこうということで、これまで、自分たちの職場を大事にし、助け合ってきている。会社を社会の縮図であるともとらえている。

　ハイム化粧品では、労働者自主生産と株式会社のそれぞれの利点を得るよう努めている。また、言われたからでなく、各社員が自分のなかで自社にとって一番いいことは何なのかを考えてやっていくというのが、本当の労働者自主生産であ

るという。そのため、そうした気持ちをマネジメントし、育てていくことも、労働者自主生産にとっては重要であるという。

　3社ではまた、基本的に社員間に上下関係、支配関係はなく、平等主義に基づいている。賃金に大きな差もなく、査定制度も設けていない。意思決定、マネジメント、リーダーシップは極めて民主的である。ここからも、労働者自主生産へのこだわりがうかがえよう。

　このように、3社とも、皆と一緒になって、倒産等の危機を乗り越え、労働者自主生産を始めた社員は、個人差はあるものの、自主生産へのこだわりを持ち続け、それを実践してきている。その一方で、ビッグビートでは新しく入社した社員がいないため、城北食品およびハイム化粧品において当てはまることだが、労働者自主生産開始以降に入社した新しい社員は概して、そうした意識が希薄である。古くからいる社員とは異なり、危機を乗り越え、労働者自主生産に至る過程を体験していないのだから、ギャップがあって当然ともいえよう。

　それでも多くは、まったく不満等がないわけではないものの、自社が労働者自主生産企業であることを理解し、受け入れている。そして、個人差はあるものの、自らも主体的に自主生産に取り組んでいる。それは、古くからいる社員が、労働者自主生産を開始時から維持しつづけているだけでなく、どのようにして危機を乗り越え、自主生産を開始したか、そしてどのようにして今に至っているかといった体験について、さらにはそれぞれが抱く自主生産へのこだわりについて、会議、集会、イベント、日常の雑談等において、新しく入社した社員に語っていることにもよるだろう。高橋は「語り（narrative）」によって組織を構成する視点がストーリーテリングであるとして (3)、その内容について以下のように述べている。

　　〔中略〕「語り」による知識伝達は、①行為と不可分に存在し、状況的に構築される知識を想定し、②その目的は知識構築のきっかけを与えることであり、③その方法はストーリーテリングであるとする。
　　〔中略〕ストーリーテリングの観点に従えば、聞き手は物語をきっかけにして、組織の状況との相互作用の中から知識を構成するのであり、話し手は聞き手が知識を構成するきっかけを与えるというスキームである。(4)

202　第7章　事例に見る労働者自主生産の特徴

　城北食品およびハイム化粧品における、それぞれの新しく入社した社員は、古くからいる社員が語る物語やその中のストーリーをきっかけに、自社の労働者自主生産に関する知識を構成している。そしてそれを通じて、個人差はあるものの、自らも主体的に労働者自主生産に取り組むようになっている。これらは、リーダーシップとしてのストーリーテリングの効果であるといってよいだろう。ただし、ストーリーテリングによるリーダーシップは、「常に開かれた対話であり、この対話を通じてはじめて聞き手の聞こうとする意思が確固たる決意に結びつくのである」(5) と高橋は述べている。

　語り手から聞き手への一方的な伝達では対話にはならない。対話は語り手と聞き手との双方向のコミュニケーションである。城北食品およびハイム化粧品における、それぞれの古くからいる社員と新しく入社した社員は、個人差はあるものの、労働者自主生産に関してこうした開かれた対話ができている。それは、公共空間を維持し、かつ、リーダーとフォロワーの双方向性を基にした、ラーニング・リーダーシップを発揮できているからでもあろう。

（7）労働組合との関係

　労働者自主生産開始時から今日に至るまでの労働組合との関係は、3社において共通性が見られる。前述のように、ビッグビートを設立するにあたっては、全統一労働組合から多大な支援を得ている。倒産後、組合員は組合本部の支援を得て、旧会社の店舗を引き続き占拠しながら、闘争をつづけている。倒産直後、労働組合はまず、光輪モータース再建委員会を設置し、旧会社の財産を保全すべく、破産管財人とともに残務整理を行っている。また、労働債権を確保すべく、破産管財人との交渉を進めている。そのなかで、再建委員会が破産管財人から在庫品の販売を託されてもいる。そして2008年10月に、組合本部からの支援なども得て、残った組合員5名で、新会社、ビッグビートを設立している。

　現在、代表取締役を含め、社員は全員、全統一労働組合の組合員である。組合本部へは、何かの時には相談するが、仕事に関しては自分たちで対応している。ただし、自主生産ネットワークが毎月開催している経営研究会には、ほぼ毎回参加し、近況報告を行うと同時に、それについて鳥井氏などから助言を受けてもいる。自主生産の日等、組合本部、自主生産ネットワークのそれ以外の活動に参加

することもある。自主生産ネットワークに加盟している会社との間では、メンバーであるアール・シーの代表取締役の瀧口政彦氏がビッグビートの監査役を務めている。また、倉庫も、メンバーである城北食品の本店を有料で間借りしている。逆に、城北食品へは、ビッグビートのスマイルガレージのワンフロアーを台東支店として有料で貸している。それから、やはりメンバーであるケーテイーシーにも、バイク部品の製造を発注している。

　城北食品では、労働者自主生産を開始するにあたって、全統一労働組合、とりわけ鳥井氏が、知人である一水社不動産部の原田隆二氏と洋水の藤村氏に、会社の土地・建物を買い取ってほしいと持ち掛けている。結局、藤村氏が土地・建物を含め、会社自体を買い取る方向で話しがまとまり、旧経営陣から引き継いでいる。そして 2008 年 9 月から、労働者自主生産を開始している。

　現在、社員は全員、全統一労働組合の組合員である。毎月 1 回、組合の会議である分会会議を開催し、主に労務関連の問題を話し合っている。経営研究会、自主生産の日等、全統一労働組合、自主生産ネットワークの会議、集会、イベント等には積極的に参加している。全統一労働組合が主催するレクリエーションに一緒に参加したりもしている。自主生産ネットワークのメンバーであるビッグビートの上野の店舗を有料で間借り、台東支店を設けている。また、城北食品も本店の一部をビックビートの倉庫として有料で貸している。ビッグビート設立時には、それに加わらない全統一労働組合光輪モータース分会の組合員を雇い入れてもいる。さらに、同じく自主生産ネットワークのメンバーであるアール・シーには、倉庫にある業務用冷蔵庫・冷凍庫のメンテナンスを委託している。これらの他にも、自主生産ネットワークのメンバーとの間で仕事上のつながりがある。

　ハイム化粧品を設立するにあたっては、全統一労働組合および JEC それぞれの組合本部から多大な支援を得ている。倒産後、組合員は旧会社の本社・工場を占拠しながら、闘争をつづけている。そして倒産から間もない 2007 年 8 月下旬に、ハイム化粧品を設立し、労働者自主生産を開始している。会社設立以降、全統一労働組合本部の鳥井氏らとともに、破産管財人との交渉を重ねている。その結果、管財人から旧ハイムの在庫商品をすべて買い取っている。労働組合は組合員の労働債権の確保にも尽力している。また、本社・工場の土地・建物の競売申し立てがなされた際も、全統一労働組合、JEC、松戸地区労、松戸 1000 人会などから

大勢が駆けつけ、抗議行動を展開している。同時に、鳥井氏は知人の原田氏に持ち掛け、本社・工場の土地・建物の買い取りに必要な資金を、ハイム化粧品に貸与してもらっている。設立当初の営業活動においても、鳥井氏から取引先の紹介を受けている。自社工場の使用がまだ認められていない時期には、自主生産ネットワークに加盟するケーテイーシーの取締役社長の武田和治氏から紹介された会社の工場で生産を行っている。雇用保険をめぐって問題が発生した際も、全統一労働組合、松戸地区労、自主生産ネットワークが解決に乗り出し、事なきを得ている。

現在、旧会社、倒産争議での経緯もあり、取締役を含め、営業部以外の部門の社員は全統一労働組合の組合員となっているが、営業部の社員はJECの組合員となっている。会社が軌道に乗り出した後は、労働組合が会社に直接要求することはほとんどないが、個々の組合員が全統一労働組合の本部に、具体的には鳥井氏に相談し（営業部の社員であれば、JECの本部に、具体的には片桐晃氏に相談し）、本部から取締役に状況の確認、説明の要求、場合によっては、クレーム、叱責がなされることは、これまで何度かあったという。特に労務問題については、取締役が労働組合の幹部を招集して、会議を行うこともある。労働組合としての会議も行っているが、あまりしっかりとはやられていないという。社員は、経営研究会、自主生産の日等、全統一労働組合、自主生産ネットワークの会議、集会、イベント、レクリエーション等を通じても、多くの学びの機会を得ている。社外の人々との交友関係、協力関係も広がっている。

以上から、3社とも、労働者自主生産の準備段階、開始時およびその直後においては、労働組合、とりわけ鳥井氏からの絶大な支援を受けていることがうかがえる。その支援なしには、労働者自主生産を開始し、軌道に乗せることは不可能であったに違いない。しかし、労働者自主生産がある程度軌道に乗り出すと、労働組合からの支援の形は変化している。支援といっても、できるだけ、各社ならびにそれぞれの労働者自身の主体性が尊重されるようになっている。ただし、個々の組合員が全統一労働組合（ハイム化粧品では、加えてJEC）の本部に、相談、告発等を行うルートは確保され、機能している。また、自主生産ネットワークに加盟していることで、他のメンバーとの間で相互扶助が図られている。さらに、経営研究会、自主生産の日等、全統一労働組合、自主生産ネットワークが開催する会議、

集会、イベント、レクリエーション等への参加は、労働者自主生産における公共空間度を高め、それぞれの労働者の活力、主体性、相互扶助精神の向上にもつながっている。特に自主生産の日は、前述のストーリーテリングの観点からも有益となっている。ラーニング・リーダーシップも社内にとどまらず、ネットワーク規模で展開していることがうかがえる。

（8）対抗的ヘゲモニーとしての特質

　対抗的ヘゲモニーとしての特質は、3社において一定の共通性はあるものの、相違も見られる。前述のように、ビッグビートは、強硬で、かなり強固な対抗的ヘゲモニーを形成しえている。ただし、社員が代表取締役を含め5名であるため、対抗的ヘゲモニーといっても、単独では人数的に非常に少ない。また、二輪自動車小売業として資本主義的競争の圧力下にあるため、対抗的ヘゲモニーたりうるのが困難な環境にある。縮小する市場にあって、業績も必ずしも順調とはいえない。

　城北食品は、柔軟で強固なヘゲモニーを形成しえている。ただし、労働者自主生産開始時のメンバーよりも、その後に入社した社員の方が多くなっており、両者の間で労働者自主生産に対する意識のギャップがあることは否めない。そのギャップを縮小する努力もなされているが、それが功を奏しているのは、社員数がそれほど多くないことにもよると考えられる。また城北食品は、学校給食の食材納入業という、資本主義的競争の圧力がやや弱い業種にいるため、対抗的ヘゲモニーたりうるのが他業種ほどには困難でない環境にある。だからといって、安泰であったわけではない。

　ハイム化粧品は、柔軟な対抗的ヘゲモニーを形成しえている。ただし、対抗的ヘゲモニーとして強固な範囲は限られているといえる。労働者自主生産開始時のメンバーよりも、その後に入社した社員の方が多くなっており、両者の間で労働者自主生産に対する意識のギャップがあることは否めない。そのギャップを縮小する努力もなされているが、社員数が多いこともあり、その成果は限定的であるといえる。またハイム化粧品は、化粧品製造業として資本主義的競争の圧力下にあるため、対抗的ヘゲモニーたりうるのが困難な環境にある。業績も必ずしも順調とはいえない。

　3社を支援している、個人加盟の労働組合である全統一労働組合は、強硬さと

柔軟さを併せ持つ対抗的ヘゲモニーを形成しえている。また、対抗的ヘゲモニーとしてかなり強固かつ有力であるといえる。ただし、労働組合の規模は大きくなく、ファンドの資金は不足気味であることなどから、対抗的ヘゲモニーといっても、単独では限界がある。また、労働組合としても、支援している労働者、企業とともに、資本主義的競争の圧力に晒されているため、対抗的ヘゲモニーたりうるのが困難な環境にある。

　以上から、3社の対抗的ヘゲモニーは強硬かあるいは柔軟な特質を有している。これは、3社を支援している全統一労働組合の対抗的ヘゲモニーが強硬さと柔軟さを併せ持ち、状況に応じて双方を使い分けていることによるところが大きいと考えられる。また、対抗的ヘゲモニーとしての強固さは、規模が大きくなるに従い、弱まるか、範囲が限定的となる傾向にあるといえる。いずれにせよ、3社および全統一労働組合の対抗的ヘゲモニーは、それぞれ規模からすると、単独では限界がある。またどこも、程度の差はあるものの、資本主義的競争の圧力に晒されているため、対抗的ヘゲモニーたりうるのが困難な環境にある。そのなかにあっても、それぞれ助け合いながら、曲がりなりにも対抗的ヘゲモニーたりえているのである。自己搾取があるか否かに関わりなく、3社とも労働者は自己を労働力と人格に分裂させないよう、十分にではないにせよ、組織を運営している。それで実際、労働力と人格の分裂を防ぎきれているわけではない。だが少なくとも、ある程度、自分たちの会社は労働者自主生産企業なのだ、自分たちはここで労働者自主生産を行っているのだというアイデンティティは持ち合わせている。

　第2章で述べたように、（対抗的）ヘゲモニーであることの要件としては、政治的なものであること、つまりウェーバーのいう支配であること（意思決定の一方向性と合理的受容）、そして、知的道徳的指導性を持つことが欠かせないが、事例の3社においてはウェーバーのいう支配が弱いといえる。基本的に社員間に支配関係は存在せず、そのもとで、意思決定は合議によって行われているからである。しかし、先に見たようなラーニング・リーダーシップが、知的道徳的指導性として機能しているとともに、支配の弱さを補ってもいる。支配を強化するのではなく、学び合い、助け合いを推進することによってである。全統一労働組合による支援・監督がそれに大きく寄与してもいる。ただし、集団が大きくなり、従来の面接関係が維持できなくなるにつれ、支配の弱さをこのような仕方で補うのは難

しくなっていくだろう。

　現在、〈従業員民主主義体制〉に代わりうる支配的なヘゲモニーが不在の混迷期にある。そのなかで、多くの労働者は、すでに権威が失墜した「会社」に縋ることしかできないまでにルンペン化している。しかし一方で、数は少なくとも、たとえ自己搾取に陥っていようと、何とかそれに抗うべく、労働者自主生産を行っている労働者が存在している。規模は小さくとも、対抗的ヘゲモニーを形成しえている。その存在意義はけっして小さくない。

第2節　これまでの労働者自主生産との比較

（1）かつての労働者自主生産との比較

　事例の3社が労働者自主生産を開始したのは、2007年あるいは2008年であり、その特徴は先に見た通りである。以下ではそれについて、第2章で述べた、終戦直後の一時期、および1970年代初めから80年代初めまでの労働者自主生産のそれぞれの特徴と比較してみたい。

　第2章で述べたように、終戦直後の一時期に多発した生産管理闘争では、労働者自主生産が行われ、対抗的ヘゲモニーとして〈生産管理〉が形成されもした。ただしそれは、労働組合による職制の丸がかえに依っていたため、生産序列（非人格的関係）と権力関係（人格的関係）が無定形に融合するものであった。加えて、そもそもそこでは、労働者自主生産は労働者が何らかの要求を実現させるための手段にすぎなかったこともあり、ほとんどが短期間で終わっていた。これに対し、事例で見た3社の労働者自主生産においては、全統一労働組合（ハイム化粧品では、加えてJEC）という外部の権力と有機的に結合することで、労働組合による職制の丸がかえを回避している。また3社のそれぞれの労働者は、労働者自主生産を行うことで生計を立てていこうとする意思があり、その運営において労働組合から支援・監督を受けてもいる。3社が労働者自主生産を長期にわたって継続しえているのは、これらに負うところが大きいといえよう。

　終戦直後につづき再び増加した、1970年代初めから80年代初めに至るまでの労働者自主生産では、第2章で見たように、企業内において倒産危機以前から経営権を規制し得るほど強い労働組合が存在しており、また企業外において平素か

ら周辺地域に強い大衆的支援が存在していた。これに対し、事例で見た3社の労働者自主生産には、企業内労働組合が存在していなかった。また企業外においても、平素から周辺地域に強い大衆的支援が存在していたとはいえない。にもかかわらず、労働者自主生産をなしえているのは、全統一労働組合（ハイム化粧品では、加えてJEC）という外部の権力との有機的な結合、そしてそれを通じてのネットワークの活用に負うところが大きいといえよう。

（2）継承と断絶

　以下では事例で見た3社の特徴について、第2章で述べた、特に1990年代後半から2005年までの労働者自主生産の特徴と比較してみたい。

　第2章で見たように、石川の調査によれば、バブル景気がはじけ、1990年代後半以降になると、部分的にではあるが、再び倒産反対争議が発生しはじめ、しかも、自主生産闘争にまで発展する傾向が見られるとしている。石川の調査は2005年までであるが、鳥井氏が知るかぎりでは、それ以降、2010年頃までは、同様の傾向が見られるという。ちなみに、自主生産ネットワークに加盟する12社を見ると、労働者自主生産を開始している時期は、トーワ技研の1998年から、城北食品およびビッグビートの2008年までの間となっている。

　ところが、第6章で述べたように、2011年頃からは、労働者自主生産はおろか、倒産争議もほとんどなくなっている。鳥井氏によれば、それだけ、会社による倒産のさせ方、整理の仕方が巧妙になっており、労働組合が職場を占拠する間もなくなっているという。そもそも、占拠するもの自体もなくなっているという。その他の要因としては、求人数が増え、再就職が比較的容易になっているということもあるだろう。すでに〈従業員民主主義体制〉が崩壊しているにもかかわらず、多くの労働者は何の抵抗もできず、事態を受け入れるだけの状況にある。それはつまり、それだけ労働者の恭順化、ルンペン化が増大しているということでもあろう。

（3）多様性

　石川の調査によれば、1990年代後半から2005年までの時期、倒産反対争議を行っている企業は、企業内においては、労働組合が平素から存在しているにして

も、労使協調的であったり、あるいは、特に中小企業の大半では、そもそも労働組合自体がなく、倒産危機に直面して、いわば「駆け込み」で結成されるといった状況である。また企業外においては、全般的に労働運動や社会運動が低迷しており、もはや強い大衆的支援が期待できない状況である。にもかかわらず、この時期、自主生産闘争にまで発展しえているのは、駆け込んでくる現場労働者を受け入れ、倒産反対争議を有効に展開し得る労働組合、特に、個人自由加盟の一般労働組合、当該倒産企業の所在地を活動エリアとする地域ユニオンの存在による。

鳥井氏が知るかぎりでは、2010年頃までは、同様の傾向が見られるという。もっとも、事例の3社を見るかぎり、ビッグビートおよびハイム化粧品ではそれぞれ、倒産した旧会社が経営危機に陥る前から、社員の一部あるいは全員が個人加盟の労働組合である全統一労働組合（ハイム化粧品では、加えてJEC）に加入している。城北食品においても、社員の一部が全統一労働組合に加入したのは、倒産危機に陥る以前である。それが、倒産争議、自主生産闘争に有利に働いていたことは、これまで見てきた通りである。

また石川の調査によれば、1990年代後半から2005年までの時期に、労働者自主生産企業として再建された企業では、労働者が自らの労働条件を切り下げてまで、事業の存続と雇用の継続を図っているケースが散見されるという。2005年から今日までにおいても、少なくとも、事例の3社を含む、自主生産ネットワークに加盟する12社を見る限り、業績の芳しくない企業においては、部分的にではあるが、同様の傾向があるといえる。ウェッブ夫妻によれば、労働組合が設立した事業体は、その事業熱の烈しさのあまり、自ら労働条件を切り下げ、それにより、以前獲得した権益さえも捨て去りかねない傾向があるという **(6)**。これに対し、事例の3社を含む、自主生産ネットワークに加盟する12社においては、自ら労働条件を切り下げているところもあるが、それは必ずしも事業熱の烈しさのあまりというわけではなく、業績上、そうせざるをえないというのが実情である。もっとも、それでも労働者自主生産を放棄しようとしないことからすれば、ある種の事業熱だといえるし、実際に自ら労働条件を切り下げていることからすれば、自己搾取が存在しているといえるだろう。

第6章で見たように、1990年代後半以降に労働者自主生産を開始した企業ではまた、労働者の多くはもともと、自主生産に対する政治的な理想を持っていた

わけではない。かつてのほとんどの労働者自主生産のように、いわゆる活動家が主導しているのではなく、一般の労働者が主導している。その意味で、かつてに比べると、思想的には多様性を有しているといえるだろう。その傾向は、事例の3社においてはより顕著になっている。前述のように、全統一労働組合、自主生産ネットワークにおいても、多様性を尊重している。もっとも、同じある特定の主義・主張でなくとも、労働者自主生産に対して、それぞれ何らかの価値観、意味、想い、アイデンティティ等は持ち合わせている。前述のように、事例の3社を見るかぎり、皆と一緒になって、倒産等の危機を乗り越え、労働者自主生産を始めた社員は、個人差はあるものの、何らかの自主生産へのこだわりを持ち続け、それを実践してきている。その一方で、労働者自主生産開始以降に入社した新しい社員は概して、そうした意識が希薄であるが、それでも多くは、まったく不満等がないわけではないものの、自社が自主生産企業であることを理解し、受け入れている。そして、個人差はあるものの、自らも主体的に労働者自主生産に取り組んでいる。

第3節　外部の労働組合による統制との比較

（1）自交総連大分地連の特徴

　序章で述べたように、ウェッブ夫妻、マンデルをはじめ、労働組合による労働者自主管理には、懐疑的な見方が多い。塚本によれば、そこには共通して、組合機能による経営機能の包摂が、資本主義的競争の圧力下で、経営機能による組合機能の包摂へと転化しやすい傾向が示されているという。すなわちそれは、経営体としての存続のための管理の必要が経営機能から自律した組合機能の領域を侵食し、そこで働く労働者、特に管理機能を担う組合幹部層の態度が、査定などの導入、管理のヒエラルキーの形成、労働条件の切り下げ等、より資本主義的な価値観に適合したものへと変容していく傾向である (7)。

　しかしこうした傾向は、外部の労働組合からの統制を受けていない、個別企業の労働者による事例である。これに対し、内山が取り上げている大分県におけるタクシー労働者の労働組合自主経営企業（労働者自主生産企業）3社のように、産業別組合（単一の産業別組合ではなく連合体）の地方組織（自交総連大分地連）が、個別企業の枠

を超えた産別組合的な価値観に基づいて、自主経営企業の企業経営を統制し、組合機能を一定程度保持する戦略を選択した事例も存在する。これらの自主経営企業は、長期にわたり、一定の労働条件を維持しながら存続している (8)。

塚本はそのうちの2社を取り上げ、1995年の調査時点での、企業経営における経営機能と組合機能との関連を分析している (9)。自主経営を開始したのは、1社が1974年、もう1社が1984年である。従業員数は、1社が30人、もう1社が16人である。いずれも有限会社であり、労働組合の組織所有の形をとっている。自交総連大分地連に加盟する自主経営企業では、経営組織の役員もすべて組合員である。したがって、組合員が組合組織と経営組織の両方の機構を通じて、企業経営を統制している。また、自主経営企業の経営組織は、自交総連大分地連の組合員500人を代表する地連執行委員会の指導によってその機構がつくられ、統制されている。その詳細は以下の通りである。

　すなわち、あくまでも労働組合組織が、経営組織の上位に位置付けられている。組合組織が、経営組織の機構をつくり、地連執行委員会の統制を受ける役員が、その機構を通じて日常的に企業経営を統制するという方法をとっているということができる。職場の一般組合員は、これらの経営組織の機構の意思決定に、直接関与することはほとんどないが、日常的に組合組織の機構を通じて、企業経営に間接的に統制を行使している。このように、組合員が、組合組織と経営組織の機構を通じて、企業経営を統制する機能を担っているのである。(10)

もっとも、日常の企業運営となると、労働組合の機関での討議では、経営と労働組合の問題の明確な区別はあまりなく、経営組織と組合組織は密接に結びついている。ただそのなかにあっても、組合組織は、一般組合員の意見を日常的に経営意思決定に反映し、企業経営を円滑に進めるための意思統一をはかる回路となっている (11)。また対外的には、地域や産別の労働運動の支援、交流の回路としての機能を果たしており、経営とは異なる独自の機能を保持し続けている。つまり、2社における自主経営企業の組合機能は、企業経営を維持し統制する機能と、その機能と密接に結びつきながら、それとは相対的に自律した企業の枠を超えた従来の組合機能（政策闘争、争議支援等）とが併存している。その背景には、

産別労働運動の発展があり、自主経営がその発展の拠点とならなければならないとする認識がある (12)。

（2）自交総連大分地連との異同

　本書の事例で取り上げた３社においても、より資本主義的な価値観に適合したものへと変容していく傾向が皆無というわけではない。例えば第５章で見たように、ハイム化粧品では、労働者自主生産を開始してから２年ですでに、「商売的には一般企業的発想が中心となりやすい」等の記述が残されている。それを克服し、労働者自主生産を継続していく上で、全統一労働組合（の本部）が果たしてきた役割は大きい。

　ハイム化粧品、加えて他に事例で取り上げた、ビッグビート、城北食品の社員は、企業内労働組合ではなく、全統一労働組合（ハイム化粧品では、加えて JEC）という外部の労働組合の組合員である。この意味で、外部の労働組合の統制下にあるともいえる。いずれも、労働者自主生産を開始するにあたって、またその後ある程度軌道に乗せるまでは、労働組合（の本部）から絶大な支援を受けている。ただしそれは、強要ではなく、あくまでも支援である。また、ある程度軌道に乗った後は、労働組合（の本部）からの支援といっても、個々の組合員が労働組合の本部に、相談、告発等を行うルートは確保され、機能しているが、それ以外では、各社ならびにそれぞれの労働者自身の主体性が尊重されている。

　第６章で見たように、全統一労働組合は自主生産ネットワークとともに、自主生産組織イメージ図を提示してはいるが、その組織体制ならびに運営を、加盟する労働者自主生産企業に強要してはいない。同じくイメージ図のなかで提示している、立案・検討・監査を担う経営委員会においても、構成メンバーに、自主生産ネットワーク（事務局、加盟事業体）、労働組合関係者とともに、執行グループの役員会メンバーを加え、協議する体制をとるようにし、バランスをはかっており、しかもその体制を強要してはいない。自主生産ネットワークがほぼ毎月開催している経営研究会にしても、鳥井氏等からのアドバイスはあるものの、それを強要するようなことはしない。そもそも、経営研究会への参加も強制ではない。全統一労働組合、自主生産ネットワークが開催する、その他の会議、集会、イベント、レクリエーション等についても同様である。あくまでも、各社ならびにそれぞれ

の労働者自身の主体性が尊重されているのである。

　以上のことからして、全統一労働組合（の本部）は労働者自主生産企業に対し、自交総連大分地連に見られるような、指導、統制というよりはむしろ、それより緩い、支援・監督機能を担っているといった方が適切だろう。支援・監督機能にとどまってはいながらも、それにより、各社において組合機能が経営機能に包摂されずに、労働者自主生産が維持されるよう努めているのである。確かに、指導、統制を厳しくすれば、組合機能が経営機能に包摂されることは防げるだろう。しかしその半面、労働者から労働者自主生産の担い手としての主体性が削がれ、自主生産がうまく機能しなくなるということも十分ありうる。労働者自主生産は、各労働者が主体的に考え、行動し、互いに学び、助け合うことでしか、維持できない。全統一労働組合が労働者の主体性を重視し、支援・監督機能にとどまっているのは、このためでもある。

　もちろん、主体性の尊重如何にかかわらず、労働者がほとんどすべて組合員であることからすれば、その労働者すべてによって意思決定を行っているかぎり、労働組合（の本部および分会）が労働者自主生産企業（の役員層）の上位に位置し、その機構をつくっているともいえる。しかしそもそも、少なくとも全統一労働組合では、どちらが上か下かといったふうにはとらえていない。また、各労働者自主生産企業が労働運動の発展の拠点になっているということもない。大分県の自主経営企業とは、時代性、地域性も異なっている。

　労働組合が労働者の主体性を尊重するといっても、そのことでまた、労働者自主生産企業がより資本主義的な価値観に適合的となり、組合機能が経営機能に包摂されるということも起こりうるし、現にある程度起きている。前出のケーテイーシーの武田氏は、労働者自主生産企業と労働組合の関係は非常に難しく、今は疑問に思う点が大きくなっているという。確かに、城北食品は民主的経営を実践しえているが、それは、資本の論理が他業種ほどストレートに入ってこない、学校給食の食材納入業という業種であることが大きいとしている (13)。

　武田氏はまた、労働者自主生産においては、民主的経営が経営の前提となるが、「民主的」なものの結論は見えないという。その上で、民主的に経営しようという意識を忘れないことが民主的経営なのではないかと思う、と述べている (14)。少なくとも事例の３社のそれぞれの労働者においては、先に見たように、民主的

に経営しようという意識が存在している。同時に、ストーリーテリング等を通じて、それを広め、かつ忘れないようにも努めている。こうした状態にあるのは、全統一労働組合の支援によるところが大きいといえる。確かに、外部の労働組合であっても、なしうることには限界があるが、しかしそのなかで、全統一労働組合は、労働者自主生産を開始したい、継続したいと望む企業、労働者に対し、それぞれの主体性を尊重しながら、できうるかぎりの支援をしているのである。

第4節　欧米の労働者自主管理との比較

（1）フランス、イタリア、スペイン

　第1章で述べたように、フランスでは、広義でいう労働者自主管理（本書で定義している広義の労働者自主生産）は多くの労働者協同組合において行われている。スペイン、イタリアにも、労働者自主管理を行う多くの労働者協同組合が存在する。これに対し日本では、労働者自主生産（労働者自主管理）は、株式会社、有限会社を中心に、NPO法人、企業組合法人、任意団体など、さまざまな法的組織形態で行われている。労働者協同組合においても、同様の法的組織形態で広義の労働者自主生産が行われている。労働者協同組合法がないため、それによる優遇措置を得ることはできない。また、イタリア、スペインでは、かなり大規模な労働者協同組合が存在している。これに対し日本では、労働者協同組合を含め、同規模の労働者自主生産事業体は存在しない。

　イタリアでは、協同組合連合会の指導力が、労働者協同組合を含め、協同組合の発展に寄与している。経営危機に陥っているか、破産手続きに入っている企業を、そこで働く従業員が買収し、労働者協同組合として再生させる際には、産業金融会社からの出資が受けられる。WBOにあたっても、協同組合の他、労働組合が深く関与しながら、協同組合設立の準備を進めるのが通例である。日本にも、労働者自主生産企業を支援する労働組合とネットワーク、労働者協同組合を支援する全国組織、企業組合を支援する中小企業団体中央会が存在する。ただし、資金援助については、イタリアの産業金融会社のような機関は存在しない。労働者自主生産企業を支援している全統一労働組合には、ファンド機能があるが、一労

働組合として行っているため、限界がある。なお、労働者自主生産に対してのみというわけではないが、それを行う法的組織形態に応じて、それぞれ、政府、地方自治体、民間企業などが助成事業を行っている。イタリアでは、WBO に参加しない道も確保されているので、モチベーションの高い労働者が残るというが、事例で見た通り、日本における、自主再建、労働者自主生産でも同様の傾向がうかがえる。

スペインでは、労働者自主管理は労働者協同組合だけでなく、倒産あるいは経営危機に陥った企業をそこで働く労働者が買収することで生まれる労働者株式会社（SAL）および労働者有限会社（SLL）においても行われている。会社形態という点では、日本の同じく会社形態をとる労働者自主生産企業と共通性がある。しかし、SAL および SLL ではさまざまな優遇措置が得られるのに対し、日本の労働者自主生産企業では同様の優遇措置は存在しない。スペインにはまた、SAL とSLL を支援する組織（地域連合会）が全国各地にある。これについては、日本においても上記のように、労働者自主生産企業を支援する労働組合とネットワークが存在する。SAL あるいは SLL として再建する際には、労働者は一度失業した形にし、失業手当を全額一括で受け取ることができるが、日本においても事例で見たように、旧会社倒産後、新会社設立までの間、あるいは設立後しばらくは、雇用されていなければ、在庫品の販売活動等に従事していても、争議のなかでの組合活動の一環であるとして、失業手当を受けつづけることができる。

（2）イギリス、アメリカ

イギリスでも、労働者協同組合は存在し、労働者自主管理を行っているが、労働者協同組合法がないため、会社形態から協同組合形態に至るまでさまざまな法的組織形態を取得することになる。この点は、日本の、労働者協同組合を含む、労働者自主生産事業体と同様である。また、第１章で見たように、Co-operatives UK が示している労働者協同組合のガバナンスと経営構造は、鳥井氏がかねてから提示してきたボール型の組織構造と類似性があるといえる。組織が大きくなるに従い、階層化していくのも、事例でも見たように、日本の労働者自主生産においても当てはまる。

イギリスにはまた、労働者協同組合のみを直接支援する組織がなく、それが労

働者協同組合発展の大きな課題であるとしている。これに対し日本には、労働者自主生産企業を直接支援する労働組合とネットワーク、労働者協同組合のみを直接支援する全国組織、企業組合を支援する中小企業団体中央会が存在する。ただし近年においては、労働者協同組合、企業組合以外の労働者自主生産企業はほとんど誕生していない。直接支援する組織があるにもかかわらず、こうした状態にあるのは大きな課題であるといえよう。

アメリカでも、労働者協同組合は存在し、労働者自主管理を行っている。法的組織形態としては、労働者協同組合よりもむしろ、会社等の形態で行われている方が多い。会社等の形態をとるのは、イギリス、日本と同様である。またアメリカでは、ESOP を従業員が企業の所有者となる手段としてもかなり利用している。これに対し、日本の ESOP は、従業員の退職金・年金インセンティブの方策として提案される金融商品に過ぎないというのが現状である。第 1 章で見たように、アメリカ型の ESOP を成功させるためには、一般社員に自社株を与えるだけでなく、オーナーシップに基づく責任感を持たせることが必要であり、そして、社員株主に決定権を与えることがそのためのひとつのコツであるという。これは日本の労働者自主生産においても原則として同様だろう。労働者協同組合、企業組合以外の労働者自主生産企業においても、事例で見たように、全社員が株主になりえていないケースもあるが、それでも、皆が決定権を有することなどで、個人差はあるものの、オーナーシップとそれに基づく責任感を持つことができている。

アメリカの労働者協同組合では、経営者を外部から雇い入れるケースもあるというが、日本では、少なくとも自主生産ネットワークのメンバーにおいては、そうしたケースは存在しない。事例の 3 社においても、労働者自主生産を開始するにあたって、それまでそこで働いていた未経験の労働者が、いきなり経営を担っている。全統一労働組合および自主生産ネットワークは、それを補い、支援してきた。ただし近年、ハイム化粧品において、これも労働組合の働きかけによるが、外部から経営経験者を常務執行役員としてヘッド・ハンティングしたのは、注目に値しよう。

第5節　労働者協同組合との比較

（1）出資と営利

　ここでは、日本の労働者自主生産企業について、日本の労働者協同組合と比較してみたい。労働者協同組合は、株式会社、有限会社、NPO法人、企業組合法人、任意団体など、さまざまな法的組織形態で行われている。日本には労働者協同組合法はなく、法的には労働者協同組合は存在しない。したがって、法的組織形態は会社形態をとっていれば、広義には労働者自主生産企業と変わりはない。以下では、狭義の労働者自主生産企業と労働者協同組合との異同について、大きく3点をあげて検討してみたい。

　第一に、労働者協同組合は、協同組合に所属する労働者（組合員）が皆で全額出資するのが原則である。職場にのみ所属する労働者はこの限りではない。また、出資との関連で言えば、その額の多寡にかかわらず、一人一票が原則である。これに対し、労働者自主生産企業は、所属する正規の労働者が皆で全額出資するのが原則である。もっとも、正規の労働者であっても、実際には必ずしも出資しているとは限らない。事例の3社を見ても、正規の労働者の全員が出資しているところはない（ビッグビートは実質的には、ある程度、共同出資を行っているともいえる）。それでも、一人一票の原則等、他のさまざまな面で労働者自主生産としての運営を行うことができている。また、労働者も自社が労働者自主生産企業であるとのアイデンティティを持つことができている。

　第二に、労働者協同組合は、組合員、地域住民などとの間での連帯と相互扶助を目的とし、営利を目的としてはいない。第2章で見たワーカーズ・コレクティブ・ジャパンの定義では、はっきりと、営利を目的としていないと記されている。これに対し、労働者自主生産企業は概して、自社の労働者、他社の労働者、地域住民などとの間での連帯と相互扶助を重視しているが、営利の追求を否定しているわけではない。事例の3社も株式会社であり、営利企業である。ただし、利益至上主義ではない。むしろ、自社の労働者をはじめ、全統一労働組合、自主生産ネットワークに加盟する他社の労働者、さらには、地域住民などとの間での相互扶助を重視している。

（2）労働組合の存在

　最後は、労働組合の存在である。第2章で述べたように、日本においても、労働者自主生産は狭義には、経営危機や倒産に陥った事業体との争議等の最中あるいはそれを経て、職場・雇用を維持すべく、そこで働く労働者、つまりは労働組合が、その事業を引き継いでいるのに対し、労働者協同組合はこのことを必須の条件としていない。確かにその流れを汲む労働者協同組合も一部にあるが、基本的に労働者自主生産とは性格を異にしている。

　そもそも労働者協同組合には、基本的に労働組合は存在しない。存在していても、対外的な活動を担っているのみである [15]。誰もが誰かに雇われているわけではない。皆が経営者（使用者）であり、かつ皆が労働者であるというのが建前である。したがって、基本的に労使関係は存在せず、労働組合も必要ない。労働者協同組合は基本的に協同組合運動から誕生していることも、労働組合を必要としない一因となっていよう。ただし第2章で述べたように、日本労働者協同組合連合会の起源は、全日自労の事業団方式と呼ばれる失業者運動にある。また、労働者協同組合内部における労働組合の存在をめぐっては、研究者の間でも不要論と必要論がともにあり、激しく対立している [16]。

　これに対し、労働者自主生産企業では一般的に労働組合が存在する。企業内労働組合のこともあるが、前述のように、1990年代後半以降、労働者自主生産を開始した企業ではほとんどが、外部の個人自由加盟の一般労働組合、地域ユニオンである。事例の3社の労働者も、外部の個人加盟の労働組合である全統一労働組合（ハイム化粧品では、加えて JEC）に加入している。労働組合は、労働者が倒産した企業を再建する上で、絶大な役割を果たしている。また再建後も、少なくとも全統一労働組合は、労働者自主生産に対する支援・監督機能を担っている。労働組合が企業の外に位置する権力となることで、外部からの監督機能という役割を果たすことができる。それにより、労働者自主生産において、組合機能が経営機能に包摂されるのを防いでもいる。

　皆が経営者であり、かつ皆が労働者であるという建前からすれば、労働組合は矛盾する存在となりかねない。また、支援・監督機能を担うといっても、すべてが上手く行っているわけでもない。改善の余地もなくはないが、それでも、労働

者自主生産企業に対して多大な貢献をしているのは、これまで事例で見てきた通りである。

小括

　以上、第3章から第6章を振り返りながら、ビッグビート、城北食品、ハイム化粧品の3社、およびこれら3社を支援してきた全統一労働組合の事例を取り上げ、最新の労働者自主生産として総括し、その特徴を検出してきた。またそれを、第1章、第2章で述べた、これまでの労働者自主生産、労働者協同組合、欧米の労働者自主管理、加えて、外部の労働組合による統制の事例のそれぞれの特徴と比較検討してきた。以下では、そこから明らかになったことをまとめておきたい。

　3社ともそれぞれ労働者自主生産を行うに至ったのは主に、経営危機や倒産に陥った旧会社との争議等を経て、職場・雇用を維持すべく、その事業を引き継ぐ形で、組合員が平等な立場で旧会社を引き継いだか新会社を設立したためであり、それもいわば、成り行きに負うところが少なくなかったといえる。とはいえ、労働者自主生産への希望や決意等を持っていなかったというわけではない。現に、個人差はあるものの、ある程度、自分たちの会社は労働者自主生産企業なのだ、自分たちはここで労働者自主生産を行っているのだというアイデンティティも持ち合わせるようになっている。しかしそれで、同じある特定の主義・主張を持つに至ったというわけではない。

　社員数が多い会社ほど、階層化し、また部門が分化している。ただし、階層はあっても、昇進の決定は、代表取締役など特定の個人の独断ではなく、社員全員による選挙あるいは上位の役職者たちの協議によってなされている。運営はどこも民主的に行われている。

　3社とも、賃金は基本給については全社員同額か、昇給があるにしても、年功給であり、おおかた平等主義がとられている。査定制度もない。その一方で、働きや役職に応じて、手当、報奨金を設けている。賞与は、業績のよい会社は支給できている。退職金についても同様である。また、社員数が多い会社ほど、労働条件に関する制度が整備、適用されている。手当、賞与等を含め、賃金においては、それぞれ決して高いとはいえない。賃金、労働条件の低い会社では、自己搾

取が存在しているといえるだろう。

　3社とも、担当の仕事についての個人の裁量権は大きいが、意思決定は基本的に会議でなされている。原則として一人一票である。ただし、社員数が多い会社ほど、会議の種類が多くなっている。ハイム化粧品では、全体会議はあるものの、会社全体の基本的な意思決定はほとんど経営会議でなされている。これは、意思決定のスピード、人数的な限界を鑑みてのことでもあると考えられる。それでも、全員参加で会社の重要事項を決定する場として、全体会議、それから、全体総会は確保されている。3社とも概して、皆で熱い討議と熟慮された選択を行っている。ただしハイム化粧品では、大人数となる全体会議と全体総会では、あまり活発な討議になっていない。

　3社とも、役職者が上下関係、支配関係のもとで、部下をマネジメントしているわけではない。リーダーシップについては、リーダーとフォロワーの双方向性も見てとれる。こうしたリーダーシップは、鳥井氏がいうボール型組織とピラミッド型組織の融合において必要としているリーダーシップであり、またラーニング・リーダーシップとも一致している。そこでは、役職者を含め、すべての社員が、個性を発揮し、主体的に仕事を進めているとともに、互いにコミュニケーションを密にとりながら、皆で学び合い、助け合っている。従来の考え、やり方にとらわれず、皆で近況を共有し、議論しながら、反省したり、次の対策を考案したりしている。

　古くからいる社員は概して、労働者自主生産へのこだわりを持ち続け、それを実践してきている。一方、新しい社員は概してそうした意識が希薄であるが、多くは自らも主体的に自主生産に取り組んでいる。それは、古い社員が今日に至るまでの体験、それぞれが抱く自主生産へのこだわりについて、新しい社員に語っている、すなわちストーリーテリングによるところも大きい。

　3社とも、労働者自主生産の準備段階、開始時およびその直後においては、労働組合からの絶大な支援を受けている。しかし、労働者自主生産がある程度軌道に乗り出すと、支援といっても、できるだけ、各社ならびにそれぞれの労働者自身の主体性が尊重されるようになっている。ただし、個々の組合員が全統一労働組合（ハイム化粧品では、加えてJEC）の本部に、相談、告発等を行うルートは確保され、機能している。また、自主生産ネットワークに加盟していることで、他のメンバー

との間で相互扶助が図れている。さらに、経営研究会、自主生産の日等、全統一労働組合、自主生産ネットワークが開催する会議、集会、イベント、レクリエーション等への参加は、労働者自主生産における公共空間度を高め、それぞれの労働者の活力、主体性、相互扶助精神の向上にもつながっている。

　3社の対抗的ヘゲモニーは強硬かあるいは柔軟な特質を有している。これは、3社を支援している全統一労働組合の対抗的ヘゲモニーが強硬さと柔軟さを併せ持ち、状況に応じて双方を使い分けていることによるところが大きいと考えられる。また、対抗的ヘゲモニーとしての強固さは、規模が大きくなるに従い、弱まるか、範囲が限定的となる傾向にあるといえる。いずれにせよ、3社および全統一労働組合の対抗的ヘゲモニーは、それぞれ規模からすると、単独では限界がある。またどこも、程度の差はあるものの、資本主義的競争の圧力に晒されているため、対抗的ヘゲモニーたりうるのが困難な環境にある。そのなかにあっても、それぞれ助け合いながら、曲がりなりにも対抗的ヘゲモニーたりえている。

注

（1）牛尾・石川・志村［2011］。
（2）同上。
（3）高橋［2010］32 ページ。
（4）同上、30 ～ 31 ページ。
（5）同上、41 ページ。
（6）Potter［1891］。Webb, Webb［1920］。
（7）塚本［1995］3 ～ 4 ページ。
（8）内山［1991a］、［1991b］。
（9）塚本［1995］、［1996］。
（10）塚本［1996］52 ページ。
（11）同上、47 ～ 48 ページ、52 ページ。
（12）同上、48 ページ、54 ページ。
（13）武田和治氏からの聴き取りによる。武田氏は、労働者自主生産企業の多くが「民主的経営」を実践できていないとの思いから、今は自主生産ネットワークに参加していない。
（14）武田氏からの聴き取りによる。

（15）緒方・高野［2005］35 ページ。
（16）小関［2000］37 ページ。

第3部

労働者自主生産における
公共空間と互酬

第**8**章
抵抗と公共空間

はじめに

　第3部は、第1部、第2部を基に、労働者自主生産（労働者自主管理）およびそれを内包する市民社会について理論的考察を展開している。これまで述べてきたように、労働者自主生産は、労働者自身が主体的に考え、行動し、皆で討議を行い、互いに学び、助け合うことで機能している。本章は、第7章で検出した、最新の労働者自主生産における組織運営の特徴について、システムおよび公共空間のなかでとらえ直すことで、そこにある自由、民主主義、信頼、アイデンティティの様相を分析している。

第1節　システム

（1）システムに覆われた世界

　第1章、第2章で述べたように、〈産業民主主義体制〉、〈従業員民主主義体制〉といった資本のヘゲモニーのもとで、労働者は自己を、非人格的労働力とその人格的所有者へと分裂させている。そして、労働力の所有者として（そのかぎりにおいて）ブルジョア＝市民となっている。現代市民社会はその上に成り立っている。労働組合は、この関係への同意を組織化する「場」として機能している。

　そこは、システムに覆われた世界であるということもできるだろう。システムは、自らが存続すること以外に何の目的も持たない。そのためだけに稼働しつづける、いわば自動機械といったところだろう。そこに意思は存在しない。そのなかの構成員（官僚）の意思を反映させることもない。そもそも、構成員の意思などとはまったく関係なく作動するところにこそ、システムのシステムたるゆえんがある (1)。

システムが存続するためには、常にその効率化がはかられる必要がある。それを担うのは、システムの構成員にほかならない。システムは構成員なしには機能しえない。したがって、システムの存続には何よりも、構成員のリクルートが保障される必要がある。ただし、システムに組み込まれた構成員は基本的に、そのなかにいるかぎり、ある「役割」を担うのみで、自由な行為主体とはなりえない。システムの存続のために、ひたすらその効率性を追求するのである。

　ハーバーマスは、アーレントの理論を踏まえ、それをシステム論として展開している。システムといっても、ミクロレベルでは（サブシステムとして）数多く存在するが、ハーバーマスによれば、マクロレベルでは（違う分類をすることもあるが）経済システムと行政システムからなるという。つまり、経済的領域において自律的に運動しているのが経済システムであり、行政的領域においては行政システムである（2）。ここで、経済システムは市場システムといいかえることもできる。また、行政システムは官僚制システムといいかえることもできるが、経済的には再分配を担っている。

　経済、行政をより合理的なものにするには、それぞれのシステムをより合理的なものにしなければならない。そしてそのためには、「技術革新」が必要となるとハーバーマスはいう。機械を動かすのに何らかの技術が必要なように、システムを動かすのにも何らかの技術が必要である。技術の束あるいは体系を「デバイス」と呼び、それがシステムを動かしていると説明する場合もあるが、技術であることにはかわりない。その技術を革新するのである（3）。

（2）システムとフォーディズム

　第1章で見たように、フォーディズムは、大量消費を出発点として、大量生産、苦でしかない労働、インデックス賃金からなるひとつの円環において、ある種の自己増殖を行う閉じたシステムである。それは、いったん正当化されるならば、自己の存続のみを関心とし、永遠に作動することを目指す自動機械として機能する。システムである以上、そこでは、最大限の効率化がはかられていく。そして、この円環に囲まれた部分の面積として示される経済成長と、それに基づく資本蓄積(つまりこの機械の巨大化)がはかられていくのである。この技術的しくみ(デバイス)がフォーディズムのカルノーサイクルである。

非人格的労働力を売り渡し、賃金の上昇と引き替えに、よりいっそうの苦でしかない労働を受け入れている労働者は、システムに組み込まれ、そのなかで、ある役割を担うのみである。どの役割であろうと、システムを機能させ、存続させるための、ひとつの「資源」にすぎないのである。

企業も基本的にシステムであり、労働者をひとつの役割、資源として活用することで、自己の存続を図っている。そこでは、労働者は基本的に自由な行為主体とはなりえない。労働組合も基本的にシステムであり、いわゆる労働者労働力化装置でしかありえない。労働者における労働力と人格の分裂を前提に、売り渡していない人格への干渉を阻止しつつ、苦でしかない労働をどこまで受け入れるか、代わりに、非人格的労働力をどこまで高く売るかをめぐって、使用者との間で団体交渉を行い、それを通じて、自己の存続を図っている。そのかぎりにおいて、労働者の盾となっている。

ところが、フォーディズムが機能しなくなっていくと、〈産業民主主義体制〉、〈従業員民主主義体制〉は腐朽化しはじめ、団体交渉制度はその形骸化の度を増していった。体制崩壊後は、それが殊に顕著である。労働組合、特に企業内労働組合の多くは、企業に加担し、労働強化、給与削減、リストラ等、何でも受け入れてしまっている。それどころか、それに抗しようとする動きを阻止することさえある。つまり、労働者の盾となるはずの労働組合でさえ、本来の役割を維持することができず、経済システムに、特にそのなかの企業システムに侵蝕されつつあるのである。それにより、労働組合はシステムとして自らの存続を図っているともいえよう。

第2節　自由

（1）システムと公共空間

以上からすると、システムがすべてを覆いつくしているかのようであるが、ハーバーマスによれば、そのなかにあっても、システムが及ばない空間があるという。それが「公共空間（公共圏）」である (4)。序章で本書の定義を示したように、公共空間とは広い意味での政治的領域のことであり、そこでは、言葉による自由な（集団的）討議が行われている。具体的には例えば、議会、学会、集会などがあげ

られる。これらは公式な公共空間であるが、かなりの程度でシステムに侵蝕されている。もっと身近な具体例では、井戸端、労働組合のたまり場、大学の学食などがあげられる。これらの場では、さまざまな話題のひとつとして、広い意味での政治の問題がとりざたされ、皆で盛りあがることもあるだろう。その時すでにそこは、（非公式であっても）公共空間となっているのである **(5)**。

　一般の企業だけでなく、労働者協同組合を含む、広義の労働者自主生産（労働者自主管理）事業体も、基本的にはシステムである。およそ、システム化へ向かうのを免れうる組織など存在しない。ただそのなかにあっても、構成員が何らかの抵抗を試み、公式、非公式を問わず、自由な討議を行うことで、いわばチーズに開いた穴のように、公共空間をつくりだすことができる。これまで見てきたことからすれば、労働者自主生産事業体にあっては、公共空間がかなり広範囲に存在しえている。逆にいえば、それが実現できていなければ、労働者自主生産事業体たりえない。第6章での鳥井一平氏の言葉にあるように、労働者自主生産を継続していくためには、公共空間度が高い状態を維持していなければならないのである。それが容易でないことは、本書で取り上げた事例で見てきた通りである。

　ハーバーマスによれば、公共空間は経済システムと行政システムには直接影響力を行使しえない。ただし、そこでの討議（と結論）が、トータルな経済・行政システムを「正当化」するのだという。経済システム、行政システムがそれぞれ効率性を保っていることは、その正当化の必要条件であるが、それだけでは足りない。それは最終的に、公共空間における討議によってのみ担保されるというのである **(6)**。

　公共空間が行うことは、討議を通じて、広い意味での法（正義）を創出することである。もっとありていにいうと、規範、というより、道徳（良心）を創出することである。それを通じてのみ、公共空間はシステムとかかわるし、かかわらなくてはならない。システムはそこから正当性を獲得するのである **(7)**。

　経済システム、行政システムといっても、よりミクロ的に見れば、それぞれのなかに、多くのさまざまなシステムが存在する。それをサブシステムと呼ぶこともできよう。例としては、貨幣システム、企業システム、工場システム、労働組合システム、等々がある。それぞれのシステムは自らの効率性によって維持されている。

228 第8章 抵抗と公共空間

「部分システム」においては、それを最も効率化する、いわば自動的な「最適解」が存在するが、「全体システム」においては存在しない。ハーバーマスもこの言葉は使用していない (8)。全社会がひとつのシステムに統合されているのなら、システムはシステム固有の働きによって最適解を見つけてしまう。そうなれば、公共空間での討議がシステムを正当化することもありえなくなる。にもかかわらず、ハーバーマスによれば、公共空間は、今日、経済・行政システムによって「植民地化」されつつある、あるいはされてしまったという (9)。

もっとも、すでにおよそ1920年代中葉以降、コーポラティズム化が進行している。コーポラティズムとは、簡潔にいえば、システムが本来、公共空間に回送すべき問題を、自ら（他のシステムとの妥協・調整によって）処理してしまうことである。現代の経済的領域を特徴づけるものは、その構成要素が具体的人格性を消去した（利益）集団であるということである。ちなみに、そうした（利益）集団としてあげられるのは、企業、企業集団、労働組合などである。これらはすべてシステム（サブシステム）であって、行為主体ではない (10)。

後期資本主義において特徴的なことは、利害の衝突等のトラブルが（利益）集団間の直接の妥協・調整によって処理されることである。そうした（利益）集団はシステムであり、行為主体ではない。したがって、各システムで（あるいは諸システム間で）発生した問題は基本的に、公共空間に回送されることはない (11)。

システムの正当性は、公共空間が、そしてそこでの討議（と結論）が、付与するはずである。このことからすると、コーポラティズムにおける妥協・調整には、正当性がないことになる。にもかかわらず、システムが存続しているということはどういうことだろうか。公共空間は侵蝕されつつあるとはいえ、依然として存在しているはずである。ただそこでは、各システムで（あるいは諸システム間で）発生した問題を討議していない、あるいは、黙認しつづけているということなのだろう。多少の抗議、抵抗があったところで、システムはそれを、自らが効率的に作動するための資源のひとつとして処理してさえいる。もはやそこでは、システムの効率性のみが尺度とされる。公共空間が本来の機能を果たさないうえ、全体システムなるものも存在しないのだから、各システムはそれぞれ自らの効率性を追求し、必要に応じて、各システムの間で妥協・調整をはかるほかない。これがコーポラティズムの実態である (12)。

妥協・調整においても、具体的にこれを実行しているのは、現実的諸個人である。しかし彼らは、私人、行為主体ではなく、システムである（利益）集団における、ある役割として、それを実行しているにすぎない。そこでは諸個人は、役割の担い手として存在を主張しうるだけである (13)。

団体交渉は本来、ボランタリズム的公共空間の場であったが、コーポラティズム的デバイスとなった時、その性質を変え、形骸化した。にもかかわらず、存在しえてきたのは、それが労働者労働力化装置としての労働組合システムの核心であり、また、フォーディズムが機能していたからである。しかし、フォーディズムが破綻し、持続的な賃金の上昇が獲得できなくなると、労働組合とともに、ほとんど存在意義を失っていく。

システムにとって労働者は、自らが存続するための資源にすぎない。いかに効率化をはかるか。多少の逸脱を認め、懐柔するのも、そのためである。自らの存続にとってマイナスとなれば、切り捨てるのみである。労働組合が機能しないのであれば、それどころか、企業に加担さえするのであれば、容易いことだろう。それを恐れて、システムの歯車になりきる。それがシステムのなかで生きていく「処世術」である。ただし、労働者はそうやって振る舞えば振る舞うほど、システムに侵蝕され、声をあげることも、それを通じて討議することも、ますます難しくなっていく。このことは、システムに組み込まれつつある討議からもうかがえるだろう (14)。

バブル景気崩壊後、規制緩和により企業の合理化が進んだのと軌を一にして、盛んに（労働者に負わせるべく）自己責任という言葉が叫ばれ出したのが、そのよい例であろう。多くの人々は、そうとは気づかず、それを理に適った概念として賛同し、内面化させもした。そして、リストラされる方を悪者と思い込みもした。（労働者に対して企業が負うべき）応答責任という概念を思い起こすこともなく。こうして、システムは正当性を獲得していくのである。しかし、そこに至る討議がシステムに組み込まれているかぎり、その正当性には疑念が残る。

（2）抵抗運動

ハーバーマスとは異なり、ルーマンは政治的領域をもシステムとみなす。そして、政治システムの役割は経済システムと行政システムに「プラン」（「プログラム」

といいかえることもできる）を回送することだという **(15)**。プロジェクトを進めるのに何らかのプランが必要なように、システムを動かすのにも何らかのプランが必要である。もちろん、プランは、経済システム、行政システムそれぞれの内部でも自前で作成される。ただ、政治に関連するプランは政治システムでしか作成できない。政治システムは、経済システム、行政システムに対して、政治に関連するプランを作成し、それぞれに回送するのである。政治システムが回送するプランは、経済システム、行政システムそれぞれが、自前で作成したプランをより円滑に実行するために利用しうる、いわば資源（環境）なのである **(16)**。

　経済システム、行政システムは、政治システムから回送されてきたプラン（資源）を利用することにより、それぞれの効率性を高める、つまり、生き延びる可能性を高める。このことが、政治システムの効率性の高さであり、したがって、自らの生き残りを可能にすることにもなる **(17)**。

　システムにとって、その外にあるものは、すべて「環境」である。他のシステムも、そのシステムにとっては環境である。システムが、生きながらえるために何をするかというと、環境があまりに複雑であるために、その「環境の複雑性、不確実性を縮減する」ことである。システムは通常、環境と無関係に存続しているわけではない。何らかの関係を持つ以上、環境が単純な方が、また（それにより）、そこに確実性がある方が、予測可能性も高まり、システムにとって有利になるはずである。したがって、システムは環境を資源として取り込む時、その内外において、環境の複雑性、不確実性を縮減するよう働きかける。それにより、効率性を追求するのである **(18)**。

　システムは、「コード（規則あるいは掟）」によって自律的に自己を統制している。システムの構成員においても同様である。システム内部のコード（「内部コード」）は、最終的に Yes か No か（OK or non）の二進法に帰着する。このことはつまり、システムの構成員が Yes か No しか選択できないということである。構成員は、システムからある役割をあてがわれ、それぞれのコードに従っている。多くの場合、コードに従わないと不利益になるからである。だが逆にいえば、この不利益に不都合を感じないのであれば、コードに従わない（No を選択する、そしてそれにより不信を表明する）ことができる。システムは狡猾であり、従わなければ、何らかの不利益が生じるよう、コードを張り巡らしている。そのため、なかなかできること

ではないが、しかしそれでも、従わないだけで、その構成員はすでにシステムから（半ば）離脱している。コードは、そしてシステムも、この程度の拘束力しか持ち合わせていない (19)。

つまり、システムに内属するたいていの構成員は、実は自由な行為主体となりうるのである。ただ、コードに従わないことによる不利益を回避するために、いわば J・ボードリアールのいう「シミュラークル（簡単にいうと、オリジナル不在のコピー）」として、ある役割を演じている。そしてそれにより、人格を隠している。あたかも人格が存在していないようなフリをしているだけなのである (20)。

またシステムは、他のシステムのコード（「外部コード」）によってそのまま拘束されるということはない。外部コードは、システムにおける環境の意味として把握され、そしてそれが内部コードに変換される場合にのみ、構成員によって従われる。この場合も、構成員が不利益と考えず、従わないのであれば、それまでである。その選択ができるのは、自由な行為主体だからこそである (21)。

システムは、離脱が（大量に）発生すれば、存亡の機に陥る。そのため、無視しえない不信が表明された時点で、それを解消するようにコード体系を変更する。システムは抗議（抵抗）運動（行動、活動）をも資源として処理しうるが、これがその内実のひとつである。そしてこれが、システムにおける民主主義のひとつのあり方なのである (22)。

抗議運動といっても、システムにおいては当初は、前述のように、構成員がコードに従わないこと、つまり、その意味に不信を表明することくらいしかできない。しかしやがてはそれを超えて、ある程度連続的な言葉で語ることもできるようになる。構成員は、抗議運動を行うことで、自由な行為主体となりえるからである。ただしその場合、抗議運動は、システムの既存の意味に照らして語られなければならない。でなければ、システムは、発生している事態が何であるかを認識できない。これが、抗議運動がシステムの「周辺」に「寄生」するということの実情である (23)。

抗議運動は、No を、さらには要求を突きつけることで、システムの意味を変更することをねらっている。システムが意味を変更するということは、コードの準拠先を、（あるいは）また、コード体系を変更するということである。それは、構成員全体の「同意」の内容を変更することにもなる。もはやそこでは、既存の

システムは破壊されているといってもよいだろう。いずれにせよ、抗議運動においては、単に不信の表明を増大させるだけでなく、それを離脱にまでつなげる必要がある。でなければ、システムは根本的脅威を認識できないだろう。抗議運動は自己の増殖を直接的にめざすことで、システムを蝕む。いわばガン細胞のようなものである (24)。

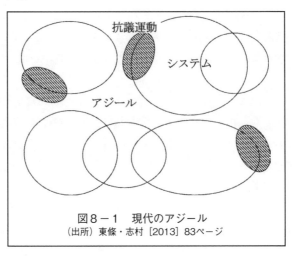

図8-1 現代のアジール
（出所）東條・志村［2013］83ページ

人々は通常、複数のシステムに属している。すべてのシステムから自由になることは、およそ不可能であろう。しかし、個別のシステムから離脱することは可能である。これが、システムの連関として社会が編成されていることの存在条件である。つまり、システムには「アジール（避難所）」が存在するのである。アジールとは、システムの訴追が及ばない自由な空間のことであり (図8-1参照)、ルーマンがいう「社会的領域」のことである (25)。

ハーバーマスの議論とルーマンの議論には実は決定的な隔たりはない。ただし、ハーバーマスが、全社会的に単一の公共空間に、さまざまな非公式なそれが組み込まれているとしているのに対し、ルーマンは、すべてのシステムにそれぞれの抗議運動を通じて寄生する形で、非システム的な社会的領域（つまり公共空間）が組み込まれているとしている。この点で、ルーマンの方が、現象学的に事象に即しているとすらいえるだろう。また、抗議運動の、こういってよければ、「建設的」な役割を認めている点で、むしろ現代における公共性が維持されるあり方を、積

極的に規定してさえいるのである (26)。

　企業というシステムのなかにあっても、労働者はそのコードに従わない、つまり、No を突きつける、不信を表明することができる。もちろん、そのコードに従わなければ、何らかの不利益が生じるよう、企業はコードを張り巡らしている。労働者はひとりでは非常に弱い存在である。弱者故に、なかなか No とは言えないだろう。だからこそ、労働組合および団体交渉制度が存在する。労働者は労働組合を通じて、企業に対し団体交渉において、No を突きつける。さらには、自らの要求を提示する。企業はそれを却下できなければ、妥協するか、あるいは、全面的に受け入れるしかない。つまり、コード体系を変更するしかない。それは、構成員全体の「同意」の内容を変更することにもなる。もはやそこでは、既存のシステムは破壊されているといってもよいだろう。これが、企業システムにおける民主主義のひとつのあり方である。そこでは、〈産業民主主義体制〉、〈従業員民主主義体制〉の枠組みに留まっているため、限定的ではあるが、団体交渉の場は公共空間となりえ、労働者は自由な行為主体となりえている。労働組合はこうした団体交渉を通じて、システムとしての存続を図りうる。〈産業民主主義体制〉、〈従業員民主主義体制〉は、その上に成り立っている。

　もっとも、団体交渉が形骸化していれば、まして、労働組合が企業に加担していれば、こうした回路は失われている。それでもなお、No を、さらには要求を突きつけることで、労働者は自由な行為主体となりうる。社会的領域、公共空間への扉を開きうる。そして、それを争議等の抵抗運動として広げていければ、既存のシステムを破壊しうるのである。倒産争議、自主生産闘争はそれぞれ、そのひとつの手段になりうるといえよう。

　労働者自主生産事業体もそれを支援する個人加盟の労働組合も、基本的にシステムである。しかし労働者自主生産事業体は、〈産業民主主義体制〉、〈従業員民主主義体制〉に抗い、自主生産を機能させうる公共空間をシステムに内包しえている。そこでは、労働者と経営者との本質的区別はなく、平等主義のもとで、皆で自由に討議し、一人一票の原則で意思決定を行いえている。そしてそれを通じて、たとえ自己搾取があろうと、各労働者は自己における労働力と人格との分裂を阻止しえている。必ずしもこれらのことが十分にできているわけではないが、少なくとも、ある程度できていると、各労働者において認識しえている、そうア

イデンティファイしえている。こうしたことが、その事業体の存在自体をいわば対抗的たらしめている。つまりは、対抗的ヘゲモニーたらしめている。労働組合も、〈産業民主主義体制〉、〈従業員民主主義体制〉に抗い、労働者自主生産事業体を支援すべく、そこの公共空間度を高めようとしていることで、自らも同様の公共空間をシステムに内包しえており、それを通じて、その労働組合の存在自体を対抗的たらしめている。対抗的ヘゲモニーたらしめている。

ただし、労働者自主生産事業体もそれを支援する労働組合も、システムによる公共空間の植民地化を免れているわけではない。第6章でも見たように、倒産争議等が終結し、労働者自主生産が常態化すると、公共空間度が低下し、システムによる公共空間の植民地化が進んでいく。労働者自主生産を維持するためには、それに抗い、公共空間度を高める努力がなされるわけだが、それが労働者自主生産事業体およびそれを支援する労働組合を、平常時においてなお対抗的ヘゲモニーたらしめている。

確かに、労働者自主生産を行っていようと、システム化が進んでいくことで、その事業体はより強力に、かつ、より安定的になりうる。しかし同時に、その構成員はシステムに同化していくこととなる。もしその事業体が完全にシステムと化せば、その同化も完全なものとなろう。もっともそれにより、まったく討議ができなくなるわけではない。システムがその存続にとって必要とする範囲で、許されはする。しかし、その姿は行為主体であるとはいえない。そこは公共空間であるとはいえない。これではさすがに、労働者自主生産とはいえないだろう。何から何まで抵抗すればよいということでは決してないが、こうした事態にならないようにするには、システム化の進行をある程度のところで食いとめる必要がある。どこかで何らかの形で、システムに抵抗する必要がある。システムが許す範囲を逸脱して、自由に討議することも、その一手段となるだろう。構成員は自ら何らかの形で抵抗することで、行為主体となりうる。公共空間を取り戻しうる。労働者自主生産はこうした努力の積み重ねにより維持されているのである。

（3）権力

人々は、抗議運動を行うことにより、自由な行為主体となりうる。ただし、抵抗のみにとどまっていたのでは、システムの呪縛から解放されるにすぎない。そ

のままではせいぜい、ドゥルーズ＝ガタリのいう、逃走、ノマド、リゾームどまりであろう **(27)**。自由とは、アーレントに従えば、必ずしも解放と同義ではなく、権力（power）に加わることで実現する自由のことである。権力について、アーレントは次のように述べている。

　　権力は、活動し語る人びととの間に現われる潜在的な出現の空間、すなわち公的領域を存続させるものである。〔中略〕権力とは、常に潜在的能力であって、実力や体力のような不変の、測定できる、信頼できる実体ではない、といっていいだろう。体力が独居にある個人の自然的特質であるのにたいし、権力は、人びとが共同で活動するとき人びととの間に生まれ、人びとが四散する瞬間に消えるものである。**(28)**

また、別のところで、こうも述べている。

　　権力（power）は、ただたんに行為するだけでなく〔他者と〕一致して行為する人間の能力に対応する。権力はけっして個人の性質ではない。それは集団に属するものであり、集団が集団として維持されているかぎりにおいてのみ存在しつづける。**(29)**

権力は、公共空間において、人々が集団を形成・維持し、そこにおいて、共同で（討議を含む）活動することを可能にする **(30)**。そこでは、人々とその集団がシステムに組み込まれるのを阻止しうる。権力に加わることで実現する自由とはつまり、こういうことなのである。ちなみに、後で詳述するが、こうしたアーレント独特の権力のとらえ方を、ハーバーマスは評価する一方で、批判もしている。

労働者は企業システムに対しそのコードに従わない、つまり、No を突きつける、不信を表明することで、自由な行為主体となりうる。しかしそれにより、不利益を被ることに、最悪の場合、その企業から離脱を余儀なくされることにもなりかねない。確かに、そこにも自由はあるだろう。しかしそれは、アーレントの言う解放による自由にすぎない。

不利益を被りながらも、諦めず、争議等の抵抗運動を展開していく道もある。

倒産争議、自主生産闘争も然りである。事例で見た３社においてもかつて、旧会社、旧経営陣に対して、自らの不利益を打開しようと立ち上がった労働者が、争議等の抵抗運動を展開している。そして、会社の弾圧、倒産等の苦境を乗り越え、労働者自主生産を開始するに至っている。そこには、単なる抵抗運動を超えて、労働者自主生産、自主再建まで行ったからこそ、味わえる自由がある。これこそ、アーレントの言う、権力に加わることで実現する自由である。そこでは労働者は、たとえ自己搾取があったとしても、自己を労働力と人格に完全には分裂させていない。労働力を完全には売っていない。十分にではないにせよ、皆が自由な行為主体として熱い討議と熟慮された選択を行っている。

　例えば第３章で掲載した、ビッグビートの石上隆弘氏の次の言葉からは、権力による自由がどういったものであるのかが感じ取れるだろう。

　　何か言われて仕事をやるんじゃなくて、自分たちでつくっていくというような恵まれた環境にあるんで。この環境を使って、何でも、自分の好きなことができますからね。好きな仕事で、好きなことをして、儲けているんで。

　もっとも、労働者自主生産事業体においてかなり広範囲で存在しえている公共空間も、システム化を免れているわけではない。労働者自主生産事業体も基本的にシステムであり、また、経済システムのなかで活動しているのだから、そこに存在しえている公共空間も相当程度、植民地化されているといってよいだろう。事業体の規模が大きくなれば、なお更である。それを食いとめうるのが、会議等を通じて行われる、自由な討議である。皆で行う熱い討議と熟慮された選択は、労働者の活力、主体性、相互扶助精神を高めうる。それが公共空間を活性化し、労働者自主生産の維持・発展に資するのである。このことについては、先に見た３社の事例からもうかがえよう。

　例えば第４章で見たように、城北食品の藤村早百合氏は、「ここで、ああでもないこうでもないって、長時間やる会議が、時間を短縮する工夫をもっとしてもいいでしょうが、すごく必要なこと、大事なことなんだと思っているんです」、と語っている。現に城北食品では、皆でこうして会議をやることが、各社員の活力、主体性、相互扶助精神を高めている。そしてそれが、公共空間を活性化し、労働

者自主生産の維持・発展へとつながっている。

　また、第7章で述べたように、資本主義的競争の圧力下では一般に、組合機能による経営機能の包摂が、経営機能による組合機能の包摂へと転化する傾向にある。それを防ぎうるのが、外部の労働組合からの統制である。ただし、統制が厳しくなれば、労働者から自主生産の担い手としての主体性が削がれてしまいかねない。自由な行為主体なしには、熱い討議と熟慮された選択を行いえない。つまりは、公共空間を維持しえない。そのシステム化は必至である。そうなれば、労働者自主生産は機能しえなくなる。

　労働者自主生産事業体は、各労働者が主体的に考え、行動し、皆で討議を行い、互いに学び、助け合うことでしか、維持できない。全統一労働組合が、何よりも労働者の主体性を重視し、同時に、各社の公共空間度を高めようと努めているのは、このためでもある。そこでは、その限りにおいて、労働組合自体もシステムから解放され、公共空間たりえる。権力を行使する主体たりえる。権力に加わることで実現する自由を享受しうる。もっとも、事例の3社および全統一労働組合を見ても、すべてにおいてこのように上手く行っているわけではない。市場競争のなかで、他社と渡り合っていくのは大変な困難がともなう。それでも、全体システム、全体最適はないのだから、公共空間を維持し、その困難を乗り越えていくことは不可能ではないはずである。

第3節　民主主義

（1）ネセシティと公共空間

　公共空間では、ありとあらゆる議題で討議がなされる。だからこそ、公共空間は自由な空間でありうるのである。ところがアーレントは、「ネセシティ」の問題については討議すべきでないとしている。ネセシティの意味は多義的であるが、主な意味としては、「胃袋、貧困、必然性（必要）」となろう [31]。

　ネセシティの問題を討議してはならない理由について、アーレントの主張をハーバーマスの議論に置き直して解釈すれば、次のようになろう。ネセシティの問題は経済的領域に属するが、そこは、いわば必然性の世界であり、システムである。一方、公共空間は政治的領域であり、システムではない。政治的領域が経

済的領域に対して直接なしうることは、何もないし、何の能力も持たない。例えば、貧困の問題が解決しうるかどうかは、経済システムの合理性と、そこに発生する技術革新に依存する。政治はこれに対して何の影響力も行使できない。というよりも、ネセシティの問題を抱え込んでしまえば、政治は、自ら解決不可能なことを抱え込むこととなり、(少なくとも) 機能不全を起こす。必然性の論理により、本来政治の領域にある自由の論理が圧殺される。必然性 (必要) の名のもとに、自由が封殺されるのである (32)。

　公共空間ではまた、討議者を限定するようなことはあってはならない。そうなれば、公共空間は自由な空間ではありえなくなる。ところがアーレントは、前述のように、ネセシティの問題を討議してはならないとしている。それは、ネセシティの問題について討議しようとする者の参加を閉ざすことにもつながる。つまり、公共空間への参加者を限定することにもつながるのである。第5章で述べたように、ハイム化粧品では、会社全体の基本的な意思決定は、取締役と執行役員が参加する経営会議でなされるようになっている。ただしそのなかにあっても、時間外勤務手当等を含む賃金、残業時間等の労働条件といった労務問題、言ってみればネセシティの問題については基本的に、常勤社員、パートタイマーの全員が参加する全体会議において、皆で討議し、意思決定を行っている。ネセシティの問題について全員で討議し、意思決定を行うことは、公共空間の、そしてそれを通じて機能する労働者自主生産の、根幹をなしていると理解してのことだろう。

　公共空間はそもそも何のために存在するというのか。そしてそこで、何のために討議するというのか。アーレントの答えは、討議への参加者が熱い討議と熟慮された選択を楽しむためである、ということになろう。つまり、平等の資格で参加し、平等の立場で発言し、平等な権利で意思決定する、熱い討議と熟慮された選択自体が、快楽であり、(政治的) 自由の実現である、というのである (33)。

　ある限られた者たちが、熱い討議と熟慮された選択を楽しむのは勝手である。しかし、それしか行わないような公共空間だとしたら、そして、そこでの選択しか経済・行政システムを正当化できないとしたら、そこから排除されている人々の声はどうなるのだろうか。無視されるのだとしたら、それは応答責任に反している。応答しないことは、呼びかけた者の存在を否定することでもある。誰かの存在を否定するような者は、民主主義者たりえない。

討議の価値は、さまざまな人々がさまざまな意見をたたかわせることにある。参加者を限定するようなことはあってはならない。さまざまな人々が、たとえ熟慮が足りなくとも、自らの意見をもとに皆と討議を繰り広げることが、そしてそれを通じて、たとえ他者と対立しながらでも、理解し合い、学び合うことが、民主主義である。そこにおいてこそ、人々は自由な行為主体たりえる。

　もっとも、討議を重ねたところで、素晴らしい意見が出てくるとはかぎらない。おそらく、出てくるものは似たり寄ったりであろう。だが、自由にとって大切なことは、その結論ではなく、そのプロセスである。自由を、そして、民主主義を尊重できないようでは、結局は、多数派の専制に陥る。それが、暴力をひき起こすということもあるだろう。だからこそ、プロセスが大切なのである **(34)**。

　このことは何も、決定を先延ばしして、いつまでも討議をつづけるべきだという意味ではない。いつかは決定しなければならない。時には、緊急に決定しなければならないこともあるだろう。ただその場合でも、討議を尊重する。また、決定したからといって、それで終わりではない。決定後も、その是非をめぐって、成り行きを見守りながら、討議をつづけていく。それを怠っているようでは、自由な行為主体ではないだろう **(35)**。

　ネセシティは必ずしも経済的領域だけに納まる問題ではない。政治的自由の問題でもある。いずれにしても、団体交渉、労働争議においては、賃上げなど、ネセシティの問題が取り上げられる。倒産争議、自主生産闘争に至っては、労働者が自らの生活を守るといった、まさにネセシティの問題が中心となる。そうした争議を経て、労働者自主生産、自主再建まで行うからこそ、味わえる自由がある。アーレントの言う、権力に加わることで実現する自由である。このことは、これまで述べてきたように、事例の３社からもうかがえるだろう。

　労働者自主生産においては、全員参加が基本である。ネセシティの問題を含め、皆で自由に討議し、意思決定を行っている。しかも、もちろんいつもいつも、皆が皆というわけではないが、ある意味、討議を楽しんでいるところがある。例えば、城北食品では、会議が盛り上がり、長くなることもしばしばである。もちろん、皆、真剣に議論しているのだが、ある意味、それを楽しんでいることが少なくないように見受けられる。また、自主生産ネットワークが開催する経営研究会、自主生産の日などには、そこでの議論を楽しみに参加する者も少なくない。

240 第8章 抵抗と公共空間

ネセシティの問題について討議せず、それを行おうとする者を加えようともしないのであれば、少なくとも、公共空間は自由な空間ではありえなくなる。このことは労働者自主生産事業体が内包する公共空間においても当てはまる。参加するすべての労働者が皆で、ネセシティを含め、さまざまな問題を討議し、意思決定を行うからこそ、労働者自主生産事業体たりえるのである。

守りの姿勢では、自由は失われるばかりである。それどころか、守ろうとすればするほど、自ら自由を圧殺することになる。自由が失われるのを恐れてはならない。自由は自ら獲得しつづけるものなのである (36)。

（2）民主主義の意義

アーレントのいう権力に対して、ハーバーマスは、そのコミュニケーション的なとらえ方を評価する一方、いわゆる強制力の欠落を批判している。権力は、活動によって、そこでのコミュニケーションによって生み出されるが、そこにある程度の強制力がなければ、そのまとまりを維持することができないと考えるからである。ハーバーマスによれば、アーレントのいう政治には、そもそも和解不可能な対立的契機が希薄であるという。アーレントが、ネセシティの問題について討議するべきでないとしているのも、和解不可能な対立的契機を、はじめから排除するためでもあるのだろう (37)。

しかし実際には、公共空間の形成を、そしてそこでの自由な討議を阻止することはできない。ネセシティの問題について討議することも、それを行おうとする者が加わることも、阻止することはできないのである。そもそも、例えば貧困は、必然性の問題としてなど、けっしてとりあげられはしなかった。暗中模索で政治的妥協の課題でしかありえなかった。公共空間はシステムではなく、したがってそこでは、必然的な最適解を導くことはできない。つまり、誰も必然性の言葉を用いることはできない。だからこそ、自由が維持できるのである。決定的なことは、そこでは貧困は、必然性の問題ではなく、自由の問題、それも政治的自由の問題として、自由の領域において討議に付されている、ということである。そもそも公共空間には、貧困を解決する必然的な方法など、存在しはしない。しかしだからこそ、公共空間は貧困の問題をとりあげることができるのである。逆に、貧困者を討議から締め出し、彼らの名において、彼らにある選択を強制する場合

にのみ、貧困は必然性の問題として提起されるのである。その討議には、「人民」は存在しない。だからこそ、独裁者は「人民の声」を語ることが可能となるのである (38)。

〈産業民主主義体制〉、〈従業員民主主義体制〉の腐朽化以降、さらには崩壊後、形骸化が著しい団体交渉にしてもほとんど、企業というシステムは労働組合を取り込むことで、現場の労働者を討議から締め出し、彼らの名において、彼らに、労働強化、給与削減、リストラ等の選択を強制してきた。企業のため、労働者自身のため、さらには、労働者としての（企業に対する）応答責任、自己責任を負うため、等々、企業は「独裁者」と化し、「労働者の声」を語り、有無を言わさず、労働強化、給与削減、リストラ等を推進してきたのではなかったか。

企業システムは根本的に、序列、差別、排除によって成り立っている。労働組合が機能しなくなり、さらには企業に加担するようになれば、それに拍車がかかるのは必至である。しかし、人々を序列化し、誰かを差別、排除することでことでしか維持できないような組織は、民主的であるとはいえない。そこに自由は存在しない。誰も自由な行為主体とはなりえない。その行きつく先が独裁とルンペン化である。

人々のなかからは、特に昨今、「善政」を行う独裁者ならいてもいい、否むしろ、ぜひいてほしいとの声も少なからず出ている。しかし、それは民主主義の、つまりは自分自身の否定である。そうしたメンタリティーでは、「悪政」を行う独裁者をも受け入れてしまうだろう。そもそも、本当に善政を行う独裁者など、いたためしがあるだろうか。少なくともそこには、自由は存在しない。公共空間は存在しない。彼らはもはや受動的市民でさえない。No を選択する余地も残されていないからである (39)。

アーレントのいう自由は、ひとつには解放による自由であり、それはネセシティのくびきからの解放と専制からの解放からなっている。しかしそこから、もうひとつの自由、つまり、権力による自由を求めることで、そしてそのために、ネセシティの問題について討議するべきでないとし、本意はどうあれ、それを行おうとする者の参加を閉ざすに至るのであれば、結局は皮肉にも、ネセシティのくびきと専制を導き入れることになってしまうのである (40)。

民主主義は討議の喜びを高め、それによってそれ自体としての自由を実現する

とともに、常に討議への参加者を増やそうとする。後者が行われなくなったら、その民主主義は終わりである。討議者限定の民主主義は、貴族制と呼ばれるべきである (41)。

　労働者自主生産においては基本的に、人々を序列化したり、誰かを差別したり、排除したりはしない。すべての労働者が自由な行為主体となって、皆で討議する。しかし時には、対立し、意思決定に至らないこともある。それにより、妥協の産物となることもある。あるいは、自分たちでは熱い討議と熟慮された選択を行ったつもりでも、有効な結論を導けないこともある。結果として、専制的あるいは貴族制的な経営を行っている他社の方が、市場競争で優位に立つということもある。こうしたことは、事例の３社の労働者自主生産においても往々にしてある。

　もちろん、専制的あるいは貴族制的な経営を行ったからといって、有効な結論を導けるとはかぎらない。企業システムはシステムであるかぎり、自らの存続と、そのための効率性の追求を図る。ただし、経済システム（市場システム）のもとにあっては、サブシステムにすぎない。そこでは企業間の競争が不可欠であり、それによる企業の淘汰が必至である。

　労働者自主生産事業体も、そうした冷徹な市場競争のもとに置かれている。それでも、事例の３社を見るかぎり、皆、同じある特定の主義・主張を持っているわけでもなく、またすべてにおいて満足しているわけでもないが、労働者自主生産を維持しようと懸命に努めている。人々を序列化することなく、誰かを差別、排除することなく、ネセシティの問題と向き合いながらである。時として衝突し、また必ずしも有効な解決策を導き出せなくてもである。それにより、自社、そして自分自身が不利益を被ろうともである。自由な行為主体として自分たちの民主主義を守るには、このように大変な困難が伴う。第６章で見たように、鳥井氏は「突き抜ける」という言葉を使うことがあるが、自由と民主主義はそうした困難を突き抜けた瞬間に味わえるものなのだろう。しかし、すぐに次なる困難に見舞われ、いつまでも感慨に浸っている余裕などない。労働者自主生産は決して生温かくはない。

（３）討議のあり方

　討議はただ行えばよいというものではない。討議においては、大勢に異を唱え

る自由が確保されていることが重要である。皆が同じ意見になれば、また、そう強いるようになれば、討議にはならず、したがって、公共空間も成立しなくなる。そこにはもはや、権力による自由も存在しない。

討議ではまた、自らの主張を理路整然と分かりやすく伝えられなければならない。そうでないと、相手は、何を言っているのか、何が言いたいのか分からず、議論がかみ合わなくなるだろう。ハーバーマスが、コミュニケーションを重視するのは、このためでもあるのだろう。雄弁であれば、討議で有利に立ちやすくもなる。その話術で、相手を説得しやすくもなる。

ただし、討議においては、主張する内容が肝心だということを忘れてはならない。したがってまた、弁の立たない者があまり不利にならないようにしなければならない。公共空間にあっては、誰のどのような発言であろうと、たとえそれが上手い表現でなくても、真摯に耳を傾けることが、また、じっと黙っている者に対しても、その声なき声、悲痛な表情、そうした呼びかけに応えることが、すべての参加者に課されている応答責任である。

もっとも前述のように、討議を重ねたところで、素晴らしい意見が出てくるとはかぎらない。だが、自由にとって大切なことは、その結論ではなく、そのプロセスである。このことは決定を先延ばし、いつまでも討議をつづけるべきだという意味ではない。いつかは決定しなければならない。時には、緊急に決定しなければならないこともあるだろう。資本主義的競争のなかでは、スピードが求められることも多々あるだろう。そのような場合においては、迅速に意思決定を行わなければならない。ただその場合でも、何らかの形で討議を尊重する。また、決定したからといって、それで終わりではない。決定後も、その是非をめぐって、成り行きを見守りながら、討議をつづけていく。それを怠っているようでは、自由な行為主体ではないだろう。

以上のことはもちろん、労働者自主生産事業体においても当てはまる。ただし一般的に、所属する労働者の数が増えるほど、階層、部門の分化が生じる。同時に、全員参加の会議が難しくなる。開催されたとしても、発言しない者が増えていく。結局は、弁の立つ者、声の大きい者の意見が通るようになる。それを避けるために、全員参加の会議から、階層や部門ごとの会議に意思決定の比重を移すこともある。しかしそうなればたいてい、各会議の間での情報共有、調整が難し

くなる。意思決定にかなりの時間を要することにもなる。結局は、役員層のみ参加の会議で調整し、最終決定を行うなど、彼らに権限が集中化していく。そしてそれにともない、労働者自主生産は危機に瀕していく。

　現に、事例で見た３社のなかで最も労働者の多いハイム化粧品でも、全体会議での意思決定を減らしている。同時に、階層や部門ごとの会議に、なかでも経営会議に意思決定の比重を移している。確かに、人数が増えれば、ある程度、会議のあり方を変える必要もあるだろう。そしてそれにより、皆で直接討議する機会が減ったり、なくなるということもあるだろう。しかし、たとえそうなったとしても、各人の声、声なき声、悲痛な表情、そうした呼びかけに応えていくことができるならば、十分ではないかもしれないが、労働者自主生産を維持していくことは可能だろう。ハイム化粧品の役員層からは、そうした努力もうかがえる。

第４節　信頼とアイデンティティ

（１）信頼と不信

　抗議運動が、それを行う人々とともに官僚制化して、ひとつのシステムへと成長することはありうる。この成長は、抗議運動本来の目的にとってはニュートラルである。つまり、「善悪」を超えている。システムへと成長することは、強力であり、より安定的であるが、またもちろん、公共的でありうるが、その当事者は行為主体ではなくなる [42]。

　ただしそのなかにあっても再び、前述のように、システム（そこにおけるコード）に対し、従うかあるいは従わないかを選択することにより、信頼あるいは不信を表明することができる。そして、従わない、つまり不信を表明することで、システムから（半ば）離脱することができる。その時その当事者は再び、行為主体となりえているのである。ルーマンは、システムにおける信頼について、以下のように述べている。

　　ところで、環境の構造とは、環境内に他の諸システムが存在している、ということに他ならない。

　　そして、ある規定された種類の他の諸システム〔の存在〕によって、つまり、

複数の人間〔の存在〕によって、信頼によって対処さるべき複雑性が、はじめて世界の中へと拡がっていく。すなわち、複雑性は、行為の自由へと拡大するのである。**(43)**

　システムは、自らの存続のために、環境の複雑性、不確実性を縮減しようとする。それにより、システムの効率性を維持しようとする。そのためにシステムは、分裂するか、もしくは、サブシステムを形成し、内部システムの簡素化をはかる。ルーマンはこの過程を、システムの「脱中心化」と呼ぶ。そして脱中心化とともに、システムから引き出しうる権益（利益、権限、権利）は分散する。それはつまり、システムの民主化が進んだということでもある。もっともそれにより、全体的には複雑性、不確実性が増し、効率性が低下しているということも多々あるが **(44)**。

　複雑性が増すほど、行為の自由が広がっていくとは、こういうことである。システムにあっても、人間は自らの信頼によってその複雑性に対処しうる。そして、システムの脱中心化とともに、自らの行為の自由を広げていくことができる。システムから離脱することなく、である。そこでは、システムのなかに留まっているため、限定的ではあるが、人々は自由な行為主体となりえている。公共空間をつくりえている。それは、企業システムにあっても同様である。ここに例えば、企業システムにあっても、前述のラーニング・リーダーシップを含め、何らかの民主的なリーダーシップを発揮しうる余地が生じてくる **(45)**。もっとも、よりマクロの視点から見れば、こうした人間の信頼、行為の自由、そしてリーダーシップも、企業システムが自らの効率化、存続をはかるために与えたものにすぎないととらえることもできるだろう。

　ところで、システムは本来、人間の負担を軽減するものでもある。このことについて、ルーマンは次のように述べている。

　システムが複雑性を把握し、それを縮減しうる程度に応じて、システムは合理的なものとなる。そして、システムがこのことをなしうるためには、システムは、信頼なり不信なりを究極的に示す者すなわち人間に過大な負担を負わせることなしに、信頼と不信を利用することに長けていなければならない。**(46)**

システムのなかにあっても、人々は自らの信頼によって自らの行為の自由を広げている。このことは、一般の企業にあっても、また労働者自主生産事業体にあっても同様である。もっとも、一般の企業よりも労働者自主生産事業体の方が、公共空間がより広範囲に存在し、労働者がより自らの信頼によって自らの行為の自由を広げている。したがってその分、広く、信頼なり不信なりを示す者に過大な負担がかかることになる。ただしそれでも、システムのなかに留まっているかぎり、システムはその者に過大な負担を負わせることなしに、信頼と不信を利用することに長けていなければならない。一般の企業にあっても、また労働者自主生産事業体にあっても、内包されている公共空間をシステムが侵蝕しようとするのは、このためでもあるといえよう。

（2）アイデンティティ

労働者自主生産において自由な行為主体たりうるといっても、人間関係の網の目にあっては、誰もが自分の思い通りに行動できるわけではない。時には、まったく予想もしていなかった方向へと導かれていくこともあるだろう。互いに影響を及ぼし、及ぼされながら、協力して労働者自主生産を行っているのである。その意味では、自由な行為主体といっても、その自由に制約があることは確かである。

またそもそも、どこからが自己搾取なのかは曖昧であり、主観に負うところが多分にあるが、それでも多くの労働者自主生産においては、少なからず自己搾取が行われているといえよう。事例の３社にしても、業績の厳しい会社は賃金、労働条件がより低く、自己搾取が存在しているといえるだろう。自由は自己搾取があるかぎり存在しえないとまではえいないが、その自由にはかなりの犠牲がともなっていることは確かである。例えば、それがために私生活などでの他の自由が狭められている恐れがある。だとしたら、自由な行為主体といっても、どこまで自由と呼べるかは疑問である。

一般の企業においても、やりようによっては、労働者自主生産とほぼ同様の意思決定プロセス、マネジメント、リーダーシップ等をとることは可能である。そこでは、限定的であるにしても、公共空間をつくりだし、自由な行為主体となることができるはずである。職場において民主主義を実現し、相互扶助を行うこともできるはずである。これらのことは、実際に行われてもいる。だとしたら、そ

の自由、民主主義、相互扶助は労働者自主生産におけるものとどのように異なるというのか。

　一般の企業との大きな違いとしては、経営危機や倒産に陥った事業体との争議等の最中あるいはそれを経て、職場・雇用を維持すべく、そこで働く労働者、つまりは労働組合がその事業を引き継ぐ形で、労働者自主生産を行っていることである。そしてこのことが、各事業体における経営理念、シンボル、組織文化等、各人における価値観、意味、想い、アイデンティティ等に浸透していることである。これらは事例の３社においても見受けられる。３社の各労働者はある程度、自分たちの会社は労働者自主生産企業なのだ、自分たちはここで労働者自主生産を行っているのだというアイデンティティを持ち合わせている。

　そうしたアイデンティティを持ちえているのは、第７章で述べたように、労働者自主生産について語り合う、ストーリーテリングの効果でもあるといえよう。組織で行われるストーリーテリングは組織のディスコースのひとつの行為である。高橋は、社会構成主義の見地から、ディスコースはわれわれのアイデンティティを形成すると述べている [47]。ちなみに、日本語で討議と訳される、ハーバーマスが言う独語の Diskurs は、英語では discourse（ディスコース）となる。以上のことからしても、労働者が労働者自主生産へのアイデンティティを持ちえているのは、ストーリーテリングはもとより、公共空間で行っている自由な討議によるところも決して小さくないと考えられる。例えば第３章で見たように、ビッグビートでは、皆で熱い討議と熟慮された選択を行うことが、図らずも、社員間の相互扶助の大切さを再確認し、労働者自主生産へのアイデンティティを強化することにもなっている。

　労働者自主生産においては、少なくとも建前上は、労働者と経営者との本質的区別が存在しないことも、やはり一般の企業との大きな違いである。一般の企業で自主生産的な運営を行っているといっても通常、上位者による査定制度は設けている。設けていないとしても、それに代わりうる何らかの評価は行っている。そして、それによって昇進・昇給等を決めていることにかわりはない。このことは個々人を動機づけ、全体のモラールを高めることにもなりうるが、自主生産的な運営ということからすれば、かなり限定的とならざるをえない。労働者は常に、経営者を含む上位者の評価を気にしないではいられない。もともと序列があり、

それによって権限も異なる上で、あえて自主生産的な運営を行っているにすぎない。労働者は自己を労働力と人格に分裂させていることにかわりはない。上位者は厳然として上位者であり、労働者は厳然として労働者なのである。これに対し、労働者自主生産事業体では通常、上位者による査定制度は設けていない。また、平等主義のもとで、皆で自由に討議し、一人一票の原則で意思決定を行っている。したがって、上位者の評価をあまり気にする必要がない。そもそも、役職では上位者であっても、基本的には、皆、平等である。労働者と経営者との本質的区別はなく、労働者は自己を労働力と人格に分裂させてはいない。必ずしもこれらのことが十分にできているわけではないが、少なくとも、ある程度できていると、各労働者において認識しえているということが、そうアイデンティファイしえているということが肝心である。これらのことはまた、自由、民主主義、相互扶助を促進し、自主生産の運営を安定させることにもなりうるが、その一方でそれがために、自ら労働条件を下げていくことにもなりうる。

　もちろん、労働者自主生産を維持していこうとしても、現実に一定程度、自由、民主主義、相互扶助が存在していなければ、いつかは破綻するだろう。実際に自己搾取をかなりの程度で行っているのなら、その事実を否定しつづけるのは難しいだろう。しかし、現実に一定程度、自由、民主主義、相互扶助が存在しているならば、実際に自己搾取を行っているとしても、それが許せる程度であるならば、自己搾取は、自由、民主主義、相互扶助を維持していくためのいわば代償として、葛藤はあるだろうが、ある程度納得して、労働者自主生産を継続していくことは不可能ではないはずである。もちろん、これらそれぞれの程度はどれも、各事業体、各労働者によって異なっているだろうし、それぞれの主観においてはなおさら違いがあることだろう。

　日本においては従来、労働者自主生産は、争議中のものも含め、極度に低い労働条件のもとでも、きわめて長期にわたって行われているのが特徴的である。井上によれば、その大きな要因は、労働者の平等主義的意識とそれと不可分の労働組合のあり様にあるという。日本の労働者は、階級の境界線はもしあったとしても「不動」のものではなく、また権力関係は厳存しているものの「不変」のものとは考えない。そして、労働者という存在の社会的実体化を超克することによって、自己の主体性を獲得しようとしてきたのであり、その希求の凝集的なあらわ

れが平等主義的意識にほかならない。またそうであればこそ、日本の労働組合は、その機能を真に果たそうと規制力を強めていけば、労働条件の改善のみならず、職制機構の形骸化を通して事実上職場支配をもたらし、ひいては外注政策や生産計画など経営の根幹にふれる領域に立ち入らざるをえなくなる。労働者自主生産は、こうして労使関係の枠組みのなかでの存立を許されなくなった労働組合がつくり出す労働者世界にほかならない。しかもその世界が自立するためには、労働組合の論理自体を超克するほかないとすれば、日本の労働組合にとって労働者自主生産とは、自己の論理の貫徹ゆえに自己の存在を掘り崩し、その上で自己の世界を否定せざるをえないという二重の否定によって特質づけられる。労働者自主生産が苛酷な労働条件のもと長期にわたって維持されるのは、労働者が運動をつきつめた果てに自らが創出したただひとつの世界だからである **(48)**。

　井上がいう労使関係の枠組みは、〈産業民主主義体制〉を前提にしていると考えられるが、日本においてはそもそも、〈従業員民主主義体制〉のもと、労使は生産の主体としての会社との関係で水平に序列づけられている。そしてそれは、会社による労働組合ののみこみとなってあらわれている。しかしそれはまた、労働組合による会社ののみこみへの転化を容易にもするし、現に争議などではそうした戦略がとられてきた。労働者自主生産は、それが行きついた先の、労働組合が完全に会社をのみこんだ姿であるともいえる。もちろん、労働者自主生産は、少なくとも建前上は、労働者と経営者との本質的区別のない状態となるため、それまでの会社による労働組合ののみこみの状態とは決定的に異なる。また、その存在が対抗的ヘゲモニーとなることも決定的な違いといえる。しかしだからこそ、労働者間の連帯意識を強め、生産序列（非人格的関係）と権力関係（人格的関係）の融合の度を深めていくことにもなる。日本において労働者自主生産が極度に低い労働条件のもとでも、きわめて長期にわたって行われているのは、このためでもある。これには、井上のいう労働者の平等主義的意識も密接にかかわっていようが、そこに宿している水平性、そして直接的にでないにしろ、それをもたらしている家産制的な伝統、そのもとでの本源的扶養への恭順の態度といったものも少なからず作用していると考えられる。

　日本においては、労働者自主生産は極度に低い労働条件のもとでも、きわめて長期にわたって行われる傾向があるといっても、その一方で現に、耐えきれず去っ

ていった者も少なからずいる。それは、序章および第6章で紹介したエフ社の事例だけではない。本書で取り上げた3社の事例においても、城北食品とハイム化粧品では、労働者自主生産の開始から今日に至るまでの間に、それぞれ何人か自ら退職している。理由は様々であるようだが、なかには、労働条件等を含め、自主生産自体に不満を抱き、退職した者もいるようである。ビッグビートでは誰も辞めていないが、もともと人数が少なく、また、旧会社との闘争を最後までつづけていた組合員15名のうち、新会社の設立に参加したのは5名であったことに留意すべきである。ハイム化粧品にあっては、倒産時点で約120名いた社員のうち、新会社に参加したのは16名にすぎない。先に、昨今の労働者自主生産においては、労働者の多くは、思想的には多様性を有していると同時に、労働者自主生産に対してそれぞれ何らかの価値観、意味、想い、アイデンティティ等は持ち合わせていると述べたが、それらがある程度強くなければ、そこで働きつづけることは困難であろう。労働条件等が悪化していけば、なお更である。

　しかしだからといって、労働者自主生産に参加しつづけている労働者は、少なくとも事例の3社を見るかぎり、同じある特定の主義・主張を持つに至っているというわけでも、ましてそれに凝り固まっているというわけでもない。信頼なり不信なりを示す者に過大な負担がかかるとしても、会議等での討議を通じて、たとえ他者と対立しながらでも、理解し合い、学び合い、そして、自己のなかでの葛藤などをくぐり抜けることで、それぞれ、自らの価値観、意味、想い、アイデンティティ等を進化させている。時に資本主義的な思考を受け入れながら、曲がりなりにも、自主生産の継続を可能ならしめている。現在の労働者自主生産はそうした自由な行為主体によって営まれているのである。

（3）公共空間の意義と限界

　公共空間では基本的に、自由な討議が行われる。しかし、公共空間は常にシステムによる植民地化に晒されている。したがって、そこにおける自由もシステムにより侵害される、あるいはさらに、奪い去られる場合がある。資本主義的競争のもとにあっては、自由に討議を行っているつもりでも、資本主義的な思考に則っているということが多分にあるだろう。それでは完全に自由な討議であるとはいえない。それ以外でも、人間関係、力関係等によって、気遣い、打算等が生じ、

完全に自由な討議ができないということもあるだろう。そもそも、人間関係の網の目にあっては、完全に自由な討議など行えるはずがない。

　仮に完全に自由な討議が行われるとしても、それが本当に良いことかどうかは、価値観等によって異なってくる。ひとつ言えることは、民主主義を尊重するのであれば、自由な討議は不可欠であるということである。もっとも、自由な討議は民主主義と不可分の平等主義と適合的でない場合もある。もちろんこれも、何をもって民主的とするかといった価値観等によって異なってくる。各人の貢献度に応じて、序列化を図り、発言の機会、意思決定の比重に差を設けるのが民主的であるとの考え方もある。この考え方からすると、各人の貢献度に関係なく、皆で一緒に自由な討議を行い、一人一票の原則に基づき意思決定を行うというのは、いわゆる悪平等であるということになろう。もちろんこの場合でも、貢献度をはかる基準をめぐって、民主主義の考え方も異なってくる。

　一般の企業のように、各人の貢献度に応じて、序列化を図り、発言の機会、意思決定の比重に差を設けたとしても、競合他社に対し優位性を確立できるとは限らない。他社との競争のなかで生き抜いていくには、大変な困難がともなう。このことは労働者自主生産事業体にあっても、資本主義的競争のなかにいるかぎり例外ではない。資本主義的な思考から解放されて、皆で一緒に完全に自由な討議を行うことなど、不可能に近いといえよう。それでもそのなかで、上手くいかないことがあっても、できるかぎり皆で自由に討議を行い、各人の意見を尊重するよう努めているのである。

　前述のように、事例の３社を見ても、各自、担当の仕事については、それぞれ自らの判断で行っているが、意思決定は基本的に会議でなされている。ただし、社員数が多い会社ほど、会議の種類が多くなっている。ハイム化粧品では、全体会議はあるものの、会社全体の基本的な意思決定はほとんど経営会議でなされている。これは、意思決定のスピード、人数的な限界を鑑みてのことでもある。また、それぞれの意思決定にはかなりの程度、資本主義的な思考が介入している。他社との競争のなかで生き抜いていくのには、不可欠なことでもある。ハイム化粧品では、労働者自主生産を開始してから２年ほどですでに、「商売的には一般企業的発想が中心となりやすい」との、中村一弘氏の個人的な記述もある。その一方で中村氏は、「組合の幹部はあまり物分かりがよくなっちゃいけないんじゃ

ないかと思うんです」とも述べている。こうした葛藤は、ハイム化粧品の他の社員、さらには、事例で取り上げた他の2社の社員においても見受けられる。不十分なものであっても、自由な討議とそれを基にした公共空間は、こうした葛藤とそれを乗り越えようとする努力の上に築かれている。労働者自主生産はその努力の積み重ねにより維持されているのである。

労働者自主生産事業体が対抗的ヘゲモニーであるからといって、すべてにおいて資本のヘゲモニーと対峙しているわけではない。それをある程度受け入れ、そのなかで生き残れるよう努めながら、できるかぎり自らを貫いているというのが基本的なスタンスである。少なくとも建前上は、労働者は経営者でもあり、自己を労働力と人格に完全には分裂させずにいる。一見、受け身的ではあるが、こうしたことが資本のヘゲモニーに風穴を開けることになるし、現にわずかではあっても開けているのである。

小括

以上、最新の労働者自主生産における組織運営の特徴について、システムおよび公共空間のなかでとらえ直すことで、そこにある自由、民主主義、信頼、アイデンティティの様相を分析してきた。以下では、分析した主な内容についてまとめておきたい。

〈産業民主主義体制〉、〈従業員民主主義体制〉といった資本のヘゲモニーのもとで、労働者は自己を、非人格的労働力とその人格的所有者へと分裂させている。そして、労働力の所有者として（そのかぎりにおいて）ブルジョア＝市民となっている。現代市民社会はその上に成り立っている。そこは、システムに覆われた世界であるということもできるだろう。システムは、自らが存続すること以外に何の目的も持たない。そのためだけに稼働しつづける、いわば自動機械といったところだろう。ただしそのなかにあっても、システムが及ばない空間、つまり公共空間がある。公共空間とは広い意味での政治的領域のことであり、そこでは、言葉による自由な（集団的）討議が行われている。

一般の企業だけでなく、労働者協同組合を含む、広義の労働者自主生産事業体も、基本的にはシステムである。およそ、システム化へ向かうのを免れうる組織

など存在しない。ただそのなかにあっても、構成員が何らかの抵抗を試み、公式、非公式を問わず、自由な討議を行うことで、いわばチーズに開いた穴のように、公共空間をつくりだすことができる。

労働者自主生産事業体は、〈産業民主主義体制〉、〈従業員民主主義体制〉に抗い、自主生産を機能させうる公共空間をシステムに内包しえている。そこでは、労働者と経営者との本質的区別はなく、平等主義のもとで、皆で自由に討議し、一人一票の原則で意思決定を行いえている。そしてそれを通じて、たとえ自己搾取があろうと、各労働者は自己における労働力と人格との分裂を阻止しえている。必ずしもこれらのことが十分にできているわけではないが、少なくとも、ある程度できていると、各労働者において認識しえている、そうアイデンティファイしえている。こうしたことが、その事業体の存在自体をいわば対抗的たらしめている。つまりは、対抗的ヘゲモニーたらしめている。労働者が労働者自主生産へのアイデンティティを持ちえているのは、ストーリーテリングはもとより、公共空間で行っている自由な討議によるところも決して小さくない。

労働者自主生産事業体は、各労働者が主体的に考え、行動し、皆で討議を行い、互いに学び、助け合うことでしか、維持できない。全統一労働組合が、何よりも労働者の主体性を重視し、同時に、各社の公共空間度を高めようと努めているのは、このためでもある。労働者自主生産においては、全員参加が基本である。ネセシティの問題を含め、皆で自由に討議し、意思決定を行っている。システムのなかにあっても、人々は自らの信頼によって自らの行為の自由を広げている。そこには、単なる抵抗運動を超えて、労働者自主生産、自主再建まで行ったからこそ、味わえる自由がある。これこそ、アーレントの言う、権力に加わることで実現する自由である。

労働者自主生産においては基本的に、人々を序列化したり、誰かを差別したり、排除したりはしない。すべての労働者が自由な行為主体となって、皆で討議する。熱い討議と熟慮された選択というプロセスそのものに価値を置いている。公共空間およびそこにおける自由、民主主義、相互扶助は、選択の結果によってもたらされているのではない。熱い討議と熟慮された選択というプロセスのなかで出現している。そしてそれにより、自分たち労働者は経営者ともなっているとアイデンティファイしている。こうしたことを大切にしているのである。したがって、

254　第 8 章　抵抗と公共空間

　たとえ選択の結果として、会社の業績が悪化し、自己搾取を行うに至ったとして
も、それがすべてではない。むしろそれは、熱い討議と熟慮された選択というプロ
セス、そしてそこに出現する、公共空間およびそこにおける自由、民主主義、
相互扶助を守り、自分たち労働者が経営者ともなっているとアイデンティファイ
しつづけるための、いわば代償としての意味も持っている。実際、事例の 3 社の
労働者からも、個人差はあるものの、またそれぞれの程度にもよるだろうが、こ
うした意識が感じられる。

　もっとも、事例の 3 社のなかで最も労働者の多いハイム化粧品では、全体会議
での意思決定を減らしている。同時に、階層や部門ごとの会議に、なかでも経営
会議に意思決定の比重を移している。確かに、人数が増えれば、ある程度、会議
のあり方を変える必要もあるだろう。そしてそれにより、皆で直接討議する機会
が減ったり、なくなるということもあるだろう。

　また、資本主義的競争のもとにあっては、自由に討議を行っているつもりでも、
資本主義的な思考に則っているということが多分にあるだろう。それでは完全に
自由な討議であるとはいえない。それ以外でも、人間関係、力関係等によって、
気遣い、打算等が生じ、完全に自由な討議ができないということもあるだろう。
そもそも、人間関係の網の目にあっては、完全に自由な討議など行えるはずがない。

　労働者自主生産事業体が対抗的ヘゲモニーであるからといって、すべてにおい
て資本のヘゲモニーと対峙しているわけではない。それをある程度受け入れ、そ
のなかで生き残れるよう努めながら、できるかぎり自らを貫いているというのが
基本的なスタンスである。少なくとも建前上は、労働者は経営者でもあり、自己
を労働力と人格に完全には分裂させずにいる。一見、受け身的ではあるが、こう
したことが資本のヘゲモニーに風穴を開けることになるし、現にわずかではあっ
ても開けているのである。

注
　（1）東條・志村［2013］21 〜 22 ページ。
　（2）Habermas［1981］、訳、下、309 ページ。
　（3）東條・志村［2013］23 ページ。技術は単なる技術ではない。M・クンデラは、M・
　　　ハイデガーにしたがい、技術の本質は技術に先行するという。つまり、技術の発展は
　　　人間（思考する存在）からその本質（思考する能力）を剥奪するのである（Kundera

［1987］)。そこでは人間は、「非－思考という順応主義」に陥り、システムのなかで、ある役割を担うことしかできなくなってしまうのである。

（4）ハーバーマスは、生活世界を、システムとの対比で、「（家族、近隣関係、自由結社に支えられた）私的な生活領域と、（私人と公人とに支えられた）公共性」（Habermas［1981］、訳、下、296ページ）と述べているように、公共空間を生活世界に含まれる概念としてとらえている。

（5）東條・志村［2013］29ページ。

（6）Habermas［1981］。

（7）東條・志村［2013］29ページ。

（8）Habermas［1973］。

（9）Habermas［1981］、訳、下、307～308ページ。ハーバーマスはここでは、生活世界という用語を使っている。生活世界には公共空間も含まれるが、この文脈では後者を強調したいため、あえて言い換えている。

（10）東條・志村［2013］61ページ。

（11）東條・志村［2011］92ページ。

（12）東條・志村［2013］62ページ。

（13）同上、62ページ。

（14）同上、59～60ページ。

（15）Luhmann［1981］。

（16）東條・志村［2013］27ページ。

（17）東條・志村［2011］44ページ。

（18）東條・志村［2013］26～27ページ。

（19）同上、80～81ページ。

（20）同上、81ページ。

（21）同上、81ページ。

（22）東條・志村［2011］136ページ。

（23）東條・志村［2013］81～82ページ。

（24）同上、82ページ。

（25）同上、82ページ。

（26）東條・志村［2011］141～142ページ。本書でいう公共空間も、それぞれのシステムにそれぞれ寄生しうるものとしてとらえている。

（27）Deleuze, Guattari［1972］、［1980］。

（28）Arendt［1958］、訳、322～323ページ。

（29）Arendt［1969］、訳、133ページ。

（30）東條・志村［2013］34ページ。アーレントの、そしてハーバーマスにもつながる自

由観については、そのドイツ的伝統を踏まえておく必要があろう。「正義に適う行動
ルールは、ある人が何をなさねばならないかを決定できないのであり〔中略〕、何をな
してはならないかを決定できるだけである」（Hayek［1976］、訳、171ページ）という
F・ハイエクの黄金律が支配する英米においては、政治的領域は小さければ小さいほど、
自由の領域が拡大することを意味する。それはアーレントのいう解放による自由にす
ぎない。アーレントにかぎらずドイツにおいては、経済的自由などとるにたらないも
のである。自由とは、政治において―究極的には国家の形成に参画することを通じて
こそ―、実現されるものなのである（東條・志村［2011］47〜48ページ）。

(31) 東條・志村［2011］43ページ。

(32) 同上、43〜44ページ。

(33) 同上、47ページ。

(34) 東條・志村［2013］53ページ。

(35) 同上、53ページ。

(36) 同上、86ページ。

(37) 同上、86ページ。

(38) 東條・志村［2011］50ページ。

(39) 東條・志村［2013］87〜88ページ。ハーバーマスは、現代の公共空間を構成し
ているのは「喝采する」か「喝采を拒否する」かだけを権利として持つ、「受動的市
民」であるという（Habermas［1973］、訳、57ページ）。これについては（視聴者参加
型）テレビ番組の例で説明することができる。そこでは、視聴者にできることは最終
的に、この番組に喝采をおくる（つまり視聴する）か、もしくはそれを拒否する（つ
まり視聴しない）かのいずれかである。前者が多くなれば、視聴率が上がり、番組は
存続するだろう。逆に後者が多くなれば、視聴率が下がり、番組は打ち切りになるだ
ろう。この二つだけである。視聴者は、これに代わる次の番組を能動的につくること
はけっしてない。プロデューサーが新しく企画した次なる視聴者参加型テレビ番組に
対し、再び、喝采をおくるか、もしくはそれを拒否するかだけである。話しを戻せば、
ここでいう番組に相当するものは、どこにおいて、そして誰によってつくられるのか。
公共空間においてでもなく、そこにおける市民によってでもないとしたら。おそらく、
システムにおいて、そしてそこにおけるその担当者によってつくられるということだ
ろう。そこまで、システムは公共空間を侵蝕しているのか。これが、法（正義）を創
出し、それをもってシステムを正当化することの内実なのか（東條・志村［2013］76ペー
ジ）。

(40) 東條・志村［2013］88ページ。

(41) 東條・志村［2011］51ページ。

(42) 同上、140〜141ページ。

（43）Luhmann［1973］、訳、69 〜 70 ページ。

（44）東條・志村［2013］92 〜 93 ページ。

（45）ラーニング・リーダーシップはもともと、一般企業における優秀なリーダーとフォ
ロワーの実際の行動から抽出した理論である。

（46）Luhmann［1973］、訳、175 ページ。

（47）高橋［2003］243 ページ。

（48）井上［1991］290 〜 295 ページ。

第**9**章 互酬と多様性

はじめに

　ポランニーは、経済を、市場（交換）、再分配、そして互酬から構成される、人間の経済として広義にとらえている (1)。互酬は、広い意味での贈与（と返礼）を通じた相互扶助による経済活動である。市場、再分配も、本来は互酬である。互酬は経済の根幹をなしているのである。本章は、第7章で検出した、最新の労働者自主生産における組織運営の特徴について、人間の経済のなかでとらえ直すことで、そこにある相互扶助の様相を分析している。さらには、すでに部分的には顕在化している、来るべき新しい市民社会の様相を可能な範囲で浮き彫りにしようとしている。

　互酬に関する人類学的成果について多く論じているのは、それらを基に、労働者自主生産およびそれを含む新しい市民社会における相互扶助の様相を、より根源的かつ多面的に考察するためである。また、ダイバーシティ研究の成果を基に考察を行っているのは、とりあげた事例からもうかがえるように、労働者自主生産および新しい市民社会において多様性が極めて重要な要素となっていることから、その実態をより明らかにするためである。

第1節　互酬

（1）人間の経済

　現在、市場経済は社会のあらゆる領域に浸入している。また、グローバリゼーションのもと、世界の隅々まで覆い尽くしている。そこでは、競争原理のもと、弱者を虐げてまで、営利の追求がなされている。しかし、市場経済が経済のすべてではない。ポランニーによれば、人間の経済は、市場（交換）、再分配、そして

互酬から成り立っているという。

市場においては、二者の間で財を等価性に基づいて取引する。財の取引は財と財による交換（物々交換）により、あるいは貨幣（金銭）を介して行われる。市場においてはまた、営利の追求がなされる。等価性と利潤動機は両立しうる。等価性は需要と供給のバランスで決まるが、そこで決まった価格より原価が低ければ、利益は出る。

再分配においては、誰かが集団の成員から一手に集めた財を、規則にしたがってその成員に振り分ける。ここで規則とは、慣習、法などである。臨機の決定によりつくられることもある。再分配を行うには、中央（中心）の確立が欠かせない。ここでいう誰かとは、中央に位置する者（あるいは組織）にほかならない。

互酬においては、一方から他方へいわゆる贈りものを提供する。その返礼として、他方から一方へ、一定の時を経た後、別の贈りものを提供するのが通例である。贈りものは等価性に基づいていない。義務、名誉、誇り、ひいては快楽（よろこび）にのっとって行われる。

市場、再分配も、本来は互酬である。互酬を等価性に基づいて行うと、市場となる。互酬に媒介者が入ると、再分配となる。互酬は経済の根幹をなしているのである。それは、資本主義においてもである。

労働者協同組合を含む、広義の労働者自主生産（労働者自主管理）事業体も多くは、市場のなかで他社との競争を繰り広げている。また、獲得した収益の一部を賃金等として労働者間で再分配している。しかし、利益至上主義ではなく、互酬を重視している。特に組織運営にあたっては、互酬が基本である。ここでいう互酬とは、モノのやりとりに限定されない、広い意味での贈与（と返礼）を通じた相互扶助による経済活動である。第1章で見たように、津田は、イタリアで、労働者協同組合、社会的協同組合を含め、協同組合が発展した要因のひとつとして互恵をあげているが、この互恵とは互酬と同義と考えてよいだろう。

労働者自主生産は、労働者自身が主体的に考え、行動し、皆で討議を行い、互いに学び、助け合うことで機能している。各労働者は必ずしも、自らの利益のため、あるいは規則にあるからという理由で、そうしているのではない。むしろ、個人差はあるものの、自らの義務、名誉、誇り、快楽にのっとって主体的にそうしているのである。このことは、本書で取り上げた事例の3社からもうかがえよ

う。例えば第3章で見たように、ビッグビートは旧会社倒産後、現社員により設立され、それまでと同じ地域で同じ事業を展開している。その事業は、それまでその地域で多くの顧客に支持されながら、皆で共に培ってきたものである。旧会社が倒産したからといって、止めるわけにはいかない。リスクはあるが、皆で力を合わせ、新会社を設立し、なんとか続けていきたい。各社員のその想いからは、ある種の、義務感、誇り、よろこびといったものが感じとれる。

　序章で述べたように、アーレント、ハーバーマス、ルーマンのいう経済には、互酬が欠落している。互酬が経済の根幹をなしているにもかかわらずに、である。ハーバーマス、ルーマンが、経済をシステムとしてしか扱えないのは、このためでもあろう。もっとも、経済的領域を狭義にとられえている分、政治的領域を広義に認識し、そこに互酬を含めて考えることもできるだろう。そこは公共空間でもある。労働者自主生産事業体において公共空間がかなり広範囲に存在しえているのは、皆で討議を行っていると同時に、互酬を基盤にしているためでもある。

　高橋によれば、「言語、話し、物語、会話としてのディスコースは、一般的日常生活における不可欠な特徴であり、組織の相互作用の本質でもある」(2) という。ここでいう組織の相互作用は、経済の領域にかぎって見るならば、市場、再分配よりも、主に互酬が該当すると考えられる。また、ハーバーマスが言う独語の Diskurs は、英語では discourse（ディスコース）であり、日本語では討議である。以上から考えると、公共空間おける自由な討議は互酬の本質でもあるということになろう。実際、例えば第3章で見たように、ビッグビートでは、皆で熱い討議と熟慮された選択を行うことが、図らずも、社員間の相互扶助の大切さを再確認することにもなっている。また、第6章での鳥井一平氏の話しからうかがえることだが、労働者自主生産においては、皆での熱い討議が過去の記憶をも蘇らせ、相互扶助を促進していくことにつながっている。

（2）贈与の人間性

　M・モースは、未開あるいはアルカイックな社会においては、贈与の義務、受領の義務、返礼の義務が存在することを明らかにしている。モースによれば、返礼の義務は、贈りものに宿る霊的な力から生じるという。ポリネシアのマオリ族はそれを「ハウ」と呼んでいるが、返礼を怠ると、ハウによって何か悪いことが

もたらされると信じている。それは死であることもあるという。そもそも、贈りものは「生命のない物ではない」とモースはいう。それは贈与者の一部であり、また、受贈者に対して影響力を持ちつづける (3)。受贈者は、返礼するまでは、「やられた」状態になっており、そしてもし返礼しなければ、「面子」を失うことになる (4)。

互酬には、二者間の直接的な限定交換と、多数者間の円環的な一般交換とがある。モースも、限定交換だけでなく、B・マリノフスキーが論じたクラ交易などをとりあげ、一般交換にも言及している。

クラ交易は、ニューギニアの東端の北および東にある多数の島々の諸部族間において広範に行われる、交換の一形式である。交換される贈りものはヴァイグアと呼ばれるが、それには、ソウラヴァと呼ばれる赤い貝の首飾りと、ムワリと呼ばれる白い貝の腕輪の二種類がある。首飾りが男性の性質を持ち、腕輪が女性の性質を持つとされる。首飾りが時計の針の方向に、腕輪がその逆方向に、多数の島々からなる閉じた環のなかで贈られていく (5)。

交換されるといっても、ヴァイグアは商品ではなく、贈りものである。マリノフスキーによれば、原住民にとってヴァイグアは、換金できる富、金目を含んだ装飾品ではなく、権力の道具でさえなく、それ自体このうえなくよいものである。ヴァイグアを所有することは、うれしいこと、心の安まること、ほっとすることなのである。また、自分に威厳をつけてくれ、自分の存在を高めてくれもするという (6)。

マリノフスキーはクラ交易の効果について、こうも述べている。

　　諸部族間の大きな関係があって、広大な地域と多くの人々を、はっきりとした社会的なきずなで結びあわせ、義理のやりとりでしっかりとつなぎとめて、こまごました規則やしきたりを、調和のとれたやり方で守らせる。(7)

腕輪と首飾りの交換は、一度にではなく、一定の期間をおいて行われる。首飾りと腕輪のどちらを先に贈ってもよいが、手はじめの贈りものがヴァガ、返礼の贈りものがヨティレと呼ばれる。また、たとえ手はじめの贈りものが期待を下回る場合でも、受贈者はその返礼としての贈りものを値切ろうとはしない。それは

売買ではないからである (8)。

ただしそこには常に、最も気前のよい贈与者になろうとする激しい競争がある。また、自分が与えたより少ないお返しを受けとった者は、自分の気前のよさを自慢し、相手のケチさかげんと比較しようとする。相手は怒るが、実際に口論になることはない。相手から甘い汁を吸う傾向のないことを理解するのがぜひとも必要であると、マリノフスキーは述べている (9)。

労働者自主生産も、互酬を基本としている限り、贈与が宿すこうした性向から解放されているわけではない。労働者自主生産において互酬が成立しているのは、そこで働く皆が、贈与の義務、受領の義務、返礼の義務を尊重しているからでもあろう。ただし、義務といっても、強制というわけではない。贈与には同時に、名誉、誇り、快楽といったものも存在している。自主生産を行っている労働者においても、これらを持ち合わせているが、時にこれらが、自らの気前のよさの自慢となってあらわれてしまうこともありえる。

また、労働者自主生産事業体は一般の企業に比べ、公共空間がより広範囲に存在し、労働者がより自らの信頼によって自らの行為の自由を広げている。したがってその分、広く、そこでは、信頼なり不信なりを示す者に過大な負担がかかる。それは、贈与の義務、受領の義務、返礼の義務を増幅させることもある。それは、協力関係をより活発にしていく一方で、破綻させてしまう危険性をも孕んでいる。助け合っているからこそ、信頼関係が増していく。それがまたよりいっそうの協力関係へとつながっていく。それにともない、相手への期待も高まっていく。今日においてもなお、贈りものには何かしらの霊的な力が宿っているのだろう。しかし、それが高じていくと、互いに自己搾取を行ってまで助け合うといった状態に陥りかねない。逆に、期待通りにならないと、信頼が不信へと転化してしまうこともありうる。そうなれば、協力関係に支障をきたすことにもなりかねない。

日本では労働者自主生産が極度に低い労働条件のもとでも、きわめて長期にわたって行われる傾向にあるのは、このこととも大きく関連しているといえるだろう。つまり、それだけ互酬が活発になりうるということだが、それには直接的にでないにしろ、家産制的な伝統、そのもとでの本源的扶養への恭順の態度といったものも少なからず作用していると考えられる。期待通りにならないと、信頼が不信へと転化してしまうこともありうるが、極力そうならないよう互いに気を遣

い、自己搾取を行ってまで助け合うようにさえなる。これは恭順の態度のひとつのあらわれといってもよいだろう。こうした事態を防ぐ上でも、自由な討議、多様性の尊重、外部の労働組合による支援・監督は欠かせないだろう。

（3）贈与の攻撃性

モースによれば、与えること、受けとることを拒むのは、結びつきと交わりを拒むことであり、戦いを宣言するに等しいという (10)。また、返礼のない贈与は、それを受け取った者を貶めるという (11)。贈与の攻撃性、競覇性について、モースはこうも述べている。

　与えることが示すのは、それを行う者が優越しており、より上位でより高い権威者（magister）であるということである。つまり、受け取って何のお返しもしないこと、もしくは受け取ったよりも多くのお返しをしないことが示すのは、従属することであり、被保護者や召使いになることであり、地位が低くなること、より下の方に落ちることなのである（従僕 minister）。(12)

F・ボアズによって有名になった、北米北西沿岸地域の一部のインディアン部族に見られるポトラッチという競覇型の贈与体系は、まさにこのことと関連していよう。ポトラッチは、自らの権威を保ち、高めるために、膨大な食物や財物を気前よく相手に贈与する行為である。そこでは、互いにその気前のよさを誇示することによって、自らの権威を高めようとするあまり、贈与競争がエスカレートし、時として相手の目の前で、自分の貴重な財物を破壊したり、家屋を焼却したり、奴隷を殺害するにまで至るという (13)。一方、G・バタイユはポトラッチを、余剰を蕩尽するためのしくみとして位置づけてもいる。富を吐き出させることで、争いを防ぎ、共同体の秩序を維持するというのである (14)。

相手が嫌がるものを贈るのも、攻撃的な贈与である。知っていてあえて行うこともあれば、そうとは知らずに行ってしまうこともあるだろう。どちらにしても、相手はそれを、嬉しそうなフリをして受け取るかもしれない。あるいは、嫌々受け取るかもしれない。そして、相手はその返礼（お返し）として、贈与者の喜ぶものを贈るかもしれない。あるいは、贈与者の嫌がるものを贈るかもしれない。

もちろん、相手は最初から受け取るのを拒否することもあるだろう。受け取りはするが、返礼しないこともあるだろう。いずれにしても、こうした贈与の存在が、そこにある、攻撃性、競覇性、駆け引き、計算、誤解なども含めて、人々に互酬への嫌悪感を抱かせる一因ともなっている (15)。

労働者自主生産も、互酬を基本としている限り、贈与が宿すこうした性向からも解放されているわけではない。相手への信頼が不信へと変わり、時としてそれがさらに、攻撃性、競覇性を表出させるまでになりうる。そうなれば、協力関係に支障をきたすどころか、場合によっては、労働者自主生産の存続さえ危うくなる。

第4章で見たように、城北食品では、労働者自主生産開始当初、社員たちの間で、信頼関係、協力関係が上手く築けなかった。口論なども絶えなかった。ネセシティの問題を多分に抱えていたことが、衝突を激化させてもいた。それは、先に見た贈与の性向に負うところも少なくないだろう。しかし、不十分なものではあっても、なんとか皆での自由な討議を重ねることにより、それを克服している。自由な討議を通じて、互いを理解し、学び合うことができるようになり、そしてそれを通じて、信頼関係、協力関係を構築するに至っている。困難ななかにあっても、自由な討議を続け、公共空間を維持していたからこその結果であろう。

（4）無償の贈与

モースは、贈与には返礼義務がともなうというが、その後の文化人類学の成果からは、返礼義務のない贈与の存在も次々と明らかにされている。例えば吉岡政徳によれば、メラネシアの北部ラガ社会では、贈与には、返礼の必要な贈与、返礼の期待される贈与、そして、返礼の必要のない贈与という三種類の贈与形態があるという。返礼の必要のない贈与はタベアナと呼ばれ、受贈者はその贈与に対して「ありがとう」とお礼を述べるだけでよいという (16)。

これに対し伊藤幹治は、「ありがとう」というお礼の言葉は表出的な財であるから、タベアナは、返礼の必要のない贈与とするより、感謝の言葉で返礼される贈与とする方がよいとして、こうつづけている。

　吉岡がタベアナをお返しの必要のない贈与と規定したのは、おそらく彼がモノとモノのやりとりを交換の基本と考えたからであろう。(17)

どのような形であれ、返礼が義務づけられているのなら、返礼しなければ、贈与者に従属するしかないのなら、それは贈与と呼べるのだろうか。M・ブランショはこのことに関して次のように述べている。

　贈与を受ける者が、贈与者に対していっそうの権力あるいは威光を返礼として与えることを義務づけられる、そうした贈与の形態がある。しかしこの場合、決して与えたことにはならない。贈与とは投げ出すこと、放棄であり、投げ出された存在をただ喪失に委ね、返礼の期待も収支の計算もせず、与える者の存在を守ることすら考えないものである。そこから沈黙の放棄のうちにある無限への要請が生まれる。**(18)**

　贈与者は感謝の言葉さえ求めない。それどころか、報われない、認められない、時には自己犠牲をともなうにもかかわらず、それを承知で、それを望んで贈与する。これこそが贈与なのだろうか。

　贈与には受贈者、さらには第三者に知られないように、密かに行われるものがある。いわゆる陰徳である。例えば、江戸時代の豪商たちは陰徳善行の精神文化を有していた。そして実際に、密かに困窮者を救済していたという **(19)**。陰徳を高く評価する風潮は、現在に至っても存在している。

　J・デリダはさらに、贈与は白日にさらされてもいけないという。贈与は、贈与者および受贈者において、認知されたり、意識されてはならない。贈与は、知られたい、認められたいといった計算をはじめたとたん、商取引に飲み込まれてしまうと同時に、贈与の対象を抹殺してしまう。デリダは対象の抹殺を避けるためには、もうひとつ別の対象を抹殺しなければならないとして、こうつづけている。

　すなわち、贈与において、与えるということだけ、与えるという行為や意図だけを保持し、与えられたものは保持しないということである。与えられたものは結局のところ重要ではないのだから。知ることなく、知られたり認められたりすることもなく、謝礼もなしに与えなければならないだろう。何もなしに、少なくとも対象はなしに。**(20)**

贈与が白日にさらされてしまうと、贈与者は見返りを求めるようになり、また、受贈者は返礼を意識するようになる。それでは贈与にならない。贈与が成立するためには、贈与者は、与えるという行為や意図があっても、気づかないまま与えていなければならないし、後日、それに気づいてもならない。同時に、受贈者も気づかないまま与えられていなければならないし、後日、それに気づいてもならない[21]。

「究極的には、贈与としての贈与は贈与として現れてはならない。贈与する者にも、贈与される者にも」[22]、と述べているように、デリダによれば、贈与は贈与として現前してはならず、その限りで、贈与となりうる。それは果たして、贈与なのだろうか。

労働者自主生産においても、互酬を基本としていることから、タベアナのような贈与や陰徳は日々あることだろう。デリダがいうような贈与も、知ることも、知られることもないだけで、実際にはかなり行われているにちがいない。ただ、ブランショがいうような贈与は、そう行われていないのではないか。そもそもそれは、日常生活にあっても同様だろう。何も労働者自主生産に限ったことではない。しかしいずれにせよ、日常生活、そして労働者自主生産における贈与は、打算のみで行われているわけではない。このことは、本書で取り上げた3社の事例からもうかがえよう。

第2節　個人的所有の再建と新しい市民社会

（1）方向性

現在、支配的なヘゲモニーが不在の混迷期にある。第2章で述べたように、多くの労働者はルンペン化している。市民としての自立性を失い、受扶的存在と化している。労働組合、特に企業内労働組合の多くも、労働者の盾となるはずが、逆に、企業に加担し、労働強化、給与削減、リストラ等、何でも受け入れてしまっている。それどころか、それに抗しようとする動きを阻止することさえある。

現状を打破するには、人格的関係の「密輸入」を許していた、かつての〈従業員民主主義体制〉を再建するのではなく、非人格的労働力という「外なるモノ」の交易への「昇華」に最も成功していた、欧米中枢世界において支配的であった、

〈産業民主主義体制〉を構築するというのもひとつの道である。あるいは、それを突き抜け、つまり、そこにある労働力と人格の分裂というフィクションを打破して、人類史において常にそうであったように、労働という人格的行為に立脚して、自然な欲望充足の立場に立つという道もある。前者を「狭い友愛主義」、後者を「広い友愛主義」と呼ぶことにしているが、後者へ向かうにしても、ひとまずは、前者のプロセスを経るという手段もある **(23)**。

　もっとも、〈従業員民主主義体制〉が腐朽化の果てに崩壊したことを鑑みれば、それと類似する〈産業民主主義体制〉を構築するというのは、もはや難しいだろう。大地は腐ったものによって肥えているはずである。ならば、直接その大地に広い友愛主義という新しい種を蒔き、育てていくという手段もあるだろう。すでに、部分的にではあるが、新しい種が蒔かれ、芽が出てきてもいる。狭い友愛主義、広い友愛主義のどちらに向かうにせよ、大地を懸命に耕していくことが大切である **(24)**。

　広い友愛主義は、経済形態としては互酬、さらには惜しみなき贈与を、所有形態としては個人的所有を基盤にしている。個人的所有とは、資本の後得形態である事実上の共同生産に基づき（つまり、もうすでに存在している生産の形態を前提に）、排他的所有ではなく、共同体の一員であることに媒介された所有である（あなたのものであるから、私のもの。私のものであるから、あなたのものである）。だからこそ、労働を通じて「われわれ」を、アーレントのいう権力を、そしてそこにおいて互酬を形成することができるのである。広い友愛主義は、現代の単一の市民社会に代わる、新しい市民社会において実現するのだろうか。そこは、誰もがリアルに市民となっている社会なのだろうか。個人的所有が最も隠されていなかったのが、近代の複層的市民社会である。とすると、そこに何らかの契機が見いだせるのだろうか。

　労働者自主生産は現状では、対抗的ヘゲモニーであり、しかもその事業体数、労働者数とも少ないことからすれば、特殊な事例であることに相違ない。しかしそれでも、前章で述べたように、わずかではあるが、資本のヘゲモニーに風穴を開けることができていると考えられる。支配的なヘゲモニーが不在の現在、そこから垣間見える世界はこれまでと同一ではないだろう。そこには、労働者自主生産を通してしか見えないものがあるに違いない。労働者自主生産にはまったく可

能性がないのか。もしあるとすれば、それは労働者の自己解放のプロセスとして社会変革の最も基本的な戦略となっているのか、あるいはなりえるのか、そうではなく、多元的な経済・社会システムを可能とする第三の道となっているのか、あるいはなりえるのか、以下ではこれらのことを中心に論じている。

（2）方策

労働者自主生産は現状では、対抗的ヘゲモニーであり、しかもその事業体数、労働者数とも少ないことからすれば、特殊な事例である。今後、増加していく兆候もあまり見られない。したがって、労働者の自己解放のプロセスとして社会変革の最も基本的な戦略となっている、あるいはなりえるとまでは言えないだろう。しかし曲がりなりにも、対抗的ヘゲモニーとして存在しており、しかも、わずかではあるが、資本のヘゲモニーに風穴を開けていることからすれば、多元的な経済・社会システムを可能とする第三の道となっている、あるいはなりえるとは言えるだろう。現在、支配的なヘゲモニーが不在であることからしても、もはや対抗的ヘゲモニーのみに留まっているのではなく、多元的な経済・社会システムを可能とする第三の道となっている、あるいはなりえることがうかがえよう。

もっとも、労働者自主生産を広義にとらえても、狭義にとらえるならなお更、その存在は少数派であり、またそうありつづけることになるだろう。一方、それぞれ形態等によって違いはあるものの、意思決定プロセス、マネジメント、リーダーシップ等において、何らかの形で労働者自主生産的な運営をとりいれている事業体ならば、現にそれなりの勢力になっている。そこでは、システムのなかに留まっていながらも、限定的にではあるが、人々は自由な行為主体となっている。公共空間をつくりだしている。それは、NPO（非営利組織）、NGO（非政府組織）、コミュニティだけでなく、一般の企業にあってもである。

一般の企業だけでなく、NPO、NGO、コミュニティ (25)、さらには労働者自主生産事業体にしても、基本的にはシステムである。それぞれに内在している公共空間もシステム化を免れているわけではない。システムの存在しない世界などありえない。システムは強力であり、より安定的であり、またもちろん、公共的でありうる。ただし、その当事者は行為主体ではなくなる。

前章で述べたように、システムにあっても、人々は抗議運動等を通じ、不信を

表明することで、さらには要求を突きつけることで、行為主体になることができる。公共空間をつくりだすことができる。そのシステムを破壊することができる。もちろん、抵抗することがすべてではない。環境の複雑性が増し、それに対処すべく、システムが脱中心化していくのにともない、人々はそこから離脱することなく、自らの信頼によって自らの行為の自由を広げていくことができる。システムのなかに留まっているため、限定的ではあるが、自由な行為主体となりえる。公共空間をつくりえる。

　これらのことは、企業システムにあっても同様である (26)。企業は強靭であるが、何らかの抵抗は行えるはずである。その際、ひとりで実行するのが難しいなら、また、企業内労働組合も頼りにならないなら、個人加盟の労働組合に支援を求めることもできる。NPO、NGO、コミュニティのなかにも、頼れるところがある。いずれにせよ、労働者が何らかの抵抗を試み、そのなかで、公式、非公式を問わず、また不十分であっても、自由な討議を行うことで、行為主体になることができる。公共空間をつくりだすことができる。そのシステムを破壊することができる。もちろんここでも、抵抗することがすべてではない。環境の複雑性が増し、それに対処すべく、企業システムが脱中心化していくのにともない、労働者はそこから離脱することなく、自らの信頼によって自らの行為の自由を広げていくことができる。企業システムのなかに留まっているため、限定的ではあるが、自由な行為主体となりえる。公共空間をつくりえる。ここに例えば、企業システムにあっても、前述のラーニング・リーダーシップを含め、何らかの民主的なリーダーシップを発揮しうる余地が生じてくる。

　公共空間を通じて、社会のさまざまなシステムに妥協・調整を促すといったことも、現に行われている。その必要性も高まっていると考えられる。ここでいう妥協・調整とは、コーポラティズムを意味しているのではない。公共空間を、そしてそこでの討議（と結論）を通じて、妥協・調整を促すことである (27)。したがって、労働組合が公共空間を内包していれば、この役割を担えるはずである。現に全統一労働組合は、この役割を十分に果たしている。例えば第5章で見たように、ハイム化粧品において、雇用保険の失業給付が問題になった際、松戸地区労、自主生産ネットワークとともに、松戸のハローワークと交渉を行い、無事解決に導いている。

現に、こうしたさまざまな事業体および施策はそれぞれ、多元的な経済・社会システムを可能とする第三の道となっている。そこではそれぞれ、システムをベースにしながらも、公共空間を内包あるいは利用することができている。それは、不十分ではあっても何らかの形で、広い友愛主義を実現しえているということでもある。こうしたさまざまな事業体および施策を含む多元的な世界を、いささか時期尚早ではあるが、現に一定の規模で存在していることから、新しい市民社会と呼ぶこともできるだろう。

友愛（仏 amitié）はまちがいなく、新しいシステムを必要とする。しかしその新しいシステムのうちに、友愛は存在しない。システムは本来、友愛への関心があるわけではない。友愛はシステムから離脱した先の、公共空間における「真正の民主主義」としてのみ存在する。友愛がアンチヘゲモニーとして、あるいはさらにヘゲモニーの終焉として語られるゆえんである (28)。

第3節　新しい市民社会と多様性

（1）個人と市民社会の関係

それぞれの労働者自主生産事業体、労働組合、NPO、NGO、コミュニティ、そして（一般の）企業さえもが、それぞれ基本的にシステムでありながら、広範囲に公共空間を内包することで、近代の村、同職集団のように、市民社会を形成している。それが、現代市民社会に代わりうる、新しい市民社会のイメージである。それぞれの成員が、一定の職業、地域、関心、価値観、あるいは目的などのもと、相互に認知できる固有のシンボルを分有し、情報交換、問題解決といった相互扶助を行う市民社会である。諸個人はそれぞれの市民社会において何らかの役（役割）を担っているが、それが身分とむすびつくことはない。それぞれの市民社会の間に序列はない。皆、対等である。近代と異なり、それぞれの市民社会の垣根（城壁）は低く保たれている。そのため、市民社会の間での交流が活発で、いくつかの市民社会が連携している、あるいは部分的に重なり合っている場合もある。それぞれの市民社会の間においても、相互扶助を行っているのである (29)。

そのなかにあって、諸個人は複数の市民社会に所属し、それぞれの役を演じている。そこは、現代と異なり、労働において労働力と人格を分裂させない、第三

の道が開かれている社会である。労働がすべてでない社会である。誰もが、フィクションに基づくのでなく、リアルに市民となりえる社会である。確かに現代にあっては、フィクションとしてでも、労働力と人格を分裂させなければ、労働者は奴隷の状態から脱することができない。しかしそれにより形成される人格とは、いったい何なのだろうか (30)。

　そもそも日本語の人格は、英語で言えば「パーソン (person)」であり、このパーソンは、ラテン語の「ペルソナ (persona)」、つまり演劇に用いられる「仮面」から派生した語である (31)。人間は多かれ少なかれ、何らかの役を演じる存在であるということからして、人格の語源が演劇に用いられる仮面であるというのは、至極納得のいくところである。R・E・パークも、パーソンという語の第一の意味が仮面であるのは、おそらく、たんなる歴史的偶然ではないとしている (32)。

　それでも、仮面はやはり仮面でしかなく、「素顔」よりも劣るのだとする傾向があるが、これについてはどうなのだろうか。坂部恵は次のように述べている。

　　仮面が素顔の隠喩であると同等な資格において、素顔は（何らかの〈原型〉などではなく）仮面（マスク）の隠喩である。〔中略〕素顔は真実に、仮面は〈偽り〉ないしは〈絵空ごと〉により近い、と考えるのは、特定の文化的限定を受けた、一つの特殊な偏見以上のものではない。(33)

仮面か素顔かといった二者択一はナンセンスである。仮面は素顔でもあり、素顔は仮面でもある。われわれは常に、何かしらの役を演じている。そして、それぞれの役に合わせて、別々の仮面をつけている。とすると、仮面をはずした素顔なるものは存在しない。あるいは、それぞれの仮面をつけた顔が、どれも素顔ということになる (34)。

　役を演じる上で肝心なのは、役そのものになりきれない、なりきらないことである。機械でもないかぎり、役になりきることなどできるはずもないが、たとえできるとしても、それでは他者との区別がつかず、固有の人格が失われてしまう。また逆に、現代のように、はじめから労働に人格を持ち込まないというのでは、たとえ役を適切に演じられるとしても、その役は、そして人格も、空虚なものになってしまう。人格を隠すことなく、役を演じようとし、それでいて、役そのも

のになりきれない、なりきらないからこそ、他者とは異なる固有の人格が保てる、その人格が役から滲み出てくる、人格の陶冶が図れるのである**(35)**。

その点、新しい市民社会には大きな可能性があるといえよう。そこでは第三の道が開かれており、十分にではないにしても、労働者諸個人は労働という人格的行為に立脚して、労働者以外の諸個人もそれぞれの人格的行為に立脚して、自然な欲望充足の立場に立つことができる。そして、そうした諸個人は複数の市民社会に所属し、それぞれの役を演じることで、広く自らの能力、人格を形成することができる**(図9-1参照)**。

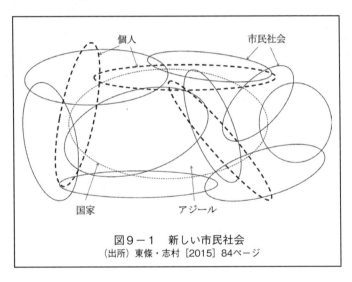

図9-1　新しい市民社会
(出所) 東條・志村 [2015] 84ページ

現代においても確かに、複数の役を演じるということはあるだろう。しかし、労働者が典型であるように、それが人格的行為に立脚していなければ、それを通じた人格陶冶もままならないだろう。これに対し、新しい市民社会にあっては、諸個人は人格的行為に立脚しうるからこそ、役を演じることが、自らの能力、人格の形成へとつながりうるのである。そうした諸個人が集う市民社会は、多様性（ダイバーシティ）に満ちているにちがいない。そして、皆が影響を与え合い、学び合い、助け合い、それが市民社会をより多様にする、といった連鎖がとめどなくつづいていくのである。そこでは、諸個人においても、またそれぞれの市民社会においても、多様性が育まれる。それは、寛容性、創造性の発揮へとつながっ

ていくことだろう **(36)**。

　しかも、新しい市民社会においては、ある市民社会に集う諸個人は、それぞれ別の複数の市民社会にも属しているため、皆がどこかに、いわば異人的な側面を有している。したがって、複数の市民社会に跨るそれぞれのネットワークを活かして、それぞれ独自の贈与が行えるはずである。新しい市民社会にあっては、それぞれの市民社会が、そして諸個人が、互いに贈与する／贈与されることによって、物質的にも精神的にも豊かになれるにちがいない **(37)**。

　これまで見てきたように、事例の３社の労働者も、それぞれの企業の社員であるだけでなく、全統一労働組合（ハイム化粧品では、加えて JEC）の組合員ともなっている。労働組合では、会議、集会、イベント、レクリエーション等を通じて、企業を異にする多くの組合員との交流も図っている。組合員として他社の労働争議に参加することもある。また、自主生産ネットワークが開催する研究会、イベント等を通じても、他社の社員との交流を図っている。自主生産ネットワークに加盟する他社との間では、仕事においても協力関係を築いている。全統一労働組合、自主生産ネットワークに加入していることで、自社に閉じこもることなく、世界を広げることができているのである。

　第５章で見たように、ハイム化粧品は、労働者自主生産、自主再建を成し遂げた当時、全統一労働組合、JEC、松戸地区労等の支援に対する感謝の気持ちと、お返しをしていきたいという意向を示している。ハイム化粧品の社員、特に労働者自主生産、自主再建をともに成し遂げてきた社員が、組合活動、地域貢献等に積極的なのは、今日に至ってもなお、その感謝の気持ちとお返しをしていきたいという意向を忘れずにいるからでもあるのだろう。それがまた、自分たちの世界を広げることにもつながっている。互酬は世界を広げもするのである。

（2）ダイバーシティ・アンド・インクルージョン

　多様性を促進するにはまず、ステレオタイプの弊害から脱却できなければならない。ステレオタイプが根強い組織においては、ステレオタイプに同化しようとする力が強く作用し、行動スタイルの矮小化や変革を阻む風土が醸成されやすくなるなど、組織への悪影響も指摘されている **(38)**。

　ステレオタイプの形成につながる印象は、現在および過去における、その集団

の人々と直接会った経験、人気のメディアが流すイメージ、文化的規範、局部的事実を含んだ、社会的・文化的・政治的な影響が、折り重なって形成されている(39)。これに対しM・モア・バラクは、ステレオタイプ化の弊害を避けるためには、個人を覆う文化がその個人自身と相違するということに注意するべきであるとしている(40)。

　個人およびそれぞれの文化は、影響を及ぼし合い、そのことで互いに変化している。それは、より広いレベルの文化にも共通していえることである。国家レベル、さらには世界レベルの文化も、相互作用を通じて、常に変化しているのである(図9－2参照)。

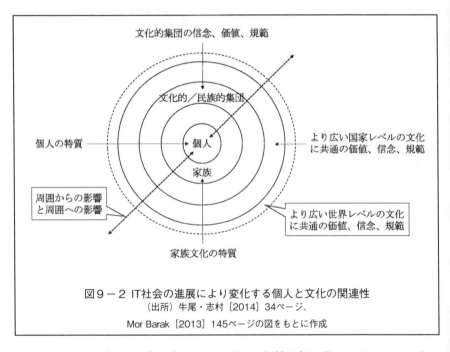

図9－2 IT社会の進展により変化する個人と文化の関連性
(出所) 牛尾・志村［2014］34ページ、
Mor Barak［2013］145ページの図をもとに作成

　ステレオタイプへの同化を強い、それぞれの個性を押し殺し、ましてや、人々を序列化し、誰かを差別、排除することでしか維持できないような組織は、民主的ではありえない。そこに自由は存在しない。誰も自由な行為主体とはなりえない。組織はますますシステム化し、閉鎖的となる。その行きつく先が独裁とルンペン化である。システムとしての企業は根本的に、序列、差別、排除によって成

り立っている。労働組合が機能しなくなり、さらには企業に加担するようになれば、それに拍車がかかるのは必至である。

システムのなかにあっても、ステレオタイプの弊害から脱却できないわけではない。アメリカでは、ダイバーシティ推進関連のさまざまな施策が講じられ、大きな成果をあげている。だが、それでもまだ不十分であるとのことで、インクルージョン（受容）が必要との認識が広がっている。ダイバーシティという名称にインクルージョンを取り入れ、「ダイバーシティ・アンド・インクルージョン」と呼ぶようになり、また最近では、インクルージョンが先であるとして、「インクルージョン・アンド・ダイバーシティ」と呼ぶ例も出ている [41]。

インクルージョンを促進するには、マイノリティをマジョリティに同化させるのではなく、皆が、マイノリティそれぞれの違いを理解し、認め、公正に評価する必要がある。例えば、第7章で取り上げたラーニング・リーダーシップは、こうしたインクルージョンを促進する上で非常に効果的である。ラーニング・リーダーシップは多様性を活かすリーダーシップであり、そのもとでは、リーダー、フォロワーを問わず、多様な諸個人が、互いを差別することなく、むしろ尊重し合いながら、教え合い、学び合い、助け合い、ともに歩んでいくことができる。それにより、企業システムのなかにあっても、限定的ではあるが、労働者は自由な行為主体となりえている。システムから解き放たれ、権力による自由へと向かっているとも言えるだろう。

第7章で確認したように、事例の3社における個々人のリーダーシップからも、以上の特徴が、十分でなかったり、個人差があったりするものの、共通してうかがえる。現在の労働者自主生産は多様性の尊重の上に成り立っている。それが、長期に渡って労働者自主生産を維持していくひとつの秘訣でもある。労働者自主生産においては、全員参加が基本である。人々を序列化したり、誰かを差別したり、排除したりはしない。それぞれの個性を押し殺したりはしない。十分にではないにしても、すべての労働者が自由な行為主体となって、皆で討議し、意思決定を行っている。平等主義のもと、互いの個性を尊重し合いながら、学び合い、助け合っている。

学び合い、助け合いは、社内にとどまらず、全統一労働組合、自主生産ネットワークなどとの間でもなされている。それにより各労働者は、社内に閉じこもる

ことなく、より広いレベルの集団およびその文化と接し、影響を及ぼし合っている。全統一労働組合は、外国人労働者分会を結成しており、また、移住連とも連携を図っていることから、世界中とつながることもできる。各労働者はこれらのルートを通じて、それぞれの個性を伸ばしてもいる。労働組合が多様性を尊重し、オープンであるからこそ、可能となることであると言えよう。新しい市民社会において労働組合は、組合員をより広い世界へと導く役割をも担うことになろう。

　もっとも、集団が大きくなるにつれて、個人はそのなかに埋没していく傾向にある。そうなれば、個人のステレオタイプ化、組織のシステム化はより進行していくだろう。しかし現在、ITの発達がそれに変化をもたらしている。確かに、溢れる情報のなかではなお更、個人が埋没してしまうこともあるが、逆に、個人の発するメッセージがより多くの人々に伝わり、影響を与えるようにもなっている。それは、個々人の多様性を促進し、それに応じて相互の影響力をさらに拡大していく可能性を秘めている。

第4節　贈与の双方向性

（1）贈与と責任

　新しい市民社会にあっては、程度の差こそあれ、それぞれの市民社会の間でも、また諸個人の間でも、相互扶助が、つまり互酬が行われる。いつの世も、人は他者と心を通わせるために何かを贈与し合っている。広くとらえれば、贈与にはさまざまな形がある。物でなく、心のこともあるだろう。というより、何であれ、究極的には心なのである。自分のあり方、語ること、なすことなども、他者に何らかの影響を与えているのであれば、それは贈与なのである **(42)**。

　よく見れば、贈与は、贈与する者（A）の一方向的な行為ではない。贈与される者（B）が何らかの形でそれを受け入れるからこそ、成立するものである。つまり、そのことによって、贈与される者（B）も、贈与する者（A）に贈与しているのであり、贈与する者（A）も、贈与される者（B）からの贈与を受け入れているのである。逆説的に聞こえるかもしれないが、贈与とは、互いが贈与する／贈与されることによってはじめて成立する、双方向的な行為なのである **(43)**。

　モースは、贈与には返礼義務が伴うという。ただし先に見たように、義務より

も強制力の低いケースがあることを鑑みれば、責任という言葉の方がむしろ適切であろう。また、返礼責任は贈与に応答するという意味で、応答責任といいかえても差し支えないだろう。贈与を受け入れることにより発生する返礼責任（応答責任）については、先に述べた図式に当てはめて考えることができる。つまり、贈与される者（B）は、贈与する者（A）からの贈与に対して、返礼責任が発生する。また、贈与する者（A）は、贈与される者（B）からの贈与に対して、返礼責任が発生する (44)。

　見落とされがちであるが、あるいは意図的に歪曲して使われることもあるが、贈与には、返礼責任だけでなく、その贈与自体に対する責任、つまり自己責任も発生すると考えられる。このことを先に述べた図式に当てはめて考えると、次のようになる。贈与する者（A）は、自分が行う贈与に対して、自己責任が発生する。また、贈与される者（B）は、自分が行う贈与に対して、自己責任が発生する (45)。

　もちろん、以上の考え方も共同主観的なものであるが、現在に至るまで、程度の差こそあれ、それを是とする価値観が存在してきたというのも事実である。先に見たように、贈与には、はじめから計算ずくで、何らかの見返りを期待して行うものもある。贈与に伴う返礼責任が、時として、こうした打算を生んでしまうのだろう。また贈与には、攻撃的、競覇的なものもある。先に紹介したポトラッチという贈与体系は、その典型だろう。贈与は本来、温かく、誇り高い行為である。と同時に、またそれがために、攻撃性、競覇性を秘めている。贈与に伴う返礼責任が、時として、それを表出させてしまうのだろう (46)。

　労働者自主生産は、全員参加による討議と意思決定、そして互酬をその組織運営の基盤にしている。したがって、各労働者はこうした双方向の贈与を行い、それに付随する責任を負うこととなる。それは各労働者にとって過大な負担となりかねない。また時として、攻撃性、競覇性の表出をもたらすこととなる。つまりそこでは、各労働者は互いに双方向の贈与を行い、それに付随する責任を果たすなかで、相手への期待も高まっていく。その期待に応えようとすれば、勢い贈与競争となってしまうことがある。それは互いに自己搾取をエスカレートさせていくことにもなりうる。逆に、その期待を裏切れば、相手から不信を抱かれ、場合によっては、何らかの攻撃を受けることにもなりかねない。

（2）利己主義の超克

　デリダによれば、贈与は、贈与する者にも、贈与される者にも、贈与として現前してはならない。その一方で、「贈与とは友愛を与えるものであり、あらゆる仲間意識を越えて友愛が存在するために必要なものである」(47)、と述べている。自らの贈与について、気づくことも、気づかれることもないが、友愛は生じているというのであろうか。

　そしてデリダは、友愛の核心には責任と尊敬の共 - 含意があるとしている。ラテン語族の言語体系においては、尊敬は、隔たり、空間、眼差し、また、責任は、時間、声、聴取を意味している。視線のない、空間化の距離のない尊敬はない。また、応答のない、耳に話すことのない、時間をとることのない責任はない。友愛は、他者とのこの距離、この敬意に由来するのである (48)。

　ところでデリダは、責任を応答可能性という原義から考察している。自己責任の存在も認めているが、基本は応答責任である。誰かの訴え、声、声なき声、表情、眼差し、そうした呼びかけに対して応答することは、自らに課せられた応答責任である。その誰かは、最も貧しい者かもしれない。最も不幸な者かもしれない。あるいは、敵かもしれない。そうした他者の声を聴かずして、そしてその者を友とせずして、何の友愛であろうか (49)。

　呼びかけを聴けば、それに応答しようとする。しかし、実際に応答し、それに気づいてしまえば、あるいは気づかれてしまえば、どうなるのか。誰かの呼びかけ、それに対する応答はともに、ある種の贈与だということもできる。だとしたらそれは、デリダのいう贈与とはならないのではないか。だとしたらそこからは、友愛は生まれないのではないか。もし呼びかけを聴いた者が、自ら気づくことなく応答していたとしても、それでは終わらないだろう。応答は、自ら意識しながら応答した時に、あるいはすでに応答したことに気づいた時に、終わるのである (50)。

　デリダのいう贈与は、知ることも、知られることもないだけで、実際にはかなり行われているにちがいない。われわれは一人で生きているわけではない。今、こうして生きているのは、誰かのおかげである。気づいていないだけで、多くの人たちから何かを与えられてきたはずである。また、自らも多くの人たちに何かを与えてきたはずである。何かのきっかけで、それに気づいてしまうこともある。

デリダにしたがえば、その時点で贈与は贈与でなくなってしまう。気づいてしまえば、贈与者は見返りを求めるようになり、また、受贈者は返礼を意識するようになる。そうなれば、贈与の純粋性が失われてしまうということなのだろう **(51)**。

贈与は本来、温かく、誇り高い行為である。しかし、あるいはだからこそ、受贈者が返礼したくなるのも、また、贈与者が返礼を期待するのも、ともに素直な感情だといえる。確かに、デリダがいうように、贈与は、知られたい、認められたいといった計算をはじめたとたん、商取引に飲み込まれてしまうおそれはある。また時として、攻撃的、競覇的な贈与へと変質してしまうこともあるだろう **(52)**。

しかし、そうなってしまうのは多分に、贈与の双方向性を見落としているからだといえるだろう。先に述べたように、贈与は、贈与する者（A）の一方向的な行為ではない。贈与される者（B）は何らかの形でそれを受け入れている、つまり、そのことによって、贈与される者（B）も、贈与する者（A）に贈与しているのである。贈与する者（A）がこのことを理解できれば、贈与される者（B）に対して、受け入れてくれたことへの感謝、そして返礼責任への意識が生じることだろう。そしてそれを実践すれば、人間関係をより良好にすることができるはずである **(53)**。

ただし、縁起思想の語る通り、どのような場合でも、状況との関係でしか自分の行動というものはありえない。このことは、贈与においても同様である。したがって、それに対しいたずらに特定の誰かの責任を追及するようになっては、ものごとを見誤り、信頼関係、協力関係を損ねる恐れがある。

贈与の純粋性は利他性を追求するものでもあるのだろうが、視点をかえれば、利他的か利己的かといったとらえ方はものごとの一面しか見ていないといえる。より広く見れば、利他的か利己的かといった二者択一は不可能である。利他的に見える行為のなかにも、何かしら利己的な側面がある。その行為によって、少なくとも自分の心もある程度満たされるのなら、そこには利己的な側面がないとはいえないだろう。逆に、利己的に見える行為のなかにも、何かしら利他的な側面がある。その行為によって、受贈者、さらには第三者が何らかの恩恵を受けるのなら、そこには利他的な側面がないとはいえないだろう **(54)**。

行為の結果ではなく、動機が問題だとする主張もあるが、それについても利他的か利己的かの二者択一で区別できるものではないだろう。利他的な動機だと認

識していたとしても、そこには利己的な動機がまったくないと言い切れるのか。逆に、利己的な動機だと認識していたとしても、そこには利他的な動機がまったくないと言い切れるのか。また、利他的な動機だと認識していたとしても、無意識においては必ずしもそうでないこともある。逆に、利己的な動機だと認識していたとしても、無意識においては必ずしもそうでないこともある。人間は意識ではなく、無意識によって支配されている **(55)**。その思考や行動は無意識に突き動かされている部分が大きい。

　資本は自我をいわば専制君主にしたててきた。確かに、自我の存在しない状況を想定することは困難である。それはある種の精神病の状況である。しかし仏説によれば、我執はあらゆる苦の源泉である。いずれにせよ究極的には、自己は他者がもたらしてくれる贈りものである。このことからしても、自己はそもそも開かれた存在である。利己的な側面だけで存在しえるはずがない。

　純粋性、利他性を追求するあまり、デリダのいう贈与に拘ることはない。呼びかけを聴いたなら、素直に応答するがよい。それこそが友愛である。その呼びかけは、最後の少数者、つまり最も不幸な者からのものであるかもしれない。しかし、その声を聴かずして、それに応答せずして、そして、その者とともに、システム、ヘゲモニーの彼岸へ行かずして、何の友愛であろうか **(56)**。

　労働者自主生産を行っている労働者ももちろん、聖俗併せ持っている。純粋性、利他性のみで相互扶助を行っているわけではない。このことも、時として、攻撃性、競覇性を表出させるひとつの要因となっているのだろう。しかし、少なくとも事例の３社においては、それぞれの社員は、攻撃性、競覇性を表出させることはほとんどなくなっている。それは、意識していないかもしれないが、皆が状況との関係を慮り、贈与の双方向性を尊重しているからでもあろう。またそのなかで、学び合い、互いを理解しようと努めているからでもあろう。そしてこれらを通じて、いたずらに特定の誰かの責任を追及するようなことはしていないからでもあろう。

　多様性の尊重は、贈与と責任の過剰がもたらす弊害を防ぎもする。聖俗併せ持つとしても、贈与をなす温かさ、誇り高さは、自分のなかだけで閉じてはいない。多くは、たとえ僅かではあっても、相手に温かさを感じ、誇りを抱いてもいるからこそ、贈与を行うのである。その心情は相手の個性の尊重、つまりは多様性の

尊重と通じているはずである。相手への理解が深まれば、負担となるような過度な贈与を行うことも、贈与に対する過度な責任を期待することもなくなるだろう。温かく、誇り高い贈与とは、そうしたものであるに違いない。そこでは、贈与は利他的か利己的かの二者択一を超越しているとも言えるだろう。

第5節　贈与と友愛

（1）惜しみなき贈与

　新しい市民社会は、それぞれの市民社会の間で、また諸個人の間で行われる、相互扶助、つまり互酬を基盤とする。ただしそれは、市場、再分配を否定するものではない。財の取引を効率的に行うにも、利益を獲得するにも、市場は必要である。また、公共事業を行うにも、格差を是正するにも、再分配は必要である。しかしだからといって、市場、再分配の肥大化を招いてはならない。個人的所有はそれを食いとめる機能をも果たせるはずである。また、フォーマルな経済には、サブスタンシャルな経済が地下水脈として埋め込まれている。それは、市場、そして再分配においてもである。そのことを喚起できれば、市場、再分配のあり方も変わっていくことだろう [57]。

　そこでは、労働者は労働という人格的行為に立脚して、労働者以外もそれぞれの人格的行為に立脚して、自然な欲望充足の立場に立てるだろう。労働力と人格の分裂というフィクションから解き放たれ、誰もがリアルな市民となりうる、第三の道が開かれている社会。そこにはきっと、友がいるはずである。友はそこにいる、もう到来しているといってもよいほどである。あとは、友の声に聴き従うことができるかだけである [58]。

　そこにはまた、敵もいるかもしれない。その敵に対しても、惜しみなく贈与する。デリダも、それは仲間意識を越えて友愛が存在するために不可欠なことであるとしている [59]。仲間意識で凝り固まっていては、多様性が、そのもととなる諸個人の個性、固有の人格が否定されてしまう。そこに待ち受けるのは、不寛容で閉鎖的な社会である。それぞれの市民社会は高い城壁で覆われ、そのなかで諸個人は固有の人格を隠さざるをえなくなるだろう。そこあるのは、友愛（仏 amitié）で

はなく、兄弟愛（仏 fraternité）でしかない。

　一般的に、fraternité も友愛と訳されることが多い **(60)**。ただし、それは兄弟間にとどまるものである。一方、amitié はそれを超越している。デリダは fraternité ではなく、amitié を用いることで、友愛の対象を敵にまで広げている。敵は兄弟愛を越え出るための、かけがえのない友なのである。この意味で、敵は独異性と同義ともいえるだろう。あとは、敵に対して惜しみなく贈与することができるか、敵を友として受け入れることができるかだけである。

　かつての共同体および近代市民社会は、兄弟愛に基づいた仲間意識によって支えられていた。第２章で述べたように、近代の同職集団にあっては、職人たちの自己意識は、第一次的には自らの仕事場に形成されながら、広範な「渡り」を可能とする、一定地域内の職業によって結びついた者としての仲間意識であった。しかしそれを越え出なければ、新しい市民社会は到来しない。そこでは、兄弟愛ではなく友愛を、仲間ではなく敵をも含む友を必要としている **(61)**。

　これまで見てきたように、全統一労働組合、なかでも鳥井氏の活動も、友愛にのっとっている。しかも、仲間意識を越え出ている。だからこそ、自らの不利益、自社の経営危機などに直面して駆け込んでくる、見ず知らずのどのような労働者からの困難な呼びかけであっても、それに身を粉にして応えることができている。これこそ、惜しみなき贈与ではないか。他社の倒産争議、自主生産争議に手弁当で駆けつける全統一労働組合の組合員の活動も、友愛にのっとった、惜しみなき贈与といえよう。呼びかけに聴き従うことは、応答責任を果たすことでもある。つまり、友愛は応答責任の基底をなしてもいるのである。

　同時に、全統一労働組合は常に、労働者自主生産を支援するにあたり、組合員およびその所属企業に対し一定の緊張関係を確保するよう努めている。それにより、企業の外に位置する権力となることで、外部からの監督機能という役割をまっとうしている。そこには、馴れ合いの仲間意識はほとんど存在しない。それが時に、馴れ合いを求めるような組合員からは、敵対的と映るやもしれないが、友愛にのっとっていることにかわりない。組合員およびその所属企業に対し一定の緊張関係を確保するのはまた、統制するようなことを避け、それぞれの主体性を重んじるがためでもある。何度も述べているように、労働者自主生産においては、各労働者の主体性が不可欠である。すべては労働者自主生産を支援するがためのことで

ある。

　先に見たように、ビッグビートの石上隆弘氏も、仲間意識を大切にしているが、ただそれにより閉鎖的にならないよう、馴れ合いに陥いらないよう、自らを戒めている。コンフリクトを恐れず、言うべきことは言っている。またビッグビートは、いわば敵であるはずの、地域の同業他社との間で、コミュニティを形成し、共同でイベント、キャンペーンを企画、実行するなど、相互扶助をはかっている。城北食品でも、社員間で仲良くするよう心がけているが、会議などでは各人が自分の意見をしっかり出すよう努めている。ハイム化粧品でも、これまで仲良しグループでやっていたところに、あえて外部から常務執行役員を向かい入れ、改革に取り組んでいる。これらは、仲間意識を越え出た友愛ということができるだろう。労働者自主生産は、兄弟愛に基づく仲間意識だけではいつかは行き詰まる。これら3社のスタンスは、それを理解してのものである。

（2）友愛

　友愛は正義を超えた正義である。したがって、その間尺にあった自由も平等も、未知である。それらを同じ名で呼ぶとすれば、民主主義となろうが、それは到来するのだろうか。おそらく、到来するだろう。ではそれに、自己を開くことはできるのだろうか。おそらく、できるだろう [62]。

　そこでは、民主主義が語られる場は、従来の公式の公共空間に限定されない。これまで公式の公共空間を支えていた諸コードは、意味をなさなくなる。討議は、それぞれの市民社会のいたるところで、複数の市民社会に跨って、さらにはアジールにおいても、参加者および議題を制限することなく行われる。参加者には、最も貧しい者、最も不幸な者、そして敵さえもいるだろう。また、議題としては、ネセシティの問題も取り上げられるだろう。そこにおいて、力と強制から解放された平等の立場で、熱い討議と熟慮された選択を行う。誰もが、自己を開き、語りかけ、また、呼びかけに応えている。まさに本来の公共空間の姿であるといえるだろう。それを支えているのは友愛にほかならない [63]。

　公共空間は討議を行うだけの場ではない。そこには、アーレントがいう、権力に加わることで実現する自由が存在しうる。権力は、公共空間において、人々が集団を形成・維持し、そこにおいて、共同で活動することを可能にする。アーレ

284 第9章 互酬と多様性

ントがいう権力には、強制力が欠落しているとの批判もあるが、人々の間に友愛があれば、それを乗り越えていけるだろう **(64)**。また、公共空間には互酬がある。権力による自由も互酬なしに成立・維持しえない。友愛は、互酬、惜しみなき贈与においても欠かすことができない。

　労働者自主生産は、各事業体によって状況は異なるが、どの事業体であろうと、すべてにおいて上手くいっているわけではない。人間がやっていることなのだから、すべてが綺麗事で済まされるわけもない。いたずらに美化するのは禁物である。しかしそこには、少なくとも事例の3社には、理想形ではないかもしれないが、確かに権力による自由がある。互酬に基づいた組織運営がある。時にそれが、労働者の間で、不信を引き起こし、協力関係に支障をきたすこともある。それでもそれを、なんとか乗り越えている。どんな時でも、十分にではないにせよ、自由な討議を行い、また基底において、友愛を保持しているからこそである。ラーニング・リーダーシップがそれに寄与しているとも言えるだろう。すでに〈産業民主主義体制〉、〈従業員民主主義体制〉が崩壊している現在、来るべき新しい市民社会のあり方を考えるうえで、多元的な経済・社会システムを可能とする第三の道として、労働者自主生産から学ぶべきところは多い。

小括

　以上、最新の労働者自主生産における組織運営の特徴について、人間の経済のなかでとらえ直すことで、そこにある相互扶助の様相を分析し、それを基にさらには、来るべき新しい市民社会の様相を可能な範囲で浮き彫りにしてきた。以下、そこで明らかにしたことをまとめておきたい。

　労働者協同組合を含む、広義の労働者自主生産事業体も多くは、市場のなかで他社との競争を繰り広げている。また、獲得した収益の一部を賃金等として労働者間で再分配している。しかし、利益至上主義ではなく、互酬を重視している。特に組織運営にあたっては、互酬が基本である。ここでいう互酬とは、モノのやりとりに限定されない、広い意味での贈与（と返礼）を通じた相互扶助による経済活動である。

　労働者自主生産事業体において公共空間がかなり広範囲に存在しえているの

は、皆で討議を行っていると同時に、互酬を基盤にしているためでもある。公共空間おける自由な討議は互酬の本質でもある。労働者自主生産事業体は一般の企業に比べ、公共空間がより広範囲に存在し、労働者がより自らの信頼によって自らの行為の自由を広げている。したがってその分、広く、そこでは、信頼なり不信なりを示す者に過大な負担がかかる。それは、贈与の義務、受領の義務、返礼の義務を増幅させることもある。それは、協力関係をより活発にしていく一方で、破綻させてしまう危険性をも孕んでいる。

多様性と、そのもととなるそれぞれの個性の尊重は、こうした事態を防ぎうる。現在の労働者自主生産は多様性の尊重の上に成り立っている。それが、長期に渡って労働者自主生産を維持していくひとつの秘訣でもある。労働者自主生産においては、全員参加が基本である。少なくとも事例の3社においては、人々を序列化したり、誰かを差別したり、排除したりはしない。それぞれの個性を押し殺したりはしない。十分にではないにしても、すべての労働者が自由な行為主体となって、皆で討議し、意思決定を行っている。平等主義のもと、互いの個性を尊重し合いながら、学び合い、助け合っている。学び合い、助け合いは、社内にとどまらず、全統一労働組合、自主生産ネットワーク、それぞれに属する企業、労働者などとの間でも行っている。それにより、自社に閉じこもることなく、世界を広げることができている。

そこにあるのは必ずしも、兄弟愛に基づいた仲間意識ではない。確かに皆、仲間意識を大切にしているが、ただそれにより閉鎖的にならないよう、馴れ合いに陥らないよう、自らを戒めている。個人差はあるものの、コンフリクトを恐れず、言うべきことは言い、なすべきことはなすように努めている。それは仲間意識を越え出ている。友愛と呼ぶに相応しいだろう。

労働者自主生産は現状では、対抗的ヘゲモニーであり、しかもその事業体数、労働者数とも少ないことからすれば、特殊な事例である。一方、それぞれ形態等によって違いはあるものの、意思決定プロセス、マネジメント、リーダーシップ等において、何らかの形で労働者自主生産的な運営をとりいれている事業体ならば、現にそれなりの勢力になっている。そこでは、システムのなかに留まっていながらも、限定的にではあるが、人々は自由な行為主体となっている。公共空間をつくりだしている。それは、NPO、NGO、コミュニティだけでなく、一般の

企業にあってもである。

　労働者自主生産は、曲がりなりにも、対抗的ヘゲモニーとして存在しており、しかも、わずかではあるが、資本のヘゲモニーに風穴を開けていることからすれば、多元的な経済・社会システムを可能とする第三の道となっている、あるいはなりえるとは言えるだろう。現在、支配的なヘゲモニーが不在であることからしても、もはや対抗的ヘゲモニーのみに留まっているのではなく、多元的な経済・社会システムを可能とする第三の道ともなっている、あるいはなりえることがうかがえよう。

　それぞれの労働者自主生産事業体、労働組合、NPO、NGO、コミュニティ、そして（一般の）企業さえもが、それぞれ基本的にシステムでありながら、広範囲に公共空間を内包することで、近代の村、同職集団のように、市民社会を形成している。それが、現代市民社会に代わりうる、新しい市民社会のイメージである。それぞれの成員が、一定の職業、地域、関心、価値観、あるいは目的などのもと、相互に認知できる固有のシンボルを分有し、情報交換、問題解決といった相互扶助を行う市民社会である。そこは、労働において労働力と人格を分裂させない、第三の道が開かれている社会である。労働がすべてでない社会である。誰もが、フィクションに基づくのでなく、リアルに市民となりえる社会である。

注

（1）Polanyi［1977］。

（2）高橋［2006］192 ページ。

（3）Mauss［1925］、訳、34 ～ 36 ページ。

（4）同上、106 ～ 108 ページ。

（5）Malinowski［1922］。

（6）同上、訳、333 ～ 334 ページ。

（7）同上、訳、331 ～ 332 ページ。

（8）同上。

（9）同上、訳、163 ページ。

（10）Mauss［1925］、訳、39 ページ。

（11）同上、260 ページ。

（12）同上、276 ページ。

（13）東條・志村［2015］16 ページ。

（14）Bataille［1976］

（15）東條・志村［2015］16 〜 17 ページ。

（16）吉岡［1995］。

（17）伊藤［1996］3 ページ。

（18）Blanchot［1983］、訳、40 ページ。

（19）大塩［2012］。

（20）Derrida［1999］、訳、230 ページ。

（21）東條・志村［2015］19 ページ。

（22）Derrida［1991］26 ページ。

（23）東條・志村［2015］77 ページ。

（24）同上、77 ページ。

（25）コミュニティも基本的にシステムであるが、そこにはかなり広範囲に公共空間が存在しえる。コミュニティには、町内会、自治会などの地域コミュニティのほかに、特定の課題に取り組むテーマ・コミュニティもある。テーマ・コミュニティは、より積極的に活動できるよう、NPO、NGO となるケースもある。コミュニティには、インターネット上のもの（インターネット・コミュニティ）も多く存在している。同じ関心、価値観、目的などを共有する人々が、インターネット上でコミュニケーションを図り、それが発展して、情報交換、問題解決といった相互扶助を行うケースもある。その代表格である SNS（ソーシャル・ネットワーキング・サービス）は、世界中で非常に多くの参加者を得ている。チュニジアのジャスミン革命と、それにつづくアラブの春においても、インターネット、なかでも SNS による情報交換が、反政府デモの拡大に貢献したといわれている。情報革命とグローバル化により、今や誰でも簡単に声をあげ、それを多くの人々が聴くことができる。そしてそれにより、世界中の皆がつながり、相互扶助を行うことができるのである（東條・志村［2015］79 〜 80 ページ）。

（26）小笠原英司によれば、企業は経営体のひとつの部分要素であるという。経営体は、事業（商品・サービスの生産と供給の諸機能・過程）、経営（事業の経営作用）、企業（資本結合のシステム）の三要素からなる、協働「生活」体であり、「生きている」協働システムである、としている（小笠原［2004］）。本書で使用している企業という用語は概ね、ここでいう企業ではなく、それを含む経営体を意味している。企業は基本的にシステムでありながら、公共空間を内包しうるのは、その協働「生活」体としての性質に起因するところが小さくない。ハーバーマスが公共空間を生活世界とのつながりでとらえているように、公共空間と生活体は相通じるものがあるとも言えるだろう。なお、協働システム（cooperative system）はバーナードの用語であり（Barnard［1938］）、ここでのシステムは必ずしも、ハーバーマス、ルーマンが意味するものと同一ではない。

（27）東條・志村［2013］77 ページ。

288 第9章 互酬と多様性

(28) 東條・志村［2011］144 ページ。アンチヘゲモニーは対抗的ヘゲモニー（カウンター
ヘゲモニー）とほとんど同義である。ただし、対抗的ヘゲモニーが、抵抗、闘争といっ
たニュアンスを含むに対し、アンチヘゲモニーは、逃走、離脱といったニュアンスを
含んでいる。

(29) 東條・志村［2015］82 ページ。

(30) 志村［2007］。

(31) Park［1950］249 〜 250 ページ。

(32) 同上、249 〜 250 ページ。

(33) 坂部［1976］83 ページ。

(34) 東條・志村［2015］83 ページ。

(35) 同上、83 〜 84 ページ。

(36) 同上、84 〜 85 ページ。

(37) 同上、87 ページ。

(38) Heilman et al.［2004］。Eagly, Karau［2002］。

(39) Bar-Tal［1997］。Bar-Tal, Labin［2001］。Doki［2009］。Posthuma, Campion［2009］。

(40) Mor Barak［2013］。

(41) 牛尾・志村［2014］9 〜 10 ページ。

(42) 東條・志村［2011］483 〜 484 ページ。

(43) 東條・志村［2015］85 〜 86 ページ。

(44) 同上、86 ページ。

(45) 同上、86 ページ。

(46) 同上、86 〜 87 ページ。

(47) Derrida［1994］、訳、2、139 ページ。

(48) 同上、92 ページ。

(49) 東條・志村［2015］88 ページ。

(50) 同上、88 〜 89 ページ。

(51) 同上、93 ページ。

(52) 同上、93 〜 94 ページ。

(53) 同上、94 ページ。

(54) 同上、94 ページ。

(55) Freud［1917］。

(56) 東條・志村［2015］95 ページ。

(57) 同上、96 ページ。

(58) 同上、96 ページ。

(59) Derrida［1994］、訳、2、138 〜 139 ページ。

（60）中西洋は自ら提唱している友愛に fraternité をあてている（中西［1994］）。私は生まれながらにして「われわれ」に属しており、彼は生まれながらにして「彼ら」に属している。「われわれ」は私の生れる前から存在しており、決して「彼ら」に贈与されることのない対象を所有している。中西の友愛はそのなかで成立するにすぎない（東條・志村［2011］476 ページ）。

（61）東條・志村［2015］97 ページ。

（62）東條・志村［2011］488 〜 489 ページ。

（63）東條・志村［2015］97 〜 98 ページ。

（64）同上、98 ページ。

終章

第1節　総括

　本書では以上のように、最新の事例として、ビッグビート、城北食品、ハイム化粧品の3社、およびこれら3社を支援してきた個人加盟の労働組合である全統一労働組合を取り上げ、最新の労働者自主生産として総括し、その特徴を検出してきた。またそこにおいて、労働者がどのような問題を抱えながら、いかにしてそれらを乗り越え、いかなる自由、民主主義、相互扶助を実現しているかについて具体的に考察してきた。以下では、本書で明らかにしたことを、序章で提示した各論点に対応させる形で、それぞれ示しておきたい。

　まずは、労働者自主生産では、管理自体が成り立たないとする先行研究に対する検証についてである。ここでは、杉村のいう、意思決定機会の平等および発言機会の平等についても触れておきたい。

　3社とも、役職者が上下関係、支配関係のもとで、部下をマネジメントしているわけではない。査定制度は設けていない。意思決定は合議によって行われている。この点から見れば、管理およびその基盤であるはずの支配がともに弱いといえる。しかし、ラーニング・リーダーシップが支配（および管理）の弱さを補ってもいる。支配を強化するのではなく、学び合い、助け合いを推進することによってである。そこでは、個人差はあるものの、役職者を含め、すべての社員が、個性を発揮し、主体的に仕事を進めているとともに、互いにコミュニケーションを密にとりながら、皆で学び合い、助け合っている。従来の考え、やり方にとらわれず、皆で近況を共有し、議論しながら、反省したり、次の対策を考案したりしている。外部の権力として位置している全統一労働組合（ハイム化粧品では、加えてJEC）による支援・監督が、そのリーダーシップの推進に大きく寄与してもいる。したがって、管理自体は弱いといえるが、成り立っていないということはない。

　また、3社においては、担当の仕事についての個人の裁量権は大きいが、意思

決定は基本的に会議でなされている。原則として一人一票である。ただし、社員数が多い会社ほど、会議の種類が多くなっている。ハイム化粧品では、全体会議はあるものの、会社全体の基本的な意思決定はほとんど経営会議でなされている。これは、意思決定のスピード、人数的な限界を鑑みてのことでもある。それでも、全員参加で会社の重要事項を決定する場として、全体会議、それから、全体総会は確保されている。必要に応じて臨時で開催される全体会議では、採用問題、労務問題等の重要事項についての最終的な意思決定が、年に1回開催される全体総会では、来期方針の提示とその承認が主であるが、現行役員の継続の可否について無記名投票がなされる。3社とも概して、皆で熱い討議と熟慮された選択を行っている。ただしハイム化粧品では、大人数となる全体会議と全体総会では、あまり活発な討議になっていない。以上のように、役職および所属部門によって参加する会議に違いが生じている会社もあり、その点では不十分であるといえるが、それでも、会社の重要事項の決定については全員参加の会議でなされていることから、基本的には、発言機会の平等および意思決定機会の平等は確保されているといってよいだろう。

　次の論点は、組合機能による経営機能の包摂は、資本主義的競争の圧力下で、経営機能による組合機能の包摂へと転化しやすいのか、これに対し、外部の労働組合による統制はその転化を阻止しうるのかについてである。ここでは、労働者自身による自己搾取の実態についても触れておきたい。

　労働者自主生産を行っているとはいえ、資本主義的競争のもとにあっては、より資本主義的な価値観に適合的となり、組合機能が経営機能に包摂されるということも起こりうるし、現にある程度起きている。ハイム化粧品では、労働者自主生産を開始してから2年ですでに、「商売的には一般企業的発想が中心となりやすい」等の記述が残されている。それを防ぎうるのが、外部の労働組合からの統制である。ただし、統制が厳しくなれば、労働者から自主生産の担い手としての主体性が削がれてしまいかねない。自由な行為主体なしには、熱い討議と熟慮された選択を行いえない。つまりは、公共空間を維持しえない。そのシステム化は必至である。そうなれば、労働者自主生産は機能しえなくなる。事例の3社を支援している全統一労働組合は、こうした事態を避け、自主生産の維持、発展をはかるべく、何よりも労働者の主体性を尊重し、同時に、各社の公共空間度を高め

ようと努めている。指導、統制より緩い、支援・監督機能に徹することで、それを可能ならしめている。

また、賃金体系と労働条件においては、異なる部分はあるものの、3社とも概して平等主義に基づいているといえよう。手当、賞与等を含め、賃金においては、それぞれ決して高いとはいえない。業績の厳しい会社はより低くなっている。賃金、労働条件の低い会社では、自己搾取が存在しているといえるだろう。いずれにせよ、自己搾取があるか否かに関わりなく、3社とも労働者は自己を労働力と人格に分裂させないよう、十分にではないにせよ、組織を運営している。それで実際、労働力と人格の分裂を防ぎきれているわけではない。だが少なくとも、ある程度、自分たちの会社は労働者自主生産企業なのだ、自分たちはここで労働者自主生産を行っているのだというアイデンティティは持ち合わせている。

さらなる論点は、労働者自主生産を維持できている一因は、民主主義、平等、生活の保障、労働の社会的意義といった価値を、そこで働く組合員が自主生産の長い経験の中で（あるいはそれ以前から）、身をもって自覚し、確信したことにあるのではないかとする小関の見解についてである。身をもって自覚し、確信したからといって、その価値をいつまでも持ち続けられるとはかぎらない。にもかかわらず、持ち続けられているとすれば、それはなぜなのか。また、新しく入った組合員は、その経験がないことから、その価値を持つことができないのではないか。持つことができているとすれば、それはどのようにしてなのか。小関はここで、話し合いを通じての学習の有効性を指摘しているが、だとしても、それは新しく入った組合員にも効果的なのだろうか。

3社とも、皆と一緒になって、倒産等の危機を乗り越え、労働者自主生産を始めた社員は、個人差はあるものの、自主生産へのこだわりを持ち続け、それを実践してきている。その一方で、ビッグビートでは新しく入社した社員がいないため、城北食品およびハイム化粧品において当てはまることだが、労働者自主生産開始以降に入社した新しい社員は概して、そうした意識が希薄である。それでも多くは、まったく不満等がないわけではないものの、自社が労働者自主生産企業であることを理解し、受け入れている。そして、個人差はあるものの、自らも主体的に自主生産に取り組んでいる。それは、古くからいる社員が、労働者自主生産を開始時から維持しつづけているだけでなく、どのようにして危機を乗り越え、

自主生産を開始したか、そしてどのようにして今に至っているかといった体験について、さらにはそれぞれが抱く自主生産へのこだわりについて、会議、集会、イベント、日常の雑談等において、新しく入社した社員に語っている、すなわちストーリーテリングによるところも大きい。

　ストーリーテリングによるリーダーシップは、常に開かれた対話である。語り手から聞き手への一方的な伝達では対話にはならない。対話は語り手と聞き手との双方向のコミュニケーションである。城北食品およびハイム化粧品における、それぞれの古くからいる社員と新しく入社した社員は、個人差はあるものの、労働者自主生産に関してこうした開かれた対話ができている。それは、公共空間を維持し、かつ、リーダーとフォロワーの双方向性を基にした、ラーニング・リーダーシップを発揮できているからでもあろう。また、3社の各労働者が、新しく入社した社員を含め、ある程度、労働者自主生産へのアイデンティティを持ちえているのは、ストーリーテリングはもとより、公共空間で行っている自由な討議によるところも決して小さくないと考えられる。

　労働者自主生産企業では、利潤追求よりも、経営者（≒労働者）の地位から得られる欲求充足、仲間の雇用、事業継続を優先しているとの、石川の見解についても論点にあげたが、これについてはどうだろうか。

　3社とも株式会社であり、営利企業であるが、利益至上主義ではない。また、労働者はある程度、経営者でもあると自覚し、労働者自主生産へのアイデンティティを持ちえている。仲間意識も持ち合わせている。例えば城北食品では、「一人も切らない」ことが労働者自主生産へのこだわりであるとしている。これらのことからも分かるように、3社においても、経営者（≒労働者）の地位から得られる欲求充足、仲間の雇用、事業継続を優先していることに変わりはない。

　加えて、十分にではないにしても、すべての労働者が自由な行為主体となって、皆で討議していることも特徴的である。そこでは、熱い討議と熟慮された選択というプロセスそのものに価値を置いている。公共空間およびそこにおける自由、民主主義、相互扶助は、選択の結果によってもたらされているのではない。熱い討議と熟慮された選択というプロセスのなかで出現している。そしてそれにより、自分たち労働者は経営者ともなっているとアイデンティファイしている。こうしたことを大切にしているのである。さらに、互酬を重視していることも特徴的で

ある。特に組織運営にあたっては、互酬が基本である。自社の労働者をはじめ、全統一労働組合、自主生産ネットワークに加盟する他社の労働者、さらには、地域住民などとの間での相互扶助を重視している (1)。皆で行う熱い討議と熟慮された選択が、労働者の活力、主体性、相互扶助精神を高めてもいる。例えば実際、ビッグビートでは、皆で熱い討議と熟慮された選択を行うことが、図らずも、社員間の相互扶助の大切さを再確認し、労働者自主生産へのアイデンティティを強化することにもなっている。

　もっとも、城北食品とハイム化粧品では、労働者自主生産の開始から今日に至るまでの間に、それぞれ何人か自ら退職している。ビッグビートでは誰も辞めていないが、もともと人数が少なく、また、旧会社との闘争を最後までつづけていた組合員15名のうち、新会社の設立に参加したのは5名である。ハイム化粧品にあっては、倒産時点で約120名いた社員のうち、新会社に参加したのは16名にすぎない。そこで働きつづけている労働者は、個人差はあるものの、労働者自主生産に対してそれぞれ何らかの価値観、意味、想い、アイデンティティ等をある程度強く持ち合わせいる。その一方で、思想的には多様性を有してもいる。そして、時に資本主義的な思考を受け入れながら、曲がりなりにも、労働者自主生産の継続を可能ならしめている。

　最後にあげた論点は、労働者自主生産が労働者の自己解放のプロセスとして社会変革の最も基本的な戦略となっているのか、あるいはなりえるのか、そうではなく、多元的な経済・社会システムを可能とする第三の道となっているのか、あるいはなりえるのか、これらのことについてである。

　労働者自主生産は現状では、対抗的ヘゲモニーであるが、その事業体数、労働者数とも少ない。また、対抗的ヘゲモニーであるからといって、すべてにおいて資本のヘゲモニーと対峙しているわけではない。それをある程度受け入れ、そのなかで生き残れるよう努めながら、できるかぎり自らを貫いているというのが基本的なスタンスである。少なくとも建前上は、労働者は経営者でもあり、自己を労働力と人格に完全には分裂させずにいる。一見、受け身的ではあるが、こうしたことが資本のヘゲモニーに風穴を開けることになるし、現にわずかではあっても開けている。

　したがって、労働者の自己解放のプロセスとして社会変革の最も基本的な戦略

となっている、あるいはなりえるとまではいかないが、多元的な経済・社会システムを可能とする第三の道となっている、あるいはなりえるとは言えるだろう。現在、支配的なヘゲモニーが不在であることからしても、もはや対抗的ヘゲモニーのみに留まっているのではなく、多元的な経済・社会システムを可能とする第三の道となっている、あるいはなりえることがうかがえよう。

　もっとも、労働者自主生産を広義にとらえても、狭義にとらえるならなお更、その存在は少数派であり、またそうありつづけることになるだろう。一方、それぞれ形態等によって違いはあるものの、意思決定プロセス、マネジメント、リーダーシップ等において、何らかの形で労働者自主生産的な運営をとりいれている事業体ならば、現にそれなりの勢力になっている。そこでは、システムのなかに留まっていながらも、限定的にではあるが、人々は自由な行為主体となっている。公共空間をつくりだしている。それは、NPO、NGO、コミュニティだけでなく、一般の企業にあってもである。

　それぞれの労働者自主生産事業体、労働組合、NPO、NGO、コミュニティ、そして（一般の）企業さえもが、それぞれ基本的にシステムでありながら、広範囲に公共空間を内包することで、近代の村、同職集団のように、市民社会を形成している。それが、現代市民社会に代わりうる、新しい市民社会のイメージである。それぞれの成員が、一定の職業、地域、関心、価値観、あるいは目的などのもと、相互に認知できる固有のシンボルを分有し、情報交換、問題解決といった相互扶助を行う市民社会である。そこは、労働において労働力と人格を分裂させない、第三の道が開かれている社会である。労働がすべてでない社会である。誰もが、フィクションに基づくのでなく、リアルに市民となりえる社会である。

第2節　本書の限界

　本書では、最新の事例として、2007年以降に労働者自主生産を開始し、今日に至っている、ビッグビート、城北食品、ハイム化粧品の3社、およびこれら3社を支援してきた個人加盟の労働組合である全統一労働組合を取り上げ、考察してきた。序章で述べたように、これら3社を取り上げた理由はまず、いずれも労働者自主生産の最新の事例であることによる。第二は、いずれの企業も今日にお

いてもなお、労働者自主生産を行っているからである。第三は、それぞれ、規模、出資形態、業種、自主生産開始の経緯等を異にしているため、最新の労働者自主生産として総括し、その特徴を検出することができると考えるからである。

とはいえ、会社の規模としては、労働者数が少なく、面接関係が保てているところばかりである。最も少ないビッグビートでは、代表取締役を含め、社員は5名である。最も多いハイム化粧品でも、社員は、取締役、執行役員を含め、35名である。パートタイマー7名、それに、非常勤役員、相談役、販売員、業務委託といった非常勤6名を入れても、48名である。ハイム化粧品においては、階層化および部門の分化が進み、会議の種類も多くなっている。全体会議はあるものの、会社全体の基本的な意思決定はほとんど経営会議でなされるようになっている。社員の間で、特に古い社員と新しい社員の間で、労働者自主生産に対する意識にギャップが生じている。それにより、対抗的ヘゲモニーとして強固な範囲が限定的となっている。

したがって、これ以上人数が多い、面接関係があまり保てない会社では、3社のような組織運営で労働者自主生産を行えるのかといったことが課題としてあげられる。現時点では、序章の狭義の定義に適っており、かつ最新の継続中の労働者自主生産企業となると、これ以上人数の多い事例が存在しなかったため、検証することができなかった。しかし、この課題に対する回答は、今後の労働者自主生産、さらには、それを基にした多元的な経済・社会システムを可能とする第三の道を模索していく上で、不可欠となるだろう。

また、これも序章で述べたように、序章で見た先行研究においては、どの説も特定の時代と環境のもとにある個別の事例から抽出されている。としたら、時代と環境が異なれば、当てはまらなくなるということも十分考えられよう。本書が最新の事例を取り上げるのは、現在の日本という時代と環境において、これら諸説を検証するためでもあった。しかし、特定の時代と環境という制約は当然、本書で取り上げた事例においても当てはまる。したがって、労働者自主生産については、取り上げた3社はもとより、広く最新の事例を収集し、今後も継続的に研究していくことも課題となるだろう。

第3節　労働者自主生産の意義

　労働者自主生産（労働者自主管理）事業体においては、自己搾取があったとしても、労働者協同組合も含めて、労働者は自己を労働力と人格に完全には分裂させていない。労働力を完全には売っていない。十分にではないにしても、皆が自由な行為主体となっている。全員参加のもとで、それぞれが主体的に考え、行動し、皆で討議を行い、互いに学び、助け合っている。

　とはいえ、労働者自主生産事業体も基本的にシステムであり、また、経済システムのなかで活動しているのだから、そこにかなり広範囲に存在しえている公共空間も相当程度、植民地化されているといってよいだろう。事業体の規模が大きくなれば、なお更である。それを食いとめうるのが、会議等を通じて行われる、自由な討議である。皆で行う熱い討議と熟慮された選択は、労働者の活力、主体性、相互扶助精神を高めうる。それが公共空間を活性化し、労働者自主生産の維持・発展に資するのである。このことは、本書でとりあげた、労働者自主生産を行っている3社の事例で見た通りである。

　事例では、古くからいる社員は概して、労働者自主生産へのこだわりを持ち続け、それを実践してきている。一方、新しい社員は概してそうした意識が希薄であるが、多くは自らも主体的に自主生産に取り組んでいる。それは、古い社員が今日に至るまでの体験、それぞれが抱く自主生産へのこだわりについて、新しい社員に語っていることにもよる。

　また、資本主義的競争の圧力下では一般に、組合機能による経営機能の包摂が、経営機能による組合機能の包摂へと転化する傾向にある。それを防ぎうるのが、外部の労働組合からの統制である。ただし、統制が厳しくなれば、労働者から自主生産の担い手としての主体性が削がれてしまいかねない。自由な行為主体なしには、熱い討議と熟慮された選択を行いえない。つまりは、公共空間を維持しえない。そのシステム化は必至である。そうなれば、労働者自主生産は機能しえなくなる。事例の3社を支援している全統一労働組合は、こうした事態を避け、自主生産の維持、発展をはかるべく、何よりも労働者の主体性を尊重し、同時に、各社の公共空間度を高めようと努めている。指導、統制より緩い、支援・監督機

能に徹することで、それを可能ならしめている。

　労働者自主生産事業体において、かなり広範囲に公共空間が存在しえているのは、皆で討議を行っていると同時に、互酬を基盤にしているためでもある。公共空間おける自由な討議は互酬の本質でもある。互酬は労働者間の信頼関係、協力関係を増進する。それは労働者自主生産にとって不可欠である。ただし時として互酬は、贈与と責任の過剰を招き、信頼関係、協力関係を壊してしまうこともある。

　多様性と、そのもととなるそれぞれの個性の尊重は、こうした事態を防ぎうる。労働者自主生産においては、全員参加が基本である。少なくとも事例の３社においては、人々を序列化したり、誰かを差別したり、排除したりはしない。それぞれの個性を押し殺したりはしない。十分にではないにしても、すべての労働者が自由な行為主体となって、皆で討議し、意思決定を行うことで、そして、平等主義のもと、互いの個性を尊重し合いながら、学び合い、助け合うことで、贈与と責任の過剰がもたらす弊害を乗り越えている。学び合い、助け合いは、社内にとどまらず、全統一労働組合、自主生産ネットワーク、それぞれに属する企業、労働者などとの間でも行っている。それにより、自社に閉じこもることなく、世界を広げることができている。

　そこにあるのは必ずしも、兄弟愛に基づいた仲間意識ではない。確かに皆、仲間意識を大切にしているが、ただそれにより閉鎖的にならないよう、馴れ合いに陥らないよう、自らを戒めている。個人差はあるものの、コンフリクトを恐れず、言うべきことは言い、なすべきことはなすように努めている。それは仲間意識を越え出ている。友愛と呼ぶに相応しいだろう。

　そもそも贈与は、贈与する者（A）の一方向的な行為ではない。贈与される者（B）は何らかの形でそれを受け入れている、つまり、そのことによって、贈与される者（B）も、贈与する者（A）に贈与しているのである。贈与する者（A）がこのことを理解できれば、贈与される者（B）に対して、受け入れてくれたことへの感謝、そして返礼責任への意識が生じることだろう。そしてそれを実践すれば、贈与と責任の過剰をも防ぎうるはずである。

　事例の３社においては、意識していないかもしれないが、皆が状況との関係を慮り、こうした贈与の双方向性を尊重している。またそのなかで、学び合い、互いを理解しようと努めている。概して責任感は強いが、いたずらに特定の誰かの

責任を追及するようなことはしていない。それは、友愛を保持しているからこそである。ラーニング・リーダーシップがそれに寄与しているとも言えるだろう。そこには、理想形ではないかもしれないが、確かに権力による自由がある。互酬に基づいた組織運営がある。

　労働者自主生産を行えば、すべてが上手くいくというわけではない。人間がやっていることなのだから、聖俗も併せ持っている。しかし現在、支配的なヘゲモニーが不在の混迷期にあり、そのなかで多くの労働者がルンペン化していることを鑑みれば、数は少なくとも、労働者自主生産を行っている労働者が存在し、規模に限界はあるものの、それにより対抗的ヘゲモニーを形成しえているという事実は決して看過できない。

第4節　展望

　M・フーコーによれば、「理性」と「狂気」の区別は、近代産業社会の要請する分割原理、つまり、経済的な有用性と無用性に基づいているという (2)。労働者として経済的に有用であるかぎりは、理性的と見なされるが、そこから逸脱し、経済的に無用となれば、狂気と見なされるのである。

　しかし、それがもたらしたものはいったい何だったのか。現在、〈帝国〉が支配的なヘゲモニーになりつつある。そのもとで、多くの労働者はルンペン・ブルジョアジーと化している。誰もが、周辺にいるにもかかわらず、そしてさらに周辺に追いやられ、さらに搾取されているにもかかわらず、中心に従属せずにはいられない。それどころか、できるだけ中心に近づこうと、少なくとも、これ以上、周辺に行かないようにと、躍起になって競い合っている。それが理性的な人間の姿であろうか (3)。

　労働者自主生産は広い友愛主義に立脚している。来るべき新しい市民社会も、広い友愛主義への第三の道が開かれているだろう。新しい市民社会にあっては、誰もが「狂人」である。誰もがどこかに独異性を有している。それは、これまでの尺度でいう、経済的な有用性とは必ずしも一致しない。無用で、狂気とされるものもあるだろう。しかし、それが市民社会に多様性をもたらすこととなる。多様性にあっては、これまでのような中心も周辺も存在しない。誰もが、複数の市

民社会に所属し、それぞれの役を担っている。どこでどのような役を演じていようとも、誰もが主役であり、対等である。だからこそ、一方的な扶助から脱し、相互扶助、互酬の可能性が広がっていく。新しい市民社会は、それにより誰もが物質的にも精神的にも豊かである社会となるはずである (4)。

すでに〈産業民主主義体制〉、〈従業員民主主義体制〉が崩壊し、もはや社会は資本のヘゲモニーを維持できなくなってきている。それにより、綻びが生じてきている。そのなかにあって、すべてにおいて上手くいっているわけではないが、労働者自主生産をはじめとする、互酬に基づいた取り組みが存在しえている。そこには、権力による自由がある。そして、対抗的ヘゲモニーを形成しえている。その先にあるのは、新しい市民社会ではないのか。また、そうであるべきではないのか。これまで人間は、さまざまな社会をつくりだしてきた。資本に侵された現代市民社会、現在の混迷した社会がすべてではない。社会は変わっていくはずである。社会を変えていくことはできるはずである。変えていくのはわれわれ自身である。事業体数、労働者数とも少なく、特殊な事例であることに相違ないが、多元的な経済・社会システムを可能とする第三の道として、労働者自主生産にはそのひとつの答えが隠されている。

注

（1）石川は、自らが調査した労働者自主生産企業と地域の同業他社との間における、「持ちつ、持たれつ」の、日常的な取引関係を基盤とする互酬的行為の存在を指摘している（石川［2003］、［2005］）。

（2）Foucault［1972］。

（3）東條・志村［2015］92 ページ。

（4）同上、92 ページ。

あとがき

　民主主義国家においては原則として、人々は一人一票で国家および地方自治体の意思決定に参加する。間接民主主義であれば、人々は一人一票で代表者の選出のための選挙権および被選挙権を有している。それを通じて意思決定に参加する。地位、所得、財産等に関係なく、皆が平等に意思決定に参加する権利を有している。人々の多くはそれを当然のことと理解しているだろう。

　ところが、労働の場においては一般的に、人々は一人一票で組織の意思決定に参加してはいない。人々は一人一票で役職者の選出のための選挙権および被選挙権を有してはいない。上司は部下に対し査定を行い、昇給、昇格、昇進等を決めるが、その逆はない。にもかかわらず、人々の多くはそれを当然のことと理解しているだろう。

　フルタイムで働く人々であれば通常、人生のかなりの時間を労働に費やしている。労働は人生を左右してもいる。にもかかわらずそこには、民主主義国家では当然のことと理解されているはずの、平等に意思決定に参加する権利がないのである。これで果たして、民主主義国家である言えるだろうか。労働者が民主主義を享受していると言えるだろうか。

　本書は労働者自主生産の考察を通じて、労働の場における民主主義について問い直すものでもある。昨今、働き方改革が本格的に叫ばれ、何らかの形で実行されようとしているが、この問いを抜きにしていては、かえって労働強化につながるのではないだろうか。本書がほんの僅かであっても、働き方改革に一石を投じるものともなれば幸いである。

　民主主義については、私が大学の学生時に森尾忠憲先生の国家論のゼミナールに所属していたこともあり、以来、自身の大テーマのひとつとして持ち続けてきた。民主主義が必ずしもすべてにおいて最良だとは考えていなかったが、それをより良くするにはどうずればよいかとの問いである。大学院へ進んだのも、それをミクロレベルで経営学的に解明したいとの思いもあったからである。それから長い歳月を要したが、本書を通じてある程度、自分なりの答えが出せたと思っている。

本書は 2017 年度に明治大学大学院経営学研究科に提出し、受理された博士学位請求論文「労働者自主生産と公共空間—互酬に基づく組織運営」に若干の加筆・修正を施したものである。論文の構想、執筆、審査等においては、多くの方々からご指導、ご支援を賜った。

東條由紀彦先生、森久先生、高橋正泰先生、小関隆志先生、岡田浩一先生、石津寿惠先生に心よりお礼を申し上げたい。歳をとり諦めていたにもかかわらず、博士学位請求論文を提出し、受理されるに至ったのは、何よりも先生方にご指導をいただけたからである。

論文の構想段階および執筆過程における調査にあたっては、全統一労働組合の鳥井一平氏をはじめ、労働者自主生産を実践されている株式会社ビッグビートの石上隆弘氏、城北食品株式会社の藤村早百合氏、小泉博氏、岡本重徳氏、吉沢紀朗氏、今国博氏、畠山美喜子氏、武田和治氏、ハイム化粧品株式会社の羽田博氏、大場勝氏、中村一弘氏から貴重な聴き取りを行うことができた。その後の原稿の確認等を含め、ご多忙のなか、私のために時間を割いてくださった。ご協力に心から感謝申し上げたい。本書の主人公は、他ならぬこの方々である。

最後に、株式会社世界書院とその関係者、特に、編集を担当いただいた横山茂彦氏、杉本健太郎氏にも感謝申し上げたい。さして売れる当てのない本書の出版に大変ご尽力くださった。

多くの方々からご指導、ご支援を賜ったにもかかわらず、私の浅学については補いようがなかった部分も少なくない。本書の文責はすべて、私一人が負うものである。

学を志し、大学院へ進んでから、長い年月が経過した。ここに挙げた方々だけでなく、他の多くの方々にも支えられて、人間五十年という節目にちょうど間に合う形で、母校から博士の学位を授与され、その論文をこうして出版することができた。初志貫徹とまではいかないかもしれないが、自分自身としてひとつのけじめをつけることはできたと思っている。今はただ思ひ絶えなむ。

引用文献

＜日本語文献＞

朝井志歩［1999］「労働者協同組合での事務局員の継続」平塚真樹編『労働者協同組合で働く青年たち―日本労働者協同組合連合会センター事業団・事業所で働く青年層のキャリア意識調査報告書』法政大学社会学部平塚研究室

石川公彦［2003］「90年代における倒産反対争議―Ｔ工作所における自主生産・再建闘争の事例を通じて」『現代の雇用問題』晃洋書房

石川公彦［2005］「倒産反対争議の研究意義―労働者自主再建・自主生産運動」『明治大学教養論集』通巻399号

石川公彦［2006］「労働争議と職場秩序の研究」博士論文（明治大学）

伊藤幹治［1996］「贈与と交換の今日的課題」井上俊他編『贈与と市場の社会学―岩波講座 現代社会学 第17巻』岩波書店

井上雅雄［1981］「70年代倒産争議の成果と今後の課題―自主生産闘争が切り拓いた新たな地平」『月間労働問題』第285号

井上雅雄［1991］『日本の労働者自主管理』東京大学出版会

井上雅雄［1993］「経営参加の社会的影響―労働者自主管理の日米比較」石田光男・井上雅雄・上井喜彦・仁田道夫編『労使関係の比較研究―欧米諸国と日本』東京大学出版会

岩田昌征［1994］『ユーゴスラヴィア―衝突する歴史と抗争する文明』ＮＴＴ出版

牛尾奈緒美・石川公彦・志村光太郎［2011］『ラーニング・リーダーシップ入門―ダイバーシティで人と組織を伸ばす』日本経済新聞出版社

牛尾奈緒美・志村光太郎［2014］「組織の情報化と女性の活躍推進」『RIETIディスカッション・ペーパー』14-J-031。

内山哲朗［1991a］「労働組合の自主経営闘争―自交総連大分地連（全国自動車交通労働組合総連合大分地方連合会）の事例研究」『大原社会問題研究所雑誌』（法政大学大原社会問題研究所）第394号

内山哲朗［1991b］「労働組合自主経営企業の現地点―大分県の事例を中心に」『工学院大学共通課程研究論叢』第29号

遠藤公嗣［2012］「新しい労働者組織の意義」『個人加盟ユニオンと労働NPO―排除された労働者の権利擁護』ミネルヴァ書房

大塩まゆみ［2012］『「陰徳の豪商」の救貧思想―江戸時代のフィランソロピー』ミネ

ルヴァ書房

大高研道［2013］「労働者協同組合の展開過程と今日的特徴」藤井敦史・原田晃樹・大高研道編『闘う社会的企業―コミュニティ・エンパワーメントの担い手』勁草書房

大津荘一［2013］「イタリアの労働者協同組合」『生活協同組合研究』第448号

呉学殊［2010］「合同労組の現状と存在意義―個別労働紛争解決に関連して」『日本労働研究雑誌』第52巻第11号

小笠原英司［2004］『経営哲学研究序説―経営学的経営哲学の構想』文真堂

緒方満・高野修［2005］「インタビュー 労働組合と労働者協同組合の両立で新しい働き方を―ワーカーズコープタクシーの挑戦」『所報協同の発見』（協同総合研究所）第153号

杵渕友子［2016］「非正規雇用のレッテルを巡る一考察」『城西短期大学紀要』第33巻第1号

木村元子［2015］「地域イノベーションにおける企業組合の意義」『社会環境論究』第7号

黒川俊雄［1993］『いまなぜ労働者協同組合なのか』大月書店

小関隆志［1998a］「労働者自主管理企業における経営と生産（上）―労働者の実践的学習過程」『大原社会問題研究所雑誌』（法政大学大原社会問題研究所）第472号

小関隆志［1998b］「労働者自主管理企業における経営と生産（下）―労働者の実践的学習過程」『大原社会問題研究所雑誌』（法政大学大原社会問題研究所）第473号

小関隆志［2000］「労働者協同組合」『大原社会問題研究所雑誌』（法政大学大原社会問題研究所）第500号

坂内久［2014］「スペイン・モンドラゴン協同組合グループの動向―『FAGORの破綻』の実態と対応」『農林金融』（農林中金総合研究所）第67巻第7号

坂部恵［1976］『仮面の解釈学』東京大学出版会

佐藤清［1982］「フランスにおける労働者自主管理運動の展開―指導理念と組合運動の位相」『社会政策学会年報』第26号

志村光太郎［2007］「労働と人格―キャリア論の前提として」『人材育成研究』（人材育成学会）第2巻第1号

杉村めぐる［2010］「現代における労働者自主生産運動の特質―自主生産ネットワークの事例から」『社会政策』第2巻第2号

杉村めぐる［2011］「労働者自主生産運動の内実―ある自主生産企業の運営実態に即して」『社会政策』第3巻第2号

杉村めぐる［2012］「大量解雇に抗する新たな労働運動戦略に関する考察―新自由主義時代における労働運動の新展開」博士論文（一橋大学）

鈴木岳［2013］「フランスの労働者協同組合の歴史と現況」『生活協同組合研究』第448号

全国中小企業団体中央会経営支援部編［2015］『企業組合実態調査報告書』全国中小企業団体中央会

高橋慎一［2011］『CORIN COLLECTION―光輪ヴィンテージバイクコレクション』ビッグビート（発行）、三一書房（発売）

高橋正泰［2003］「社会的構成主義と組織論」『経営論集』（明治大学経営学研究所）第50巻第2号

高橋正泰［2006］『組織シンボリズム―メタファーの組織論』（増補版）同文舘出版

高橋正泰［2010］「リーダーシップとストーリーテリング」『経営論集』（明治大学経営学研究所）第57巻第3号

多木誠一郎［2003］「アメリカにおける労働者協同組合法について」『浜松医科大学紀要 一般教育』第17号

田中夏子［2016］「海外レポート 資料から読むイタリアの社会的経済（13）―経営危機に直面した企業を労働者協同組合によって再生するワーカーズ・バイ・アウト（1）」『所報協同の発見』（協同総合研究所）第281号

塚本一郎［1995］「労働組合自主経営企業における組合機能の性格（上）―自交総連大分地連の自主経営企業の事例」『佐賀大学経済論集』第28巻第4号

塚本一郎［1996］「労働組合自主経営企業における組合機能の性格（下）―自交総連大分地連の自主経営企業の事例」『佐賀大学経済論集』第28巻第5号

津田直則［2011］「イタリア協同組合から学ぶ―労働者協同組合の伝統」『にじ―協同組合経営研究誌』第635号

津田直則［2014］『連帯と共生―新たな文明への挑戦』ミネルヴァ書房

東條由紀彦［1991］「日本労働者の自己意識の変遷と社会形成」『歴史学研究』第626号（1991年11月増刊号）

東條由紀彦［1992a］「西欧社会民主主義と日本の『社会民主主義』」『社会科学研究』（東京大学社会科学研究所）第44巻第1号

東條由紀彦［1992b］「日本労使関係の現局面と展望」栗田健編『現代日本の労使関係―効率性のバランスシート』労働科学研究所出版部

東條由紀彦［2005］『近代・労働・市民社会―近代日本の歴史認識Ⅰ』ミネルヴァ書房

東條由紀彦・志村光太郎［2011］『ヘゲモニー・脱ヘゲモニー・友愛―市民社会の現代思想』ミネルヴァ書房

東條由紀彦・志村光太郎［2013］『討議―非暴力社会へのプレリュード』（シリーズあしたのために 1 ）明石書店

東條由紀彦・志村光太郎［2015］『互酬―惜しみなき贈与』（シリーズあしたのために 2 ）明石書店

東條由紀彦・志村光太郎［2016a］「近代日本の変容と労働者の人格」東條由紀彦編『「労働力」の成立と現代市民社会―近代日本の歴史認識Ⅱ』ミネルヴァ書房

東條由紀彦・志村光太郎［2016b］「現代日本の市民社会史―労働と人格の社会史」東條由紀彦編『「労働力」の成立と現代市民社会―近代日本の歴史認識Ⅱ』ミネルヴァ書房

戸塚秀夫・井上雅雄［1981］「中小企業の労働争議―全金Ｈ精機・全国一般Ｓ機械の倒産反対争議」労使関係調査会編『転換期における労使関係の実態』東京大学出版会

富沢賢治［2009］「協同労働という働き方」『労働調査』第479号

鳥井一平［2010］「一橋大学フェアレイバー研究教育センター（31） ある個人加盟労組の30年―全統一労働組合の経験」『労働法律旬報』第1722号

中西洋［1994］『〈自由・平等〉と《友愛》―“市民社会”；その超克の試みと挫折』ミネルヴァ書房

西村貴之［1999］「事業所ヒストリーから事業所の現在を読む」平塚真樹編『労働者協同組合で働く青年たち―日本労働者協同組合連合会センター事業団・事業所で働く青年層のキャリア意識調査報告書』法政大学社会学部平塚研究室

日本生産性本部［1957］『生産性と労使協議制』日本生産性本部

浜村正夫［2009］『イギリス労働運動史』学習の友社

兵藤釗［1997］『労働の戦後史 上・下』東京大学出版会

藤井敦史［2013］「日本におけるWISEの実態―ワーカーズ・コレクティブ調査から見るWISEの分析枠組みと制度・政策」藤井敦史・原田晃樹・大高研道編『闘う社会的企業―コミュニティ・エンパワーメントの担い手』勁草書房

藤木千草［2009］「働き方つくろうよ―ワーカーズ・コレクティブの実践と課題」『労働調査』第479号

細川淳［2013］「従業員所有事業としての米国ESOP―その長期計画性、従業員参画、ガバナンス」『21世紀社会デザイン研究学会学会誌』第 5 巻

細川あつし［2015］『コーオウンド・ビジネス＝CO-OWNED BUSINESS―従業員が所

有する会社』築地書館

松本典子［2015a］「海外レポート（第5回）イギリスにおける労働者協同組合の現状—今日的到達点と新たな動き」『所報協同の発見』（協同総合研究所）第271号

松本典子［2015b］「海外レポート（第6回）イギリス労働者協同組合行動規範—資料イギリスの『労働者協同組合行動規範』」『所報協同の発見』（協同総合研究所）第272号

安丸良夫［1999］『日本の近代化と民衆思想』平凡社

矢田部宏志［2015］「企業組合の組織および事業活動の現状と方向—企業組合のさらなる活用のために」『中小企業と組合』第70巻第4号

柳沢敏勝［1985］「労働者生産協同組合—現代イギリス資本主義における労働者自主管理の試み」栗田健編『現代イギリスの経済と労働』御茶の水書房

柳沢敏勝［1992］「『もうひとつの』労働者運動—日本における労働者協同組合の実情」栗田健編『現代日本の労使関係—効率性のバランスシート』労働科学研究所出版部

山口昌男［1978］『歴史・祝祭・神話』中央公論社

山田雄一［1985］『稟議と根回し—日本の組織風土』講談社

吉岡政徳［1995］「北部ラガの人生儀礼における贈与交換」『国立民族学博物館研究報告』第20巻第4号

吉田徹也［2011］「ハーバーマスとアーレント—権力と公共性をめぐって」『紀要』（札幌大谷大学）第41号

労働者の権利と倒産研究会編［1999a］『倒産なんかに負けないぞ—労働者のための実践マニュアル』協同センター・労働情報

労働者の権利と倒産研究会編［1999b］『倒産・失業NO！—労働組合実践マニュアル』協同センター・労働情報

＜外国語文献＞

Arendt, Hannah［1958］*The human condition.*（志水速雄訳［1994］『人間の条件』筑摩書房）

Arendt, Hannah［1968］*Between past and future : Eight exercises in political thought.*（引田隆也他訳［1994］『過去と未来の間—政治思想への8試論』みすず書房）

Arendt, Hannah［1969］*Crises of the republic.*（山田正行訳［2000］『暴力について—共和国の危機』みすず書房）

Barnard, Chester I.［1938］*The Functions of the Executive.*（山本安次郎他訳［1968］『経営者の役割』ダイヤモンド社）

Bar-Tal, D.［1997］"Formation and change of ethnic and national stereotypes : An integrative model", *International Journal of Intercultural Relations*, 21(4).

Bar-Tal, D., Labin, D.［2001］"The effect of a major event on stereotyping : Terrorist attacks in Israel and Israeli adolescents'perceptions of Palestinians, Jordanians and Arabs", *European Journal of Social Psychology*, 31.

Bataille, Georges［1976］*La limite de l'utile, fragments d'une version abandonée de La part maudite.*（中山元訳［2003］『呪われた部分―有用性の限界』筑摩書房）

Bellah, Robert N.［1985］*Tokugawa Religion : The Cultural Roots of Modern Japan.*（池田昭訳［1996］『徳川時代の宗教』岩波書店）

Blanc, Louis［1850］*Organisation du travail*, Paris, Au bureau du nouveau monde.

Blanchot, Maurice［1983］*La communauté inavouable.*（西谷修訳［1997］『明かしえぬ共同体』筑摩書房）

Bourdet, Yvon, Guillerm, Alain［1977］*L'autogestion*, Paris, Seghers.

Burr, Vivien［1995］*An Introduction to Social Constructionism.*（田中一彦訳［1997］『社会的構築主義への招待―言説分析とは何か』川島書店）

Curl, John［2012］*For All the People : Uncovering the Hidden History of Cooperation, Cooperative Movements, and Communalism in America*, Oakland, CA, PM Press.

Deleuze, Gilles, Guattari, Félix［1972］*L'anti Œdipe : Capitalisme et schizophrénie.*（市倉宏祐訳［1986］『アンチ・オイディプス』河出書房新社）

Deleuze, Gilles, Guattari, Félix［1980］*Mille plateaux : Capitalisme et schizophrénie.*（宇野邦一他訳［1994］『千のプラトー』河出書房新社）

Democracy at Work Institute（at the US Federation of Worker Cooperatives）［2014］"Creating Better Jobs and a Fairer Economy with Worker Cooperatives", URL: http://institute.coop/resources/creating-better-jobs-and-a-fairer-economy-worker-cooperatives（accessed November 1, 2016）

Derrida, Jacques［1991］*Donner le temps, 1 : La fausse monnaie*, Paris, Galilée.

Derrida, Jacques［1994］*Politiques de l'amitié.*（鵜飼哲他訳［2003］『友愛のポリティックス1・2』みすず書房）

Derrida, Jacques［1999］*Donner la mort.*（廣瀬浩司他訳［2004］『死を与える』筑摩書房）

Doki, G. A.［2009］"The drama in cross-cultural marriages and stereotypes in central Nigeria, The tiv-igede paradigm in the global age", *Creative Artist : A Journal of Theater and Media Studies*, 3(1).

Eagly. A. H., Karau, S. J.［2002］"Role congruity theory of prejudice toward female leaders", *Psychological Review*, 109(3).

Fletcher, R.［1976］"Worker Co-ops and the Co-operative Movement", Coates, K. ed., *The New Worker Co-operatives*, Nottingham, Spokesman.

Foucault, Michel［1972］*Histoire de la folie à l'âge classique.*（田村俶訳［1975］『狂気の歴史——古典主義時代における』新潮社）

Fourier, Charles［1829］*Le nouveau monde industriel et sociétaire.*（田中正人訳［1980］『産業的協同社会的新世界』『世界の名著42』中央公論社）

Frank, Andre G.［1972］*Lumpen-bourgeoisie and Lumpen-development : Dependency, Class, and Politics in Latin America.*（西川潤訳［1978］『世界資本主義とラテンアメリカ——ルンペン・ブルジョワジーとルンペン的発展』岩波書店）

Freud, Sigmund［1917］*Vorlesungen zur Einführung in die Psychoanalyse.*（懸田克躬他訳［1971］「精神分析入門（正）」『フロイト著作集 第1巻 精神分析入門 正・続』人文書院）

グラムシ、アントニオ著、山崎功監修、代久二編［1961］『グラムシ選集 第1巻』合同出版

グラムシ、アントニオ著、山崎功監修、代久二編［1962］『グラムシ選集 第2巻』合同出版

Habermas, Jürgen［1973］*Legitimationsprobleme im Spätkapitalismus.*（細谷貞雄訳［1979］『晩期資本主義における正統化の諸問題』岩波書店）

Habermas, Jürgen［1981］*Theorie des kommunikativen Handelns.*（河上倫逸他訳［1985-87］『コミュニケイション的行為の理論 上・中・下』未來社）

Habermas, Jürgen［1990］*Strukturwandel der Öffentlichkeit : Untersuchungen zu einer Kategorie der bürgerlichen Gesellschaft.*（細谷貞雄他訳［1994］『公共性の構造転換——市民社会の一カテゴリーについての探究 第2版』未來社）

Habermas, Jürgen［1992］*Faktizität und Geltung : Beiträge zur Diskurstheorie des Rechts und des demokratischen Rechtsstaats.*（河上倫逸他訳［2002-2003］『事実性と妥当性——法と民主的法治国家の討議理論にかんする研究 上・下』未來社）

Hardt, Michael, Negri, Antonio［2000］*Empire.*（水嶋一憲他訳［2003］『〈帝国〉——グローバル化の世界秩序とマルチチュードの可能性』以文社）

Hayek, Friedrich A.［1976］*The mirage of social justice : Law, legislation and liberty*, Vol.2.（篠塚慎

吾他訳［1987］『ハイエク全集9 法と立法と自由2－社会正義の幻想』春秋社）

Heilman, M. E., Wallen, A. S., Fuchs, D., Tamkins, M. M.［2004］"Penalties for success : Reactions to women who succeed at male tasks", *Journal of Applied Psychology*, 89(3).

International Labour Office［2013］*International Journal of Labour Research*, 5 (2).

Kundera, Milan［1987］"Kafka, Heidegger, Fellini".（西永良成訳［1995］「ヨーロッパ、虚無への出発」『すばる』第17巻第6号）

Luhmann, Niklas［1973］*Vertrauen : Ein Mechanismus der Reduktion Sozialer Komplexität*.（大庭健他訳［1990］『信頼─社会的な複雑性の縮減メカニズム』勁草書房）

Luhmann, Niklas［1981］"Machtkreislauf und Recht in Demokratien", *Zeitschrift für Rechtssoziologie* 2.

Maire, Edmond［1976］*Demain l'autogestion*, Paris, Seghers.

Malinowski, Bronislaw［1922］*Argonauts of the Western Pacific : An Account of Native Enterprise and Adventure in the Archipelagoes of Melanesian New Guinea*.（寺田和夫他訳［1980］「西太平洋の遠洋航海者」『マリノフスキー／レヴィ=ストロース─世界の名著71』中央公論社）

Mandel, Ernest［1970］*Contrôle ouvier, conseils ouvriers, antogestion, anthologie*.（榊原彰治訳［1973］『労働者管理・評議会・自主管理 上・下』拓殖書房）

Mauss, Marcel［1925］*Essai sur le don : Forme et raison de l'échange dans les sociétés archaïque*.（吉田禎吾他訳［2009］『贈与論』筑摩書房）

Mor Barak, M. E.［2013］*Managing Diversity : Toward a Globally Inclusive Workplace*, Third Edition, Thousand Oaks, Sage Publications.

Oakeshott, R.［1978］*The Case for Workers' Co-ops*, London, Routledge and Kegan Paul.

Park, R. E.［1950］*Race and Culture,* Glencoe, The Free Press.

Piketty, Thomas［2013］*Le Capital au XXIe siècle*.（山形浩生他訳［2014］『21世紀の資本』みすず書房）

Polanyi, Karl［1957］*The great transformation : The political and economic origins of our time*.（吉沢英成他訳［1975］『大転換─市場社会の形成と崩壊』東洋経済新報社）

Polanyi, Karl［1977］*The livelihood of man*.（玉野井芳郎他訳［1980］『人間の経済 I・II』岩波書店）

Posthuma, R. A., Campion, M. A.［2009］"Age stereotypes in the workplace : Common stereotypes, moderators, and future research directions", *Journal of Management*, 35(1).

Proudhon, Pierre-Joseph［1863］*Du principe fédératif et la nécessité de reconstituer la parti de la révolution*.（江口幹訳［1972］『連合の原理』『プルードン III』三一書房）

Proudhon, Pierre-Joseph［1865］*De la capacité politique des classes ouvrières.*（三浦精一訳［1972］『労働者階級の政治的能力』『プルードン II』三一書房）

Rosanvallon, Pierre［1976］*L'Âge de l'Autogestion*, Paris, Éditions du Seuil.

Rosen, Corey, Case, John, Staubus, Martin［2005］"Every Employee an Owner. Really", *Harvard Business Review*, 83(6). (西尚久訳［2006］「ESOPで社員の責任感ある行動を育てる『従業員オーナーシップ』経営」『ハーバード・ビジネス・レビュー』第31巻第1号)

Potter, Beatrice［1891］*The Co-operative Movement in Great Britain*, London, Swan Sonnenshein.

Webb, Sydney, Webb, Beatrice［1920］*A Constitution for the Socialist Commonwealth of Great Britain.* (岡本英昭訳［1979］『大英社会主義社会の構成』木鐸社)

Weber, Max［1920］*Die protestantische Ethik und der Geist des Kapitalismus.*（大塚久雄訳［1989］『プロテスタンティズムの倫理と資本主義の精神』岩波書店)

事項索引 ※掲載ページは初出および（あるいは）重要箇所のみ

あ行

アジール　18, 232, 283
新しい市民社会　270
アンチヘゲモニー　270
一般労働組合　85
応答責任　229, 277

か行

家産制　69
企業組合　89
企業内労働組合　12, 85, 170
機能主義的組織論　27
競争原理　10, 43, 77, 258
近代市民社会　37, 67
クラ交易　261
グローバリゼーション　10, 43, 258
経営家族主義　65
経営体　287
経済システム　18, 225
現代市民社会　12, 38
権力　175, 235
抗議運動　18, 231
公共空間　15, 226, 260
公共空間度　178
公共圏　16, 226
工場委員会　65
工場委員会体制　69
合同労働組合　85
公理系　44
互酬　20, 190, 258
個人加盟の労働組合　12, 169, 233, 269
個人加盟ユニオン　85
個人的所有　60, 267
コーポラティズム　40, 228
コミュニティ　268
コンティンジェンシー理論　27

さ行

査定制度　14, 79, 247
サブスタンシャルな経済　37, 281

産業民主主義体制　38, 69

サンディカリズム　45
産報体制　71
自己搾取　21
自己責任　229, 277
自主管理　44
自主生産闘争　11, 83, 185, 233
市場　20, 38, 258
市場競争　237
市場経済　10, 258
市場原理　10
システム　17, 224, 260
資本家的経営　37
資本主義的競争　21, 250
資本のヘゲモニー　38, 69
シミュラークル　231
市民社会　36
従業員民主主義体制　76
ストーリーテリング　27, 201, 247
生活世界　17, 255
生産管理　73
生産管理闘争　11, 73
生産性インデックス賃金　41, 78
生産復興　75

た行

対抗的ヘゲモニー　24, 44, 83, 234, 267
ダイバーシティ　272
多様性　193, 272
団体交渉　21, 38, 77, 170, 229
低開発　43
抵抗運動　18, 231
帝国　43
ディスコース　27
テイラー・フォード方式　37
討議　14, 226
倒産争議　11, 171, 233

な行

ネセシティ　16, 237, 283

は行

非人格的労働力　11, 38, 68, 226, 266
非正規雇用　80
非正規労働者　10, 86
一人一票の原則　14
フォーディズム　40, 80, 225
フォーディズムのカルノーサイクル　40,
　78, 225
フォーマルな経済　39, 281
複層的市民社会　37, 67, 267
プロテスタンティズム　61, 93
分裂症　44
ヘゲモニー　26, 38, 80
返礼責任　277
封建制　40
ポストモダン組織論　27

ま行

無政府主義　45

や行

友愛　270
友愛主義　267

ら行

ラーニング・リーダーシップ　198, 275
ルンペン化　81, 207, 241
ルンペン的発展　42
ルンペン・ブルジョアジー　43, 81
レギュラシオン派　40
労働組合　38, 77, 249, 269
労働者協同組合　22, 42, 86, 214
労働者自主管理　13, 44
労働者自主生産　14, 83, 173, 247, 259
労働者自主生産企業　96
労働者自主生産事業体　96
労働者統制　30, 41

a

amitié　270
autogestion　44

d

discourse　21
Diskurs　21

e

ESOP　56, 90

f

fraternité　282

n

narrative　201
NGO　169, 268
NPO　169, 268

o

Öffentlichkeit　31

p

Pietät　69
public space　31
public sphere　31

r

reciprocity　20

s

SAL　55
SCIC　48
SCOP　48
SLL　55

t

Treue　40

w

WBO　50
workers' self-management　30
workers' self-production　10

人名索引　※掲載ページは初出および（あるいは）重要箇所のみ

あ行

アーレント，H　15, 235, 260
石川公彦　11, 83, 198
伊藤幹治　264
井上雅雄　11, 42, 78, 248
岩田昌征　30
ウェッブ夫妻　21, 209
ウェーバー，M　61, 74
牛尾奈緒美　198
内山哲朗　23, 210
遠藤公嗣　85
小笠原英司　287
オークショット，R　22

か行

ガタリ，F　44, 235
杵渕友子　95
木村元子　90
グラムシ，A　26
黒川俊雄　22
クンデラ，M　254
ケース，J　58
小関隆志　11

さ行

サイモン，H　27
坂部恵　271
佐藤清　45
杉村めぐる　11
鈴木岳　47
ストーバス，M　58

た行

高橋正泰　21, 201, 247, 260
田中夏子　50
塚本一郎　21, 41, 211
津田直則　49
テイラー，F　27
デリダ，J　265
東條由紀彦　36, 70
ドゥルーズ，G　44, 235
戸塚秀夫　11
富沢賢治　51, 96

な行

中西洋　289
ネグリ，A　43

は行

バー，V　27
ハイエク，F　256
パーク，R・E　271
バタイユ，G　263
ハート，M　43
バーナード，C・I　27, 287
ハーバーマス，J　16, 225, 260
浜林正夫　35
兵藤釗　65
フーコー，M　299
ブラン，ルイ　46
フランク，A・G　42
ブランショ，M　265
フーリエ，C　45
ブールデ，Y　45
プルードン，P　45
フロイト，S　69
ベラー，R・N　93
細川淳　56
ボードリアール，J　231
ポランニー，K　20, 258

ま行

松本典子　52
マリノフスキー，B　261
マンデル，E　21
メール，E　45
モア・バラク，M　274
モース，M　260

や行

安丸良夫　93
矢田部宏志　90
柳沢敏勝　42, 88
山口昌男　81
山田雄一　95
吉岡政徳　264
吉田徹也　17

ら行

ルーマン，N　18, 229, 260
ロザンヴァロン，P　44
ローゼン，C　58

《著者略歴》

志村光太郎 （しむら・こうたろう）

合同会社国際人材戦略研究所代表。博士（経営学）。

1967年、神奈川県生まれ。明治大学政治経済学部経済学科卒業。明治大学大学院経営学研究科博士後期課程単位取得退学。明治大学経営学部兼任講師、青山学院大学総合研究所客員研究員、株式会社ＮＴＴデータユニバーシティチーフコンサルタント、株式会社ヒューマネージディレクター等を経て、現職。

主要著書・論文：『〈シリーズ あしたのために2〉互酬—惜しみなき贈与』（共著、明石書店、2015年）、『〈シリーズ あしたのために1〉討議—非暴力社会へのプレリュード』（共著、明石書店、2013年）、『ヘゲモニー・脱ヘゲモニー・友愛—市民社会の現代思想』（共著、ミネルヴァ書房、2011年）、『ラーニング・リーダーシップ入門—ダイバーシティで人と組織を伸ばす』（共著、日本経済新聞出版社、2011年）、「労働と人格—キャリア論の前提として」（人材育成学会『人材育成研究』第2巻第1号、2007年1月）。

労働と生産のレシプロシティ
――いまこそ働き方を変革する

2018年4月20日　初版第一刷発行

著者
志村光太郎

発行人
大谷野生

編集人
横山茂彦

デザイン
杉本健太郎

発行・発売
株式会社世界書院

〒101-0051 東京都千代田区神田神保町2-40 宮木ビル203
電話 03-5213-3345
http://sekai-shyoin.com

定価はカバーに記載しております。乱丁、落丁はお取り替えいたします。
©Shimura Kotaro 2018 Printed in Japan
ISBN978-4-7927-9575-7 C3034